Adolph Ebeling

Napoleon III und sein Hof

Denkwürdigkeiten, Erlebnisse und Erinnerungen

Verlag
der
Wissenschaften

Adolph Ebeling

Napoleon III und sein Hof

Denkwürdigkeiten, Erlebnisse und Erinnerungen

ISBN/EAN: 9783957006486

Auflage: 1

Erscheinungsjahr: 2015

Erscheinungsort: Norderstedt, Deutschland

© Verlag der Wissenschaften in Vero Verlag GmbH & Co. KG. Alle Rechte beim Verlag und bei den jeweiligen Lizenzgebern.

Webseite: http://www.vdw-verlag.de

Memoiren-Bibliothek.

Zwölfter Band.

Memoiren-Bibliothek.

Groß Oktav. Preis eines jeden Bandes 6 Mark.
In Liebhabereinband 8 Mark.

Band I—III.
Napoleon I. und sein Hof.
1802—1810.

Memoiren der Gräfin Remusat,
Palastdame der Kaiserin Josephine.
Mit dem Porträt der Gräfin Remusat.
Vierte Auflage.

Band IV.
Napoleon I. und sein Hof.
1810—1815.

Memoiren der Generalin Durand,
Palastdame der Kaiserin Marie Luise.
Vierte Auflage.

Band V—IX.
Memoiren des Fürsten Talleyrand.
1754—1838.

Herausgegeben vom
Herzog Albert von Broglie.
Mit 6 zeitentsprechenden Porträts und interessanten Autographen Talleyrands.
Dritte Auflage.

Band X—XII.
Napoleon III. und sein Hof.
1851—1870.

Denkwürdigkeiten, Erlebnisse und Erinnerungen
aus der Zeit des Zweiten französischen Kaiserreiches
von **Adolf Ebeling**.
Mit dem Porträt des Verfassers.
Zweite Auflage.

Napoleon III.
und sein Hof.

Denkwürdigkeiten,
Erlebnisse und Erinnerungen
aus der Zeit des Zweiten französischen Kaiserreichs

1851—1870

von

Adolf Ebeling.

Dritter Band.

Zweite Auflage.

Köln und Leipzig,
Druck und Verlag von Albert Ahn.
1894.

Drittes Buch.

Erstes Kapitel.

Weihnachts- und Neujahrsmarkt. — Neues Budenreglement. — Les étrennes. — Die französisch-englische Expedition nach China. Schlacht bei Palikao. — Plünderung und Zerstörung des kaiserlichen Sommerpalastes. — Die Überschwemmung Frankreichs mit Chinoiserieen. — General v. Montauban, Graf v. Palikao. — Endlicher Friedensschluß am 5. Oktober 1860. — Die Opposition in der Deputiertenkammer.

Im Jahre 1860 war die Weihnachts- und Neujahrszeit in Paris besonders glänzend, und auf den inneren Boulevards, die von jeher der Hauptsammelplatz aller Spaziergänger und Flaneurs gewesen, zog ein Menschengewühl auf und ab, das gewiß nach vielen Hunderttausenden geschätzt werden konnte. Man mußte doch auf den breiten Trottoirs die unermeßlich langen

Budenreihen beschauen und bewundern, die auf Anordnung des allmächtigen Seinepräfekten Haußmann, des „Stadtkaisers" (im Gegensatz zu Rouher, dem „Vicekaiser") ein neues Kleid angezogen hatten, und nicht das allein, sondern auch bekritteln. Das letztere, wir wissen es längst, muß jeder Pariser thun, weil er alles besser weiß und versteht.

Übrigens hatte auch die Budenfrage, „la question des boutiques", ihre zwei Seiten, denn mit der Neuerung war wieder ein interessanter Teil der Pariser Volks- oder richtiger Straßenpoesie verschwunden.

Früher bauten die Budenbesitzer ihre Häuschen nach Lust und Belieben auf und gönnten dabei ihrer Phantasie den weitesten Spielraum. Oft waren es nur bunte, grellbemalte Zelte mit Flaggen und Fähnchen, meistens aber kleine oder größere Bretterhäuschen, vielfach in sehr gewagter Architektur; dann wieder ein geschickter Aufbau aus leeren mit Tapeten beklebten Kisten, und in der größten saß dann unter roten Draperien der Händler mit seinem Kleinkram. Auch tragbare Gestelle, ähnlich unseren „stummen Dienern" sah man in Menge, und dahinter, dicht unter einer Gaslaterne, um die eigene Beleuchtung zu sparen, den redseligen Verkäufer, der mit unermüdlicher Suade seine Ware anpries, gewöhnlich eine neue, nie dagewesene Specialität: ein Ding, das Messer, Federhalter, Blei-

stift und Zahnstocher zugleich war und nur vier Sous
kostete, oder eine ähnliche epochemachende Erfindung,
die bestimmt sei, eine vollständige Revolution in der
Industrie herbeizuführen. „Ja, ja, meine Herrschaften,
eine Revolution", ruft er mit Stentorstimme, und das
Publikum horcht auf. Wer wagt es, dies verpönte
Wort hier auf offenem Markt laut zu verkünden,
unter dem segensreichen Friedensscepter des Kaisers,
der ja die Ära der Revolutionen für alle Zeiten ge=
schlossen hat? Man bleibt stehen, tritt näher und er=
kennt des Pudels Kern, und unter den vielen hundert
Passanten sind immer zehn, zwölf, die das Ding kaufen.
Nach einer Viertelstunde klappt der Patron sein Gestell
zusammen und zieht mit seinen Siebensachen von
dannen, um sich auf einem anderen Boulevard von
neuem zu etablieren.

Alle hundert Schritt ungefähr kam dann eine mit
roten Papierlaternen erleuchtete Bude, wo Apfelsinen
in hohen Pyramiden aufgebaut waren, ganz wie vor
dem Arsenal die Kanonenkugeln. „La belle Valence,
Messieurs et Dames!" rufen die hübsch kostümierten
Verkäuferinnen unaufhörlich, denn in Paris kommen
alle Apfelsinen stets von den Ufern des Guadalquivir.

Dann gab es noch hunderter= und tausenderlei
Raritäten aller Art der Pariser Kleinindustrie, vom
kleinsten Spielzeug an zu einem Sou, bis zu den

„goldenen Uhren und Diamantringen", die aber einen halben, oder gar einen ganzen Franken kosteten, mithin nur für reiche Leute käuflich waren.*)

Dazu das Brausen der vielen hunderttausend Stimmen, das Geschrei der Verkäufer, von denen einer den andern immer durch noch lauteres Schreien zu überbieten sucht, und die Pfeifen, Trommeln, Rasseln und Trompeten der Kinder   dann plötzlich aus einer hochgelegenen Mansarde das Aufleuchten eines elektrischen Lichtstrahles, der eine breite Sonnenhelle auf

---

*) Von politischen Anzüglichkeiten in den Kinderspielbuden war seit Jahren nichts mehr zu finden, denn die Polizei hatte ein scharfes Auge darauf. Im Weihnachtsjahr des Krimkrieges gab es noch den Fürsten Menschikoff, in dessen Paletot eine Talgkerze steckte, ferner den Russen, der einen Türken verschlingen wollte, aber selbst von einem Zuaven verschlungen wurde; das war alles, und später wurde mit derartigen Spielereien gänzlich tabula rasa gemacht. Nach dem Sturz des Kaiserreiches mußte zuerst der kleine Thiers „zu Pferde" herhalten, darauf Mac Mahon als „Meßdiener mit dem Rauchfaß" und nach ihm Grévy mit dem „Ordensfüllhorn." Im Jahre 1893 machte die „Panamaschachtel" viel Glück: ein kleines, festverklebtes Kästchen mit Glasdeckel, unter welchem ein „Goldstück". lag, das man nur dann herausnehmen konnte, wenn man den Mechanismus entdeckt hatte. Ferner die marmite de Ravachol, ein kleiner Kochtopf mit einer Zündschnur. Wenn dieselbe geschickt gehandhabt wurde, so sprang der Deckel des Topfes auf und der kleine Ravachol heraus. Also selbst die Dynamitarden, „l'écume de la société humaine", mußten den Pariser Kindern als Spielzeug dienen.

die Menschenmassen wirft, die fast erschreckt auseinanderfahren, damals noch eine ganz neue Erfindung, „die eine große Zukunft hatte" — das ist mit kurzen Worten das Bild der letzten Dezemberwoche, wie es von jeher in Paris gewesen.

Aber im Jahre 1860 war manches anders geworden, und zwar zunächst, wie bereits erwähnt, durch die Uniformierung der Buden. Diese Bezeichnung ist ganz zutreffend, denn wie sie so in Reih und Glied dastanden, alle gleichmäßig hoch und breit und weiß und blau angestrichen, glichen sie wirklich einem aufmarschierten Regiment, und die überall wehenden Trikoloren dienten als Kriegsfahnen. Auch eine möglichst gleichmäßige Beleuchtung hatte man durchzusetzen gewußt, nur die Apfelsinenhändlerinnen hatten opponiert und ihre roten Papierlaternen beibehalten, was man ihnen zugestehen mußte.

Sogar die Parade fehlte nicht, denn am zweiten Weihnachtstage fuhren die Majestäten in einer offenen zweispännigen Kalesche durch die Budenreihen, ohne alle Eskorte, nur von einigen Hofwagen begleitet, in deren erstem der Stadtkaiser saß. Diese Ehre war dem Weihnachtsmarkt noch nie zu teil geworden, und die Begrüßungen des Publikums waren ebenso lebhaft wie spontan. Bei den meisten Buden war die Rückwand verschiebbar, sonst hätten die hohen Herrschaften die Parade ja nur „von hinten" abhalten können, was gegen alle militärische Ordnung gewesen wäre.

Man versöhnte sich bald mit dem Haußmannschen Reglement, und am Weihnachtsfest des folgenden Jahres schwiegen auch diejenigen Kritiker, die anfangs am lautesten dagegen protestiert hatten. Nach wie vor zogen die Familien der mittleren und unteren Klassen mit Kind und Kegel durch die modernisierten Budenreihen, denn die Freude am Einkaufen und Beschenken war dieselbe geblieben, und der Frohsinn der Kinderwelt gleichfalls; das läßt der Pariser sich nicht nehmen, trotz Stadtkaiser und aufoctroyierter Neuerungen.

Außerdem war zu den Etrennes des Jahres 60 auf 61 ein neues Element hinzugekommen, das den gesamten Markt beherrschte und alle sonstigen Geschenke erst in zweiter Reihe zur Geltung kommen ließ: Die Chinoiserieen und damit sind wir auf einmal wieder in das Gebiet der hohen Politik gelangt, nämlich zur Expedition nach China, mit welcher chronologisch das erste Kapitel dieses neuen Bandes eröffnet werden mußte.

Man hatte sich im Laufe der ersten zehn Jahre des Zweiten Kaiserreiches schon dergestalt an die kriegerischen Expeditionen gewöhnt, daß man nicht sonderlich mehr überrascht war, wenn eine neue auftauchte; hatten doch die bisherigen noch immer zum

Ruhm der französischen Heere beigetragen, und solange nur die Gloire des Kaisertums unangetastet blieb, brauchte der dritte Napoleon, trotz der vielen Übelstände und Schwankungen im Innern, für sich und seine Dynastie nichts zu befürchten.

Es schien auch wirklich, als wolle das Schicksal den abenteuerlichen Machthaber, der, milde gesagt, durch unlautere Mittel zum Thron gelangt war und sich dann auf demselben mit unleugbarem Geschick zu halten wußte, noch einige Zeit lang weiter begünstigen, allerdings nur, um ihn dann endlich desto tiefer von seiner fiktiven Höhe herabfallen zu lassen. Die Anzeichen dafür häuften sich im zweiten Decennium mehr und mehr, aber es traten auch stets neue Lichtblicke dazwischen, die freilich im Laufe der Jahre immer seltener wurden, bis der Imperator, der dem Abgrund unaufhaltsam zueilte, am äußersten Rande desselben stand und „dem tiefen, dem donnernden Fall" nicht mehr entgehen konnte.

Wie in einem ehemals gesunden Körper, der durch Ausschweifungen dem unheilvollen Siechtum verfallen ist, immer noch von Zeit zu Zeit die frühere Lebenskraft wiedererwacht und gegen die Vernichtung ankämpft: so war es während dieser Epoche mit Frankreich, das in seinen besseren Elementen die Fesseln abzuschütteln suchte, aber sich doch nicht männlich genug aufraffen konnte, die eisernen Zügel zu brechen. Das schöne Land mußte das schreckliche Los seines Usurpators teilen, den es sich selbst verblendet gegeben.

* * *

Die chinesische Expedition wurde schon vor der syrischen ins Werk gesetzt, und wenn wir dieselbe hier nach der letzteren besprechen, so geschieht dies einesteils, weil sie länger dauerte und andernteils, weil sie in ihren politischen Folgen nachhaltiger war. Die syrische unternahm Frankreich allein, zu der chinesischen hatte es einen mächtigen Bundesgenossen: England. Es war dies wieder ein geschickter Schachzug des Kaisers, England für das Unternehmen zu gewinnen, denn England hatte sich im Grunde mehr als Frankreich über China zu beklagen.

Schon im Juni 1857 hatten beide Großmächte einen Handelsvertrag mit dem himmlischen Reich abgeschlossen, und die Vereinigten Staaten Nordamerikas hatten gleichfalls den Vertrag mitunterzeichnet. Als aber im folgenden Jahre die Bevollmächtigten mit ihrem Geschwader an der Mündung des Peiho erschienen, um die Ratifikationen auszuwechseln, fanden sie den Fluß gesperrt und die Küsten zu beiden Seiten stark befestigt. Ein Landungsversuch mißlang, und der englische Admiral Hope verlor dabei das Leben. Die Verbündeten erzwangen sich bald darauf trotzdem die Einfahrt und gelangten bis nach Tientsin, dem eigentlichen Hafen von Peking. Jetzt erst begriff die chinesische Regierung die große Gefahr und begann die Unterhandlungen, die sie indes nach ihrer bekannten Manier durch allerlei Winkelzüge in die Länge zu ziehen wußte.

Dies geschah bereits im Jahre 1858. Der endlich erlangte Friede war indes nur ein scheinbarer, denn die Chinesen verfolgten nach wie vor ihre doppelzüngige und treulose Politik. Französische Missionäre und christliche Chinesen waren inzwischen ermordet, ein hinreichender Grund für Frankreich, zu noch energischeren Repressalien zu greifen, und zwar unter Mitwirkung Englands, das, dank der Freundschaft Palmerstons mit Napoleon III., auch jetzt noch mit der französischen Regierung gemeinsame Sache machte.

Zum Oberbefehlshaber der vereinigten Landarmee wurde der General Montauban ernannt, während der Admiral Charner die vereinigten Geschwader kommandierte. Die diplomatischen Vertreter waren für Frankreich der Baron Gros und für England Lord Elgin, beide mit außerordentlichen Vollmachten versehen.

Eine nähere Beschreibung der militärischen Operationen würde weit über den Rahmen dieses Buches hinausgehen; wir begnügen uns hier, und auch nur ganz kurz, das wichtigste Ereignis zu berühren, nämlich die Einnahme der Residenzstadt Peking.

Die Verbündeten hatten sich bereits der umliegenden Dörfer und der Außenforts bemächtigt, als sie in ihrem weiteren Vorrücken durch vier Mandarinen „vom blauen Knopf" aufgehalten wurden, die von neuem im Namen des Kaisers, oder richtiger seines jüngeren Bruders, des Prinzen Kong, einen Waffenstillstand vorschlugen, um die Friedensbedingungen festzusetzen. Es war aber nur eine neue Kriegslist, durch welche die Verbündeten sich glücklicherweise nicht täuschen ließen. Die blauen Knöpfe mußten unverrichteter Sache wieder abziehen, und die Armee rückte vor. Zwei große, stark besetzte Brücken über die nach Peking führenden Kanäle waren zuerst zu nehmen. Die Einnahme der größten von ihnen, der Palikaobrücke, fiel den Franzosen zu. Sie wurde von wenigstens 20000 Tartaren verteidigt, von denen die meisten nur mit Bogen und Pfeilen und mit kurzen Lanzen, und die übrigen mit Steinschloßgewehren inländischen Fabrikats bewaffnet waren. Große, schwerfällige Kanonen von prächtigem Bronceguß standen auf den Wällen im Hintergrunde, sie wurden aber so schlecht bedient, daß die wenigen Kugeln immer hoch in die blaue Luft flogen. An ein anderes Verteidigungsmittel der Chinesen hatten übrigens die Franzosen nicht gedacht, obwohl es ihnen gerüchtweise längst bekannt war, nämlich an die sogenannten Stinktöpfe, große Thon-

trüge, die mit abscheulichen, halb flüchtigen, halb festen
Substanzen angefüllt sind und durch sehr sinnreich
konstruierte Wurfmaschinen auf die Angreifenden ge=
schleudert werden. Wenn diese Töpfe zu Boden fallen
und zerplatzen, verbreiten sie einen pestilenzialischen
Gestank, der sich sogar in die Kleider hängt und nur
durch chemische Mittel wieder entfernt werden kann.
Nach der ersten Überraschung bewältigten die Angreifer
durch sofortige Verwendung einer Menge Spritzen, da
ja Wasser in der Nähe war, diese fast kindische Wider=
wärtigkeit. Die Tartaren hielten nicht stand, die
Bogenschützen flohen zuerst, die kaiserliche Garde in
ihren gelben, mit bunten Drachen bemalten Röcken er=
warteten wenigstens in Reih und Glied den Ansturm
und erwiderten mit ihren langen Flinten das Feuer,
als aber Hunderte von ihnen gefallen waren, ergriffen
auch sie die Flucht. Die tartarische Reiterei, die so
mutvoll und gefährlich sein sollte (die französischen
Bulletins sprachen von 30000 Mann, was jedenfalls
sehr übertrieben war), kam gar nicht ins Gefecht, son=
dern machte sofort kehrt und jagte nach allen Seiten
davon. Der Sieg war mithin ein leichter und gewisser=
maßen schon vor der Schlacht entschieden. Die Chinesen
und Tartaren zählten an Toten und Verwundeten über
3000, die Franzosen (wieder nach den amtlichen Be=
richten) nur 11 Tote und einige achtzig Verwundete.

Sie nahmen darauf von dem verlassenen Lager der Feinde Besitz und machten große Beute, namentlich an Waffen und Munition, die sich indes für Europäer fast vollständig nutzlos erwiesen. Auch gewaltige Kriegszeichen wurden erbeutet, die ähnlich wie die Stinktöpfe Schrecken verbreiten sollten, aber aus Mangel an Zeit gar nicht zur Verwendung gekommen waren, darunter gegen zehn und zwölf Fuß hohe hölzerne Drachengestalten auf Rollen, fratzenhaft bemalt und in den weit aufgerissenen Rachen eine lange blutrote Zunge und fingerlange Zähne, alles zum großen Gaudium der Soldaten.

Die Engländer, unter dem General Grant, hatten einen gleich glücklichen Erfolg, und die Verbündeten rückten sofort auf Peking vor, obgleich der Bruder des Kaisers von China, der Prinz Kong, den Siegern eine Gesandtschaft mit neuen Friedensvorschlägen entgegenschickte, die selbstverständlich unberücksichtigt blieben. Am 5. Oktober 1859 gelangten die ersten französischen Bataillone mit einbrechender Nacht vor die Sommerresidenz des Kaisers, die nur von einigen Tartaren bewacht wurde, die aber bei der Annäherung der Franzosen ihre Bogen und Pfeile und die Lunten ihrer Gewehre fortwarfen und die Flucht ergriffen.

So war denn der ungeheure Palast mit allen seinen Schätzen, deren Pracht und Reichtum an die

Wunder aus „Tausend und Einer Nacht" erinnerten, der Plünderung preisgegeben. Plünderung ist das richtige Wort, dem man ohne Bedenken auch noch das andere Wort Vandalismus beifügen darf, denn was nur irgendwie fortgeschleppt werden konnte, wurde als gute Beute erklärt. Die über zehn Fuß hohen vergoldeten Broncelöwen am Hauptportal waren allerdings nicht fortzuschaffen und ähnliche aus demselben Metall gegossene und noch größere Götterfiguren und Götzenbilder im Innern gleichfalls nicht, aber man tröstete sich leicht beim Anblick der vielen Tausend Gegenstände, deren bloße Aufzählung einen ganzen Band füllen würde.

Die Franzosen thaten es den Engländern am Zusammenraffen und Einstecken weit zuvor, und was darüber später zur Kenntnis des Publikums kam, übersteigt alles, was die Geschichte der Kriege und Eroberungen in dieser Hinsicht jemals verzeichnet hat. Der General Montauban, selbst ein eifriger Sammler und Liebhaber, hatte jedem Soldaten erlaubt, sich irgend etwas als Andenken an den Feldzug mitzunehmen, eine unverantwortliche Leichtfertigkeit, für die er später, als er wieder in Paris eintraf, schwer büßen mußte, denn die öffentliche Meinung ging mit ihm unerbittlich ins Gericht.

Bald nach Beendigung des chinesischen Feldzuges erschienen mehrfache Schilderungen desselben, speciell von P. Varin, einem Augenzeugen, die großes Aufsehen machten und nicht widerlegt wurden. Es verlohnt sich wirklich der Mühe, dem Leser einige Stellen über „die Plünderung und Zerstörung des kaiserlichen Sommerpalastes" daraus mitzuteilen:

„Eine breite Treppe von spiegelblankem, schneeweißem Marmor führte in einen Saal von geradezu ungeheuren Dimensionen, an dessen Ende auf einer erhöhten Estrade der Thron stand: ein wunderbares, unnachahmliches Schnitzwerk aus Ebenholz. Gigantische, mit den seltsamsten Tiergestalten verzierte und mit kostbarem Räucherwerk angefüllte Vasen bildeten einen Halbkreis vor dem Throne, und die linke Seitenwand war in ihrer ganzen Höhe und Breite mit Gemälden auf Seidenstoff bedeckt, welche die verschiedenen kaiserlichen Paläste darstellten. Auf den überall umherstehenden Tischen und Etagèren, von gleich schöner Schnitzarbeit wie der Thron, standen unzählige Vasen, Schalen und Schüsseln in Edelmetall, Porzellan, Emaille und Bronce, jedes für sich allein ein unschätzbares Kunstwerk, wenn auch zumeist in dem barocken chinesischen Geschmack, aber doch eine Zierde für Museen und Sammlungen.

Ein zweiter Saal enthielt fast noch kostbarere Herrlichkeiten, besonders eine Menge Schmuckkästchen aus gediegenem Golde oder Silber und mit Edelsteinen reich besetzt, Götzenbilder von schwerem Golde, mit Perlen und Diamanten verschwenderisch verziert; die Eindringenden waren anfangs wie geblendet, sie schauten wortlos umher und meinten zu träumen, oder in eine Märchenwelt versetzt zu sein. Nur zu bald indes ermannten sie sich und erkannten die verführerische Wirklichkeit; dann griffen sie dreist zu, „um ein Andenken an den Feldzug mitzunehmen", was ihnen ja erlaubt war. Daß ein einziges nicht genügte, war selbstverständlich und konnte bei der ungeheuren Masse der Kostbarkeiten und Raritäten gar nicht in Betracht kommen; l'appétit vient en mangeant, und jeder steckte ein, soviel die Taschen und Tornister nur irgendwie fassen konnten. Als die Engländer einige Stunden später eintrafen, machten sie es ebenso. Habgier und Gewinnsucht waren von jeher ein Erbteil aller Adamskinder, die nur bei den weniger Gebildeten derber und drastischer hervortreten, vollends bei einer aufgeregten und durch Entbehrungen aller Art nur um so lüsterner gewordenen Soldateska. Wir würden aber den Offizieren unrecht thun, wenn wir sie nicht völlig und ganz mit ihren Untergebenen auf dieselbe Stufe stellten; keiner von den Herren, bis zu den Höchstkommandierenden hinauf, widerstand der Versuchung, denn die Gelegenheit, sich durch einen „kühnen Griff" einige Tausend Franken und oft viel mehr anzueignen, war zu verlockend, um sie nicht im weitesten Umfange zu benutzen.

Als aber das Unwesen gar zu wilde und alles Maß überschreitende Proportionen annahm, brachten die Befehlshaber einige „Ordnung" in die Plünderung. Die Soldaten wurden angewiesen, alles Geraubte zusammenzutragen, was sie auch thaten, aber was sie heimlich behielten, war natürlich nicht zu kontrollieren. Die vielen Tausend Gegenstände wurden abgeschätzt und jedem

Soldaten vorläufig hundert Franken gegeben, bei zwölf bis fünfzehntausend Mann immerhin eine namhafte Summe. Nicht wenige hatten gewiß das doppelte und dreifache an Wert noch in den Taschen.

In der kaiserlichen Privatpagode fand man eine Rüstung aus massivem Golde, deren Helm mit einer taubenei= großen, mithin unschätzbaren Perle verziert war; nach anderen soll es ein gleich großer Diamant gewesen sein. Diese Rüstung wurde sofort für den Kaiser Napoleon zurückgelegt und gelangte auch in die Tuilerien, aber das Kleinod, ob Perle oder Diamant, war unterwegs unbe= greiflicherweise „verloren gegangen." Noch viele andere Kostbarkeiten und unschätzbare Kunstgegenstände wurden für die französischen Majestäten und ebenso für die Köni= gin Viktoria und ihre Familie sorgfältig eingepackt und auf die Schiffe befördert. Unter diesen Trophäen erregten namentlich die großen Schalen und Vasen aus Jaspis, Onyx, Malachit und Karneol allgemeine Bewunderung, denn die meisten von ihnen waren mit blitzenden Edel= steinen besetzt. Jahrhunderte mochten wohl zur An= häufung dieser immensen Schätze gedient haben, die jetzt in wenig Stunden und Tagen, noch dazu vielfach von rohen Händen betastet, fortgeschleppt und als gute Beute erklärt wurden.

Bald darauf schmückten sich die Königspaläste in Eng= land und Frankreich mit dem Eigentum eines barbarischen asiatischen Monarchen, dem die ersten Nationen Europas die Segnungen der modernen Civilisation bringen wollten.

Im Zeltlager der Verbündeten herrschte noch einige Tage (und Nächte) ein tolles, ausschweifendes Leben und

Treiben; die Würfel rollten, und die Karten flogen, und bei gar vielen hieß es: wie gewonnen, so zerronnen. Wer im Spiel verloren, ging auf die Suche nach Silber, das er im ersten Rausch mißachtend fortgeworfen, weil er nur Gold des Einsteckens wert gehalten; die glücklichen unter den Spielern gaben im Übermut kleine Goldstangen, im Werte von 4 bis 500 Franken, die man in kostbaren Truhen massenhaft gefunden hatte, für ein paar Flaschen Cognac oder Absinth hin. Andere stolzierten in goldgestickten Prachtgewändern umher, von denen ein Nebensaal ganze Magazine enthielt, und wieder andere machten aus den seidenen und samtnen Portieren und aus farbenglühenden Teppichen, wie man sie in Europa selbst in den Königsschlössern nicht kennt, ein weiches Lager für ihre Pferde, weil es an Heu und Stroh mangelte. Eine tolle Schlaraffenwirtschaft, ein Hexensabbath, wie die Welt wohl niemals etwas Ähnliches gesehen."

Soweit die Schilderungen nach zuverlässigen Berichten, teils nach direkten Aufzeichnungen der Augenzeugen, teils nach den Erzählungen der Heimgekehrten. Es war eine Allerweltsrazzia, an welcher ein ganzes Kriegsheer, vom Höchsten bis zum Letzten, sich in beutelustiger Gier beteiligte, und wo es sich um Kostbarkeiten und Kunstgegenstände handelte, deren Wert sich auf viele, viele Millionen bezifferte.

Um diesem großartigen Plünderungswerk das letzte Siegel des Triumphes der Macht über die Ohnmacht aufzudrücken, wurde schließlich der ausgeraubte Sommerpalast mit allen dazu gehörenden Gebäuden nicht an vier, sondern an hundert Ecken angezündet; der Palast selbst, die Pagoden, die künstlich erbauten Terrassen und Brücken, lange Säulengänge mit marmornen Bildsäulen und phantastischen Figuren aus Granit, mehrere Säle mit Bücher- und Handschriftensammlungen, die wenigstens vierzig Generationen umfaßten — alles, alles wurde eine Beute der Flammen, und am dritten Tage war der unabsehbar weite Platz in einen wüsten, qualmenden Schutt- und Trümmerhaufen verwandelt, auf welchen die obenerwähnten riesigen Broncelöwen, rauchgeschwärzt, wie düstere Phantome herabschauten.

Zur Steuer der Wahrheit müssen wir hinzufügen, daß nicht der französische, sondern der englische Höchstkommandierende den Befehl zu dieser Unthat gegeben. Lord Elgin betonte im Kriegsrat die Notwendigkeit, dem Feinde Schrecken einzuflößen und hatte zu diesem Zweck Parlamentäre nach dem nahen Peking geschickt, mit der Drohung, dem dortigen Winterpalaste ein gleiches Schicksal zu bereiten. Politisch mithin mochte der Lord so unrecht nicht haben, denn es galt einen schnellen Friedensschluß herbeizuführen; die schlechte Jahreszeit stand bevor, die Lage der Verbündeten war bedenklich — die Verstärkungen blieben aus und mit ihnen Munition und Proviant, und die Truppen wurden, nachdem der Beuterausch verflogen war, schwierig und litten an Heimweh. Der chinesische Kaiser war nach der Mandschurei, dem nordöstlichen Teil seines Reiches, entflohen und hatte seinen Vetter, den Prinzen Kong, mit den nötigen Vollmachten zurückgelassen. Dieser zögerte allerdings noch, wie gewöhnlich, mit der Annahme der Friedensbedingungen, aber der russische Botschafter, der General Ignatieff, benutzte seinen weitreichenden Einfluß, um den Prinzen günstig zu stimmen.

Endlich konnten die Friedensbedingungen festgesetzt und am 25. Oktober 1860 ratifiziert werden, und zwar mit den folgenden Hauptpunkten: Residenz fremdländischer Gesandten und Geschäftsträger in Peking, Erschließung der Hafenstadt Tientsin in der Nähe Pekings für den europäischen Handel, und eine Kriegsentschädigung von acht Millionen Taël, ungefähr sechzehn Millionen Thaler. Die praktischen Engländer ließen sich noch einen bedeutenden Küstenstrich abtreten, auf welchem sie sofort große Faktoreien errichteten, die bald reichen Gewinn brachten.

So endete die französisch-englische Expedition nach dem himmlischen Reich, für die Verbündeten nicht eben ruhmvoll, denn die unabhängigen englischen und auch sonst viele europäische Blätter bezeichneten sie unverblümt als einen Korsarenzug höheren Stils. Die offizielle französische Presse stieß freilich laut in die Posaune und verglich die Schlacht von Palikao mit derjenigen von Heliopolis bei den Pyramiden unter Bonaparte, im Jahre 1796, aber dieses „poudre aux yeux" verfing nicht mehr, denn der Vergleich war gar zu plump. Die Zeiten hatten sich eben geändert, man war nüchterner und klüger geworden, und auch die Phrase „La France fait la guerre pour une idée" zog nicht mehr. Der General Cousin-Montauban sollte dies an sich erfahren, und der Kaiser Napoleon nicht minder.

Nach der Rückkehr des französischen Expeditionsheeres, das von Krankheiten noch weit mehr als von den chinesischen Stinktöpfen und den Tartarenpfeilen gelitten hatte, trat die Regierung mit dem Verlangen vor die Kammer, dem Sieger von Palikao, dem der Kaiser den entsprechenden Grafentitel erteilt hatte, eine jährliche Rente von 50000 Franken als „Nationalbelohnung" zu bewilligen, welche Rente sogar auf die Nachkommen des Generals übergehen sollte. Diese Zumutung fanden die sonst so gehorsamen Volksvertreter denn doch etwas gar zu stark; es kam zu heftigen Debatten, an welchen sich die damals noch wenig zahlreiche Opposition so erfolgreich beteiligte, daß der Regierungsantrag abgelehnt wurde. Als man dem Kaiser die unglaubliche Nachricht überbrachte, wollte er anfangs seinen Ohren nicht trauen, aber die Klugheit bewog ihn, nachzugeben. Und wohl nicht die Klugheit allein, auch die Befürchtung, die schlummernden bösen Geister heraufzubeschwören, deren verhängnisvolles Walten er nicht mehr wie in früheren Jahren beschwichtigen konnte. In jener Zeit zeigten sich auch bereits die Vorboten seiner schweren Krankheit, welcher er zwölf Jahre später im Exil zu Chiselhurst erlag.

Um etwas zu thun, veröffentlichte der Moniteur einen Brief des Kaisers an den Grafen Palikao, in welchem er ihn über die ihm zuteil gewordene Verkennung zu trösten suchte, mit dem Zusatze, er, der Kaiser, würde niemals die ihm und Frankreich geleisteten treuen Dienste vergessen und dergleichen mehr. Soweit war der Brief des Kaisers ganz korrekt, denn der Monarch war berechtigt, sich so auszudrücken. Aber der Schlußsatz verdarb alles: „Nur degenerierte Nationen können um den Preis einer öffentlichen Anerkennung feilschen." Der kluge Mocquard war wohl zu diesem Briefe nicht ins Vertrauen gezogen worden, sonst würde er seinem Herrn gewiß davon abgeraten haben. Auch rechnete die geschäftige Fama dem General einen gewaltigen Beuteanteil vor, der ihn für die abgelehnte Dotation reichlich entschädigen konnte, und überdies bezog er als General 25 000 und als Senator 30000 Franken jährlich, so daß er „zu leben hatte."

Jene chinesische Expedition brachte nun den Parisern ganze Lawinen von Chinoisericen, hundert-, ja tausendfältiger Art, und das waren eben die neuen Etrennes für 1861, von denen ich bereits in der Einleitung zu diesem Kapitel gesprochen habe. Wohin man in jenen Tagen kam, ob in die herzoglichen und fürstlichen Paläste, bis in die schlichten Bürgerhäuser, überall wurde man durch irgend einen großen oder kleinen Gegenstand an China erinnert, sogar in den Pförtnerlogen fand man Porzellantassen und Schüsseln, buntbemalte groteske Figuren aus Holz oder Stein, und in der Mansarde der bescheidensten Näherin hing wenigstens eine chinesische Laterne an der Decke. Ganze Schiffsladungen mußten herübergekommen sein, und in der rue de Rivoli wurden mehrere Läden eröffnet, wo alles mögliche auf diesem Gebiete in reichster Auswahl zu haben war. Immer neue Sendungen kamen an und fanden immer mehr Käufer. Auch die einzelnen Departements wurden damit bedacht, zuerst die großen, dann die kleineren Städte, zuletzt war ganz Frankreich mit Chinoisereen überschwemmt. Sie waren eben Mode geworden, und seitdem die Kaiserin an einem ihrer Donnerstagsabende eine Robe von echtem Mandarinenbrokat getragen, wollte keine hoffähige Dame zurückstehen. Echt oder unecht, bei der bedeutenden und stets gesteigerten Nachfrage benutzten die französischen Seidenfabriken die günstige Gelegenheit und produzierten die Stoffe massenhaft und in der täuschendsten Nachahmung. Frankreich war ja von jeher das Vaterland aller Imitationen.

Dies war im Grunde der wirklich praktische und greifbare Erfolg der französisch-englischen Expedition nach dem himmlischen Reich.

Und schließlich müssen wir vom reinpolitischen Gesichtspunkt aus noch hinzufügen, daß diese Expedition, gleichwie die syrische, nur die Vorläuferin war eines weit großartigeren Feldzuges, nämlich des mexikanischen, der für Frankreich so verhängnisvoll endete und der schon seine düsteren Schatten vorauswarf, aus denen die schweren Gewitterwolken aufstiegen, in welchen im Jahre 1870 das Zweite Kaiserreich unterging.

Zweites Kapitel.

Die Kammersession von 1862 und die polnische Frage. — Diskussion über den „cumul." — Die Gehälter der hohen Staatsbeamten. — Die kaiserliche Civilliste. — Der Erzbischof von Paris, Kardinal Morlot. — Die allgemeine Jagd nach dem Mammon. — Die „Ersparnisse" des Kaisers und der Kaiserin. — Das Budget der Republik von 1848. — Der Finanzminister Fould. — Der Börsenkönig Mirès, sein Glanz und sein Sturz. —

Die Kammersession im Winter 1862 war eine überaus bewegte und jedenfalls die bewegteste seit der Gründung des Zweiten Kaiserreiches. Äußere und innere Ursachen trafen zusammen, diese Bewegung herbeizuführen und zu nähren.

In Polen bereitete sich eine neue Insurrektion vor, die im nächsten Jahre zu einer vollständigen Revolution wurde.

Polen war bekanntlich von jeher das Schoßkind

der Franzosen und nach der großen polnischen Revolution von 1830 und 31, die von Rußland so blutig unterdrückt wurde, fanden unzählige Polen in Frankreich eine neue Heimat. Seitdem war der Fürst Adam Czartoryski in Paris, wo er seinen dauernden Aufenthalt genommen, dort sowohl, wie in ganz Frankreich, eine überaus populäre und sympathische Persönlichkeit. Während der Regierungszeit Ludwig Philipps versuchte der Fürst mehrmals den König für ein thatkräftiges Einschreiten zu Gunsten Polens, speciell im Jahre 1846, zu gewinnen, aber der Bürgerkönig wollte seinen bewährten Ruf als Friedensfürst nicht unbedachtsam aufs Spiel setzen und verhielt sich ablehnend. Er selbst fühlte sich nicht mehr sicher auf seinem Thron, der ja auch nach zwei Jahren zusammenfiel..

Nach dem Staatsstreich 1851 setzten die Polen große Hoffnungen auf den Prinz-Präsidenten und späteren Kaiser. Napoleon III. war indes noch vorsichtiger als der Bürgerkönig, denn die Augen von ganz Europa waren mit Spannung auf ihn gerichtet, ob er sein Programm „l'Empire c'est la Paix" auch wahr machen würde. Im stillen hegte er allerdings eine große Vorliebe für die schmählich unterdrückte Nation, vielleicht weniger für diese selbst, als für das Land, das, zu einem unabhängigen Königreich erhoben, das beste Bollwerk gegen Rußland sein konnte.

Diesen Plan hatte bekanntlich Napoleon I. stets mit Vorliebe gehegt, aber damals lagen die Weltverhältnisse ganz anders, und noch in Dresden, kurz vor dem großen russischen Feldzuge, sagte er zu seinen Vertrauten: „Wenn ich Rußland niedergeworfen habe, mache ich Polen frei." Notabene, was er unter „frei" verstand.

Während des Krimkrieges im Jahre 1855 waren die Auspicien günstiger denn je, und es hieß sogar, das Tuilerienkabinett habe deshalb geheime Verhandlungen mit Preußen angeknüpft, die sogar einen kurzen diplomatischen Notenwechsel zur Folge gehabt hätten, aber es war wohl nur eine Chimäre der Polenfreunde.

Auf dem Pariser Kongreß sollte gleichfalls die polnische Frage zur Sprache kommen, sie wurde jedoch auf direkte Weisung des Kaisers von der Tagesordnung abgesetzt. Und doch schien die Gelegenheit dazu, bei der großen politischen Präponderanz Frankreichs zu jener Zeit, wiederum eine sehr günstige zu sein.

Die Haupttriebfeder war der Graf Walewski, bekanntlich ein natürlicher Sohn Napoleons I. mit einer Polin, und der Graf galt bei seinem kaiserlichen Vetter viel; aber auch er bemühte sich vergebens. Walewski sollte sogar in der Kaiserin eine lebhafte Fürsprecherin gefunden haben, trotzdem blieb der Kaiser unerbittlich. Sein politischer Scharfblick war eben sicherer und unbefangener, ganz wie später bei Villafranca, wo er gleichfalls dem Drängen seiner Heerführer nicht nachgab und seinen Siegeslauf nicht weiter verfolgte, sondern einen schnellen Frieden schloß. Leider verließ ihn später diese ernste Besonnenheit, wie wir es teilweise schon in Syrien und mehr noch in China gesehen, und wie wir es bald in einem noch weit verderblicheren Maße sehen werden — alles düstere Vorzeichen seines endlichen Sturzes. Für ein Einschreiten zu Gunsten Polens war er indes nicht zu haben.*)

---

*) Der Kaiser war übrigens als junger Prinz schon einmal zu den Polen in nähere Beziehungen getreten; ein Umstand, der wohl nur wenigen bekannt, oder jedenfalls jetzt längst vergessen ist. Nach seiner verunglückten Beteiligung am Aufstande in der Romagna, im Jahre 1840, wo sein älterer Bruder bei Forli das Leben verlor (vergl. Bd. I, S. 49) brachte ihn seine Mutter, die Königin Hortense, unter vielen Gefahren von Ancona nach Paris, das sie aber sofort auf Befehl Ludwig Philipps wieder verlassen mußte. Sie begab sich mit ihrem Sohne nach England und von da nach Arenenberg. Hier stellte sich im Herbst desselben Jahres eine Deputation polnischer Edelleute ein, um dem jungen Prinzen die polnische Krone anzubieten, denn die Insurrektion hatte anfangs einen über alle Erwartung günstigen Erfolg gehabt. Dem 26jährigen, nach Abenteuern lüsternen Prinzen schien das Anerbieten, trotz der abmahnenden Warnung seiner Mutter, sehr zu gefallen; er erbat sich Bedenkzeit und trug sich wirklich einige Wochen mit dem verlockenden Gedanken. Der baldige Sturz Warschaus bereitete aber dem Aufstande ein jähes Ende. Als die Nachricht davon in Arenenberg eintraf, rief die Königin, von ihrer Angst erlöst, aus: „Gottlob, daß es vorbei ist. Du bist zu größeren Dingen bestimmt, Louis!"

Trotzdem kam die polnische Frage noch einmal öffentlich zur Sprache, noch dazu im Senat, und zwar bei Gelegenheit der Diskussion über die Adresse.

Der bis dahin noch wenig bekannte Senator Larabit legte nämlich gleich in der ersten Sitzung eine Lanze für Polen ein, fand aber unter seinen Kollegen nicht einmal die nötige Zustimmung, einen darauf bezüglichen Passus in die Adresse aufzunehmen, und doch beschränkte sich dieser Passus nur auf einen Appell an die Großmut des Zaren. Was es mit dieser Großmut auf sich hatte, sollte die Welt nur zu bald erfahren.*)

---

*) Dieser Appell hatte insofern eine politische Bedeutung, weil er eine diplomatische Note des französischen Kabinettes an den Kaiser Alexander hervorrief, der sich auch England und Österreich und später sogar Spanien in gleichem Sinne anschlossen. Der Wortlaut der Note ist nie bekannt geworden und auch eine Kollektiv-Antwort des Zaren nicht. Nur in Madrid sollte ein Handschreiben desselben an die Königin Isabella eingetroffen sein, in welchem sehr deutlich gesagt wurde, die Königin müsse besser als jeder andere europäische Monarch wissen, daß die erste aller Herrscherpflichten gebieterisch verlange, jeden Aufstand im Keim energisch zu unterdrücken und eine ausgebrochene Revolution mit unerbittlicher Strenge niederzuwerfen, und zwar im Interesse der öffentlichen Ruhe und Sicherheit.

Viele russische Zeitungen brachten auch bei dieser Gelegenheit die Antwort des Kaisers Nikolaus an die polnische Deputation vom Jahre 1831 wieder in Erinnerung:

„Ich kenne euere ewigen Klagen und Beschwerden und glaube auch nicht an euere Versicherungen der Ergebenheit und Treue. Wenn ich euch die Freiheiten bewilligte,

Was nun die Adresse selbst betraf, die erste seit der Gründung des Zweiten Kaiserreiches, so rief sie im Gesetzgebenden Körper sehr lebhafte Debatten hervor. Schon auf die unbedachtsame Äußerung des Präsidenten, daß der Kaiser den beiden Körperschaften das Recht der Adresse bewilligt habe, rief der Abgeordnete Picard laut in den Saal hinein: „nicht bewilligt, sondern zurückgegeben!" Es war im Grunde nur ein Wortgefecht. Weit ernster wurde die Diskussion, als der „cumul", und wieder auf Anregung Picards, zur Sprache kam. Das schlimme Wort war längst im Volke ein geflügeltes geworden. Es bedeutete die Anhäufung der verschiedenen Gehälter, welche die sogenannten Großwürdenträger und eine Menge sonstiger hoher Staatsbeamten bezogen, und die auch wirklich in den letzten Jahren eine Höhe erreicht hatten, wie kein anderer Staat in Europa auch nur annähernd etwas Ähnliches aufweisen konnte. Hier redeten die Zahlen ein unwiderlegbares und zugleich, man möchte sagen, ein geradezu verblüffendes Wort.

---

die ihr verlangt, so würdet ihr euch derselben sofort gegen mich bedienen. Hütet euch nur, von neuem zu rebelliren. Ich habe die Alexander-Citadelle nicht umsonst bauen lassen; sie beherrscht ganz Warschau, und ich kann die Stadt mit meinen Kanonen so zusammenschießen, daß kein Stein auf dem andern bleibt. Ich mache sie dem Erdboden gleich und baue sie nicht wieder auf."

Es ist wirklich von Interesse, diesen wunden Punkt, der nach und nach ein wahrer Krebsschaden am Finanz= budget des Kaiserreiches geworden war, etwas näher zu beleuchten.

Jeder Minister bezog ein Gehalt von 100 000 Franken, dazu freie Wohnung, natürlich ein prächtig möbliertes Palais, mit zahlreicher Dienerschaft, Küchen= personal und sonstigen Hausbeamten, Equipagen und übrigen Emolumenten an Heizung, Beleuchtung, alles auf Kosten der Regierung. Mithin ein glänzend do= tiertes Amt. Nun war aber auch fast jeder Minister Senator mit 30 000 Franken Gehalt, und schließlich kamen dazu noch um Neujahr großartige Gratifikationen zwischen 20 und 30 000 Franken.*) Der Kriegs=

---

*) Was den Senat betraf, so hatte der Prinz=Präsident gleich nach dem Plebiscit, das ihn vom Staatsstreich absol= vierte und ihn zur Verkündigung einer neuen Verfassung bevollmächtigte, diese hohe Körperschaft nach dem Muster des Ersten Kaiserreiches eingesetzt, und zwar „um die würdigsten und verdientesten Männer des Landes an der Regierung direkten Anteil nehmen zu lassen." Dieselben sollten, so hieß es weiter in der Proklamation, nach Gutbefinden des Staatschefs ein Jahresgehalt beziehen (die Summe war nicht genannt), so daß es anfangs aussah, als handle es sich um ein Ehrenamt. Diese Täuschung dauerte indes nicht lange, denn schon bei dem ersten Senatorenschub bestimmte der Gesetzgebende Körper, als gehorsamster Willensvollstrecker des Herrn, das Jahresgehalt eines jeden Senators ohne Unter= schied auf die obige Summe, und dabei blieb es.

minister war am glänzendsten gestellt: Gehalt 130000, als General 25000, als Marschall gar 40000, als Senator 30000 Franken u. s. w. Die Mitglieder des Geheimen Rates bezogen gleichfalls 100000 Franken, und alle Würdenträger der Krone mit dem Titel „grand" die gleiche Summe. Die letzteren bekleideten nur die höchsten Hofchargen, als Großkammerherr, Großmarschall des Palastes, Großjägermeister, Großceremonienmeister u. s. w., im ganzen ihrer zehn, eine runde Million, und im Grunde nicht viel mehr als Sinekuren.

Und nun der Kaiser selbst. Seine Civilliste betrug 25 und die Einkünfte der Staatsdomänen und der sonstigen Krondotationen 15 Millionen. Dazu die prächtigsten Schlösser der Welt mit einem auf viele Millionen geschätzten Hausrat, und auf allen großen Eisenbahnen freie Fahrt für die Majestäten mit ihrem Gefolge, noch dazu in besonderen kaiserlichen Wagenzügen, die mit jedem erdenklichen Luxus ausgestattet waren, der kaum die Bequemlichkeiten der Schlösser vermissen ließ.*)

---

*) Von diesen kaiserlichen Wagenzügen war ein neuer, gerade fertig gewordener, auf der Pariser Weltausstellung von 1867 zu sehen und erregte allgemeine Bewunderung, freilich auch in oppositionellen und demokratischen Kreisen eine scharfe Kritik der Mißbilligung, wo nicht der Entrüstung, und zwar wegen der außerordentlichen Kosten,

Nur ein Großwürdenträger, der gleichfalls durch den „cumul" außerordentlich hohe Einnahmen hatte, nämlich der Erzbischof von Paris, Kardinal Morlot, machte eine lobenswerte Ausnahme. Er bezog jährlich über 300 000 Franken, denn er war auch Großalmosenier des Kaiserreiches, Senator und Mitglied des Geheimen Rates. Man citierte den Kardinal oft als einen der Hauptrepräsentanten des „cumul", vergaß

---

die auf mehr als eine halbe Million Franken angeschlagen wurden und die, wohl verstanden, nicht die kaiserliche Civilliste, sondern die Kompagnie der Nordbahn zu tragen hatte. Es verlohnt sich wirklich der Mühe, noch ein paar Worte über einen solchen kaiserlichen Wagenzug, deren es im ganzen vier gab, zu sagen. Der Zug bestand gewöhnlich aus sechs Wagen, welche fast die doppelte Länge der gewöhnlichen Waggons hatten und sämtlich durch kleine gedeckte Gänge miteinander verbunden waren. Dabei war der Waggon erster Klasse gleich hinter dem Tender nicht mitgerechnet, in welchem einer der Direktoren der betreffenden Bahn mit einigen Unterbeamten saß. Der Direktor trug die volle Verantwortung für die Sicherheit der Fahrt; mithin ein schweres Amt. Man kann sich also leicht denken, welche Vorsichtsmaßregeln jedesmal getroffen wurden, um allen nur irgendwie denkbaren Eventualitäten vorzubeugen. Die kaiserlichen Wagen selbst verteilten sich folgendermaßen: Im ersten, einem eleganten, aber im Vergleich zu den anderen sehr einfachen Salonwagen befand sich der militärische Dienst: zwei Adjutanten, zwei Ordonnanzoffiziere und in einem kleinen Vorderraum zwei Kuriere. Dann kam der eigentliche kaiserliche Familienwagen in prächtiger Ausstattung; die Wände mit violettem Samt überzogen und die Sessel und Diwane desgleichen, die übrigen Möbel von feinster Arbeit und mit

aber gewöhnlich hinzuzufügen, daß er von den allerdings enormen Summen den weitaus beträchtlichsten Teil für mildthätige Zwecke, und zwar im großartigsten Maßstabe verwandte. Kein Kirchenbau in ganz Frankreich, namentlich in den ärmeren Landgemeinden, wo nicht sein Name in der Kollekte obenanstand, und vielen Hospitälern, Konvikten, Armenanstalten und was es sonst für Institute der Art sein mochten, zahlte er jährliche, namhafte Beiträge.

„Das Geld zerfließt mir nur so unter den Händen", soll er einst zur Kaiserin gesagt haben, bei welcher er

---

reichen Bronceverzierungen, an den Seiten beider Thüren hohe Spiegel und an der buntgetäfelten Decke mehrere Kristallkugeln [für das transportable Leuchtgas. Auf den Konsolen kostbare, blumengefüllte Vasen und auf dem mit farbigen Holzarten ausgelegten Parkettboden weiche Smyrna-Teppiche und Löwen- und Tigerfelle, kurz wie ein Salon aus St.-Cloud oder aus den Tuilerien en miniature. An diesen Salon stießen das Boudoir der Kaiserin und das Arbeitskabinett des Kaisers, und den Schluß der Wagenreihe bildete alsdann der geräumige Speisesaal mit der daranstoßenden Küche und einem großen Wagen für das Gepäck, den Proviant und die Dienerschaft. Wenn der Kaiser allein reiste, und zwar oft in der Nacht, was die Kaiserin nie that, so wurde der große Salon durch verschiebbare Wände in zwei Teile geteilt, von denen der kleinere als Schlafzimmer diente und gleichfalls mit allen Bequemlichkeiten ausgestattet war. Ein solcher Zug hielt dann zur Abfahrt von Saint-Cloud dicht unter den Fenstern des Schlosses, so daß die Majestäten einfach ihre Gemächer verließen und einstiegen. Bequemer konnten es die Hohen Herrschaften wirklich nicht haben.

in großer Gunst stand, „und ich bedauere oft, nicht mehr geben zu können."

Die Kaiserin gab ihm darauf aus ihrer Privatschatulle 50000 Franken, für die er herzlich dankte, aber wie im Scherz hinzufügte: „Wenn ich damit nur glücklich nach Hause komme, Majestät, denn ich fahre von hier nach Notredame zur monatlichen Kapitelsitzung, und da sind immer viele Bittschriften und Anliegen zu erledigen." Für seine Person war der Kardinal sehr anspruchslos und lebte sehr einfach; in seinem großen und prächtigen Palast bewohnte er nur wenige schlicht eingerichtete Zimmer, nach denen er sich stets zurücksehnte, wenn er genötigt war, bei offiziellen Gelegenheiten die Prunksäle zu öffnen. Er bekleidete übrigens seine hohen Würden nur fünf Jahre, denn er starb schon im Dezember 1862.*)

Die Abfassung seines Testamentes ist gleichfalls sehr charakteristisch, wenigstens der erste Artikel:

Da mein Begräbnis, nicht aus Rücksicht auf meine geringe Person, sondern wegen meiner hohen Würde, auf

---

*) Der Kardinal Morlot war ein Nachfolger des Erzbischofs Sibour, der am 3. Januar 1856 von dem Priester Verges ermordet wurde. (Vergl. Bd. II, S. 127.) Der erzbischöfliche Stuhl blieb darauf fast ein volles Jahr vakant. Auf Morlot folgte alsdann Mgr. Darboy, der unter der Schreckensherrschaft der Kommune am 4. April 1871 erschossen wurde.

Staatskosten stattfinden wird, so kann ich die von mir bestimmte, jedenfalls sehr bedeutende Summe zu den anderen Legaten und Vermächtnissen setzen, über welche ich die folgenden Bestimmungen getroffen habe."

Das Testament selbst enthielt fast nur Verfügungen zu Gunsten einer Menge geistlicher und weltlicher Stiftungen, aber auch der letzte Diener seines Hauses war nicht darin vergessen. Hier hatte also der viel geschmähte cumul Segen gestiftet, aber, wie gesagt, der Kardinal machte eine glänzende und vielleicht die einzige Ausnahme.

Alle Welt suchte sich unter dem Kaisertum zu bereichern, und zwar auf jede mögliche Weise, auf geraden und krummen Wegen, besonders auf den letzteren, und was ferner sehr bezeichnend war, so schnell, wie es nur irgend anging, als traue man der Dauer des neuen Regiments nicht recht und als fürchte man über kurz oder lang einen Zusammenbruch. Leider gaben die Hofkreise darin den Ton an, und der Kaiser, der immer mit vollen Händen schenkte, stand diesem Treiben, „la chasse aux écus", ohnmächtig gegenüber. Ja, was noch schlimmer war, die Eingeweihten versicherten, der Kaiser selbst habe schon seit Jahren beträchtliche Summen in der Londoner Bank angelegt, mindestens über eine halbe Million Pfund Sterling und setze die Sendungen noch beständig fort, und daß die Kaiserin ihr Leben für eine Million Franken, gleichfalls in England, versichert hatte, war eine bekannte Thatsache. Die Million sollte nach ihrem Tode ihrem Sohne zu gute kommen Der Mensch denkt, und Gott lenkt.*)

---

*) Die nach dem Sturz des Kaiserreiches in den Tuilerien aufgefundenen Geheimen Papiere, welche unter diesem Titel, gleich nach der Gefangennahme Napoleons III. in Brüssel erschienen und ihres verschiedenartigen, aber immer sehr pikanten Inhaltes wegen, großes Aufsehen machten, geben auch über die „Ersparnisse" des Kaisers näheren Aufschluß, den man allerdings auf Treu und Glauben hinnehmen mußte, weil jede weitere Kontrole ausgeschlossen blieb. Unter jenen Papieren befand sich nämlich auch eine genaue Liste, und vielfach mit Notizen von des Kaisers eigener Hand, aller in London, speciell bei dem Bankhause Baring brothers angelegten Summen, und sehr genau specifiziert, die im ganzen 933 000 Lstl. betrugen. Eine andere Liste enthielt die „Ersparnisse" der Kaiserin mit einem Gesamtbetrage von über achtzehn Millionen Franken und mit genauer Bezeichnung der einzelnen Bankhäuser, unter denen außer mehreren englischen, auch eines in Wien und ein anderes in Petersburg figurierte. Kaum war die Broschüre erschienen, so veröffentlichte der Kabinettssekretär Piétri, der mit seinem Herrn die Gefangenschaft auf Wilhelmshöhe teilte und ihn später nach Chiselhurst begleitete, einen geharnischten Protest in belgischen und englischen Zeitungen, in welchem er die Schrift als ein unwahres, verleumderisches Machwerk bezeichnete, das nur der niedrigste Parteihaß eingegeben habe. Alle auf das kaiserliche Privatvermögen bezüglichen Notizen und Papiere, deren Summen außerdem auf das lächerlichste übertrieben seien, habe er (Piétri) stets in einer besonderen Kassette unter Verschluß gehabt und diese Kassette nie aus der Hand

Da war es freilich unter der Republik von 1848 bis 1851 ganz anders, und der Vergleich ist wegen des Gegensatzes nicht uninteressant. Zunächst bezog der Prinz Louis Napoleon als Präsident eine Civilliste von 1 200 000 Franken, die im zweiten Jahre, nach sehr hitzigen Diskussionen in der Nationalversammlung, um 500 000 Franken erhöht wurde. Aber auch die reichte nicht weit, denn der Hofhalt des Prinzen, und einen solchen hatte er bereits von Anfang an, erfor-

---

gegeben. Auf diesen Protest antwortete alsbald ein gewisser Monsieur Pol, der Sekretär des eigentlichen kaiserlichen Schatzmeisters Thélen, und zwar mit der Versicherung, daß die Notizen aus den Geheimen Papieren vollkommen wahrheitsgetreu seien, wenn sie auch nur einen Teil der angelegten Summen ausmachten. In Bezug auf die Kaiserin fügte er sogar noch mehrere Einzelheiten hinzu, so u. a. die Ankäufe großer Güterkomplexe in Spanien bei Santander und Alicante, im Werte von 5 Millionen Franken, ferner 7 Millionen, die auf ihren Namen bei Berg van Dussen in Amsterdam deponiert seien u. s. w. Man mag über die Broschüre, die vielfach in den Ton eines gemeinen Pamphletes ausartet, denken, wie man will, soviel ist gewiß, daß der Kaiser während seiner achtzehnjährigen Regierung ungeheure Summen (der Ausdruck ist nicht übertrieben) im Auslande, und speciell in England, anlegte, die mit den Summen der Kaiserin, gering angeschlagen, wohl gegen drei Millionen Lstl. betragen mochten. Napoleon III. war ein zu guter Hausvater, um nicht auf alle Eventualitäten der Zukunft gefaßt zu sein und schon deshalb in verdoppeltem Maße, weil er das Schicksal seiner Vorgänger auf dem französischen Thron als warnendes Exempel stets vor sich hatte.

derte das Doppelte und Dreifache. Die Prinzessin Mathilde, die damals die Honneurs im Elysée machte, half mit ihren Ersparnissen aus, so gut sie konnte. Der Prinz Demidoff, von dem sie bekanntlich geschieden war, mußte ihr nämlich, und zwar auf Befehl des Kaisers Nikolaus, eine Jahresrente von 300 000 Franken zahlen, und trotzdem versetzte sie mehr als einmal ihre Diamanten, deren Wert auf eine halbe Million geschätzt wurde. Doch das alles half, wie gesagt, nur wenig, bis endlich der Retter in der Not erschien, und zwar in der Person des Bankiers Fould. Dieser, der schon früher nach London hin mit dem Prinzen in vertraulichem Verkehr stand, hatte Glauben an den „Stern", und leistete gern die gewünschten Vorschüsse, was ihm um so leichter wurde, als ihn der Prinz, bald nachdem er Präsident geworden, zum Finanzminister ernannte. Nach dem Staatsstreich soll Fould ein Guthaben an den Prinz-Präsidenten von mehr als zwölf Millionen gehabt haben, die der Kaiser ein Jahr später dankend zurückzahlte.*)

---

*) Fould war ein kluger und weitsichtiger Geschäfts- und Börsenmann, der bis zum Jahre 1860 mit geringen Unterbrechungen die Finanzen des Kaiserreiches geschickt, wenn auch nicht eben sehr skrupulös, leitete. Er trat zurück, als seine Warnungen vor den sogenannten virements, und überhaupt vor den außerordentlichen Krediten ohne Zustimmung des Gesetzgebenden Körpers, kein Gehör fanden. Senator

Nach der, wie wir oben gesehen haben, sehr bescheidenen pekuniären Stellung des Prinz-Präsidenten richteten sich auch die Besoldungen der übrigen Staatsbeamten. Sogenannte Großwürdenträger gab es unter der Republik überhaupt nicht, denn derartige hohe Hofchargen, die im Grunde nicht viel mehr bedeuten als glänzende Sinekuren, sind die Prärogative der Monarchien. Die Minister bezogen aber doch neben freier Wohnung ein Gehalt von 40 bis 50 000 Franken,

---

und Mitglied des Geheimen Rates, starb er bereits i. J. 1867. Kurz vor seinem Rücktritt richtete er ein langes Memorandum an den Kaiser über die zerrütteten Finanzen des Reiches, ohne zu bedenken, daß er selbst durch die vielen Anleihen der früheren Jahre wesentlich dazu beigetragen hatte. Sein Nachfolger Forcade schlug so ziemlich denselben Weg ein, und legte gleich bei seinem Amtsantritt eine neue Anleihe von fünfhundert Millionen auf Es wurden gegen zwei Milliarden gezeichnet, d. h. auf dem Papier, denn in ganz Frankreich war nicht so viel bares Geld. Die außerordentlich hohen Prämien dienten als Hauptmagnet. So ging anscheinend alles wieder gut, und der Minister konnte in der Kammer mit dem gewohnten Selbstbewußtsein, das alle Minister des Kaiserreichs stets zur Schau trugen, die alarmierenden Gerüchte über die bedrohte Finanzlage des Landes mit gerechter Entrüstung zurückweisen und den fast einstimmigen Applaus der Kammer als ein Vertrauensvotum der Volksvertreter entgegennehmen. Und um dieselbe Stunde saß der Kaiser in seinem Schloß zu Compiègne, wo es nach den rauschenden Festlichkeiten zu Ehren des Prinz-Regenten von Preußen und des Königs von Holland sehr still geworden war, und las das obenerwähnte Fouldsche Memorandum und schüttelte das sorgenschwere Haupt.

die Mitglieder des Staatsrates jedoch nur 12000 und die Requetenmeister, d. h. die Berichterstatter, denen die eigentliche Arbeit oblag, nur 6000 Franken. Der Präsident der Nationalversammlung, die zweite Person der Republik, bezog 48000 Franken; der Herzog von Morny hatte als solcher unter dem Kaiserreich alles in allem eine Jahreseinnahme von weit über 200000.*) Die Volksvertreter erhielten vor dem Staatsstreich 25 Franken Tagesgelder, die Mitglieder des späteren Gesetzgebenden Körpers dagegen 84 Franken. Weitere Einzelheiten würden uns hier zu weit führen; wir setzen nur noch als Schlußwort hinzu, daß die Regierung der Republik vor 1851 dem Lande kaum zehn Millionen kostete und unter dem Kaiserreich weit über das Zehnfache.

War schon unter Ludwig Philipp diese Jagd nach dem Gelde, die sich auch vielfach in den gewagtesten Börsenspekulationen kundgab, eine große gewesen, so

---

*) Selbstverständlich sind in dieser Summe die Einkünfte seines Privatvermögens, das auf wenigstens zwanzig Millionen Franken geschätzt wurde, nicht miteinbegriffen. Und doch war Morny im Jahre 1849 derartig verschuldet, daß er einmal wegen eines nicht eingelösten Wechsels von 10000 Franken eingeklagt und mit dem damals noch existierenden Schuldgefängnis in Clichy bedroht wurde, und was am pikantesten an der Sache war, sein „Bruder", der Prinz-Präsident, konnte ihn an jenem Tage nicht aus der Verlegenheit reißen. So berichtete wenigstens damals die Fama.

wurde sie doch unter Napoleon III. nach jeder Richtung auf wahrhaft kolossale Weise überboten. Unter dem Bürgerkönigtum blühten besonders die industriellen Unternehmungen, zu denen in erster Reihe die Zuckerfabrikation aus Runkelrüben gehörte, und die lange Friedenszeit begünstigte den damit verbundenen geschäftlichen Aufschwung sehr. In unmittelbarer Verbindung entstanden dann die Maschinenfabriken, und mit den Eisenbahnen die großartigen Lokomotiv- und Waggonwerkstätten.

Unter dem Kaiserreich fand man das alles bereits vor, und deshalb wurde die Börse, wo der Gott Mammon in Person thronte, der Hauptmagnet. Hand in Hand ging damit, wenigstens in den ersten Jahren nach der Beseitigung der Barrièren, die Spekulation in Grundstücken, von welchen wir bereits im dritten Kapitel des ersten Bandes einige pikante Beispiele geliefert haben. Die dadurch reich gewordenen Geldmänner spekulierten dann an der Börse weiter, vielfach zu ihrem Verderben, aber auch nicht selten mit ungeheuerem Gewinn. Überall entstanden Aktiengesellschaften, deren Verwaltungsrat fast immer tönende Namen aus der hohen französischen Aristokratie enthielt: Herzoge, Senatoren, Grafen und Barone, manchmal freilich mit sehr zweifelhaftem Stammbaum, aber es klang doch, und die kleinen Kapitalisten ließen sich davon blenden und gingen auf den Leim.

Aus der großen Menge der damaligen Finanz=
männer greifen wir einen Namen heraus, der sehr gut
als der vollendetste Typus des eigentlichen Börsen=
parvenus gelten kann: der jüdische Bankier Jules
Mirès Er repräsentierte die Gattung wie kein anderer
und war gegen Ende der fünfziger und zu Anfang
der sechziger Jahre unbestritten die erste und auch die
populärste Finanzperson von Paris und Frankreich.
Er hatte, von geringer Herkunft und nur auf sein
Spekulationstalent angewiesen, von der Pike auf ge=
dient; unter „Pike" sind hier die Coulissen der Börse
zu verstehen. Mit anderen deutlicheren Worten: Mirès
begann als sogenannter coulissier; so nennt man in
Paris die Art Leute, die kleine Winkelgeschäfte an der
Börse vermitteln, wobei sie zufrieden sind, wenn sie
am Abend zwanzig Franken verdient haben. Doch das
dauerte nur wenige Monate. Der Bankier Millaud,
gleichfalls ein Jude und durch glückliche Operationen
nach dem Staatsstreiche reich geworden, war zufällig
mit Mirès zusammengetroffen; er hatte nach einer
kurzen Unterredung sofort den künftigen Finanzmann
erkannt und machte ihn zum Associé.

Sie kauften zunächst Zeitungen, die sie als kluge
Leute in den Dienst der Regierung stellten und in
welchen sie die Finanzpolitik derselben energisch ver=
traten, und gründeten dann, als sie dadurch ihren

Kredit befestigt hatten, eine großartige Aktiengesellschaft unter dem Titel caisse des chemins de fer, in welcher man Kapitalien gegen gute Verzinsung sicher anlegen konnte. Der Zulauf war ein ungeheuerer, denn die Gesellschaft wurde unleugbar von oben protegiert, und außer den Zinsen wurden noch Dividenden gezahlt. Alles ging auch gut, und die Herren Mirès und Millaud machten so glänzende Geschäfte, daß jeder von ihnen, als sie sich nach einigen Jahren trennten, einen Reingewinn von vier Millionen davontrug.

Jetzt erst entfaltete Mirès sein volles Spekulationstalent mit einer ans fabelhafte grenzenden Thatkraft und mit außerordentlichem Glück. Die zweite für die Pariser Neubauten nötig gewordene Anleihe von 500 Millionen Franken übernahm er fast ganz allein, freilich in Verbindung mit einem Konsortium, das aber nur aus Strohmännern bestand, die mit einigen Hunderttausend Franken abgefunden wurden, während er für seine Person gegen 20 Millionen dabei gewann. Zu gleicher Zeit hatte er sich den Bau der römischen Eisenbahnen zu verschaffen gewußt, die ihm ebenfalls Millionen über Millionen eintrugen und die ihn in sehr intime Beziehungen zu dem hohen römischen Klerus brachten. Der Kardinal Antonelli hielt große Stücke auf ihn und verschaffte ihm auch mehrere Audienzen beim h. Vater. Daher stammte wohl das damals in Paris allgemein verbreitete Gerücht seines Übertritts zur katholischen Kirche, an den Mirès selbst gewiß nie gedacht hatte; aber er ließ es sich gefallen, denn auch das diente ihm zur Reklame.

Schon früher hatte er die Hafenbauten in Marseille übernommen und auch nach Haußmannschem Muster mehrere neue Straßen in der Stadt angelegt, die ihm dafür das Ehrenbürgerrecht erteilte und einen Boulevard nach seinem Namen benannte. Als der Kaiser im Herbst 1860 auf einer Rundreise durch den Süden nach Marseille kam, wo er begeistert empfangen und mit den glänzendsten Festlichkeiten förmlich überschüttet wurde*), ließ er sich den Bankier Mirès vorstellen; er beglückwünschte ihn zu der prächtigen Umgestaltung der Stadt und überreichte ihm das Kreuz der Ehrenlegion, das er von seiner eigenen Uniform ablöste.**)

---

*) Ganz anders wie bei seinem ersten Besuche im Jahre 1852, bald nach dem Staatsstreiche, um Stimmung für das Kaiserreich zu machen. (Vergl. Bd. II, S. 67.)

**) Der Kaiser trug stets das Ordenskreuz, das er demjenigen, den er besonders ehren wollte, eigenhändig ansteckte. Es war dies eine sehr große Auszeichnung und bedeutete viel mehr, als wenn der neue Ritter seine Ernennung in der offiziellen Liste des Moniteur unter hundert anderen Namen fand. Auch war der Kaiser damit sehr sparsam, im Gegensatz zu der massenhaften Verleihung des Ordens während seiner Regierung.

Jetzt stand Mirès auf dem Gipfel des Glückes. Der neue Ritter wurde zur kaiserlichen Tafel gezogen, und S. M. reichte ihm sogar beim Kaffee eine Havanna=cigarre, wieder eigenhändig! So hoch war der ehemalige arme coulissier gestiegen und schon sann er auf weitere Riesenprojekte, wohin auch der Ankauf eines großen Kohlenminenbezirks in Belgien gehörte, zu deren Aus=breitung eine Aktiengesellschaft mit einem Grundkapital von hundert Millionen errichtet werden sollte.

Zu jener Zeit konnte man den großen Bankier, der übrigens von Natur aus klein war und in seiner äußeren Erscheinung die jüdische Abstammung sofort erkennen ließ, sehr oft nachmittags auf dem Boulevard des Italiens spazieren, oder in einem der dortigen vornehmen Kaffeehäuser sitzen sehen, immer von einer Schar Verehrer und Anhänger umgeben, die jede Bemerkung von ihm über die Börsenkurse und über das Steigen und Fallen der Staatspapiere und Aktien wie ein Evangelium anhörten, und oft mit Glück am nächsten Morgen verwerteten. Bei einer solchen Ge=legenheit soll er einmal mit seinem Spazierstock auf das Asphalttrottoir gestoßen und den Freunden zu=gerufen haben: „Wieviel mag es wohl kosten, das kleine, hübsche Paris? Ich hätte wirklich Lust, es zu kaufen." — Hochmut kommt vor dem Fall, wie wir gleich sehen werden.

Schon einige Jahre früher hatte er als guter Haus- und Familienvater seiner einzigen Tochter Marie einen vornehmen Bräutigam und sich selbst einen noblen Eidam zu verschaffen gewußt, und zwar, denn er wollte hoch hinaus, einen Sprößling aus einem alten Fürstenhause: den Prinzen Armand von Polignac. Die Polignacs, die noch unter Karl X. in hohem Ansehen standen, waren seitdem vom politischen Schauplatz verschwunden und hatten auch einen großen Teil ihres früheren Vermögens eingebüßt; überdies konnten sie, als getreue Royalisten, sich mit dem neuen Kaiserreiche nicht versöhnen. Der Prinz Armand gehörte zudem einer Seitenlinie an, und seine Mutter, die alte Herzogin, hatte große Mühe, mit ihrem geringen Einkommen die Würde des Hauses zu bewahren. Sie war zudem eine stolze Dame, die ganz in den Anschauungen des ancien régime lebte und die anfangs gewaltig die Nase rümpfte, als sie von dem Heiratsantrage des Juden Mirès hörte. Ihr Sohn, der Prinz, dachte schon anders, denn er hatte modernere Anschauungen, vorzüglich, nachdem ihn der zukünftige Schwiegerpapa sub rosa näher über die Mitgift seiner Tochter aufgeklärt: vier Millionen Franken bar, eine fürstlich eingerichtete Villa mit Park und Garten in Auteuil, und ein ebenso fürstliches Hotel in Paris, alles fürstlich   Da konnte selbst die Herzogin-

Mutter nicht länger widerstehen und gab gerührt ihren Segen, zumal die Braut, wie man wenigstens versicherte, katholisch geworden war.*)

Die ganze Pariser Damenwelt drängte sich mehrere Tage lang in der rue Vivienne vor den hohen Spiegelscheiben einer der ersten Modewarenhandlungen, um die dort zur Schau gestellte Aussteuer zu bewundern, und bei der Trauung in der Madeleinekirche konnte das große Gotteshaus die Menge der eingeladenen Gäste aus den höchsten Kreisen der Gesellschaft kaum fassen. Die Galawagen der hohen Finanz- und Beamtenwelt und nicht minder des hohen Adels hielten in langen Reihen auf den angrenzenden Boulevards, und der Schleier der Braut repräsentierte ein kleines und ihr Diadem ein großes Vermögen.

Leider dauerte die Herrlichkeit nicht lange, denn schon bald darauf zeigten sich die ersten Wolken an diesem bis dahin so sonnenklaren Himmel. Anfangs ganz in der Ferne und nur gerüchtweise, aber schließlich doch in bedrohlicher Nähe. Der erste Anstoß kam

---

*) Die Pariser Witzblätter erzählten damals, die Herzogin habe ihrem Sohne eingeschärft, beim Einkauf seiner Brautgeschenke nur ja die Kaschmirs (cache-Mirès) nicht zu vergessen. Das pikante Wortspiel ist auf deutsch nicht wiederzugeben, aber der Leser versteht es sofort, wenn wir hinzufügen, daß nach alter französischer Sitte bei jeder vornehmen Hochzeit ein Kaschmirshawl für die Braut nicht fehlen darf.

von Rom, wo bei dem Bau der Eisenbahnen „auffallende Unregelmäßigkeiten" zu Tage getreten waren, für die man natürlich den Unternehmer verantwortlich machte.

Noch glaubte Mirès den Sturm beschwören zu können, als plötzlich in Paris selbst noch weit schlimmere „Unregelmäßigkeiten" in der Verwaltung der caisse des chemins de fer entdeckt wurden. In dieser Kasse hatten Tausende von großen und kleinen Rentnern und Kapitalisten ihre Gelder angelegt und Mirès, den unfehlbaren Börsenkönig, mit ihrer Fruktifizierung betraut. Eine allgemeine Panik entstand, man stürmte die Kasse, die den massenhaften Forderungen nicht gerecht werden konnte, und nun war die Regierung gezwungen, einzuschreiten.

Am 17. Februar 1861 wurde Mirès verhaftet und gleichfalls sein Associé Solar, der übrigens bei allen Unternehmungen nur eine Nebenrolle gespielt, obwohl auch er sich sehr bereichert hatte. Die Verhaftung erregte ungeheueres Aufsehen, denn man wußte nur zu gut, daß Mirès seine besten Freunde in den höchsten Kreisen, sogar am kaiserlichen Hofe besaß, die möglicherweise stark kompromittiert werden konnten.*) Aber

---

*) Claude, der Chef der geheimen Polizei, den der Leser bereits kennt, war vom Justizminister mit der Verhaftung des Bankiers beauftragt, und giebt darüber in seinen Memoiren interessante Aufschlüsse:

Claude erhielt eines Tages eine Zuschrift von dem

es ließ sich nicht ändern, denn die öffentliche Meinung war zu sehr erregt, und die Zeiten waren vorüber, wo man von oben herab einen offiziellen Dämpfer auf dergleichen Erregungen setzen konnte.

Prokuristen einer Pariser Bankfirma, die von jeher eine Rivalin von der Mirèsschen gewesen. Dieser Prokurist hatte früher eine ähnliche Stelle bei Mirès bekleidet und war von diesem wegen großer Unregelmäßigkeiten entlassen worden. Der Mensch wollte sich jetzt rächen, handelte aber jedenfalls im Auftrage seines Chefs. Claude begab sich sofort zu Mirès und machte ihm eine konfidentielle Mitteilung von dieser Denunciation. Der Bankier, der sich so sicher hielt, wie der Kaiser auf seinem Thron, wies dieselbe verächtlich zurück und lud zugleich den Beamten zu einer Soirée für den nächsten Abend ein eine große Ehre, denn in den prächtigen Sälen des Börsenkönigs in der rue de Richelieu traf man die vornehmste und auserlesenste Gesellschaft: Diplomaten und Senatoren, berühmte Künstler und Schriftsteller, Marschälle und Generäle, kurz alles was zur haute volée von Paris gehörte. Man wunderte sich allgemein, den bekannten und gefürchteten Polizeichef unter den Gästen zu sehen, den der Hausherr zuvorkommend empfing und sich vertraulich mit ihm unterhielt; vielleicht war es auch ein kluger Schachzug des Bankiers, seine freundschaftlichen Beziehungen zu diesem Manne vor aller Welt zu zeigen. Aber an demselben Abend erhielt Claude noch weitere und gewichtigere Indizien, und zwar durch den Marquis von Pontalba, eines früheren Mitspekulanten des Bankiers, der sich klugerweise kurz vor der Katastrophe von ihm getrennt hatte. Der Marquis hatte an demselben goldenen Seil gezogen, aber seine Millionen beizeiten in Sicherheit gebracht. Schon zwei Tage später wurde Claude zum Staatsprokurator beschieden, der ihn

Die großen Geschäftsräume der Gesellschaft wurden geschlossen und die Kassen und Bücher unter gerichtliche Siegel gelegt. Dies war schon eine, wenn auch nur geringe Genugthuung für die Geschädigten, aber es wurden zugleich Stimmen laut, welche die Verhaftung als eine Scheinprozedur bezeichneten. Dies veranlaßte den Justizminister Delangle, dem Kaiser einen Rapport darüber abzustatten, der im Moniteur erschien.

beauftragte, die caisse des chemins de fer mit allen Büchern zu versiegeln, einige Polizeikommissare in den Geschäftsräumen zu lassen und Mirès nach Mazas zu bringen. Das war ein anderer Besuch, den Claude dem Bankiers abstattete wie einige Abende vorher in der glänzenden Soirée. Er war übrigens nur das gehorsame Werkzeug und verhehlte auch seine Sympathien für Mirès nicht. Er besuchte ihn später in seiner Zelle, die aber aus zwei komfortablen Zimmern bestand, in denen der Gefangene nur die Freiheit entbehrte. Bei einem jener Besuche schüttete Mirès ihm sein Herz aus: „Ich will Ihnen den wahren Grund meiner Verhaftung und meines Sturzes sagen. Ich war dem Kaiser zu mächtig geworden; obwohl die Regierung von meinem Reichtum außerordentlich profitiert hat; vollends, als ich einen Fürsten zu meinem Schwiegersohn wählte, dessen ganze Familie antibonapartistisch gesinnt ist. Ferner bin ich ein portugiesischer Jude und habe alle Juden von Paris und von den andern Ländern des Nordens gegen mich." Claude wußte wohl mehr, als er sagen durfte, nämlich, daß man gegen Mirès aus besonderen Gründen so scharf vorgehen mußte, schließlich aber doch Milde walten lassen würde; und der Ausgang des Prozesses hat dies hinlänglich bewiesen.

Der Minister, ähnlich wie Rouher, ein bedeutender Redner, bestieg in diesem Rapport das hohe oratorische Roß und sprach viel von der Unparteilichkeit der Richter, die von jeher ohne Rücksicht auf Personen und Verhältnisse strenge Gerechtigkeit zu üben gewohnt seien, „der Ehrentitel der französischen Magistratur", und die auch hier streng ihre Pflicht erfüllen würden.

„Sie selbst, Sire", hieß es darin, „haben mir ja befohlen, daß in dieser betrübenden Angelegenheit die Justiz unentwegt und unbeeinflußt ihren Gang gehen und volles Licht in diesem Dunkel schaffen soll, was um so notwendiger erscheint, weil viele Unschuldige unter den verbreiteten Gerüchten zu leiden haben. Volles Licht und volle Klarheit."

Es waren im Grunde nur tönende Phrasen, die den eigentlichen Kern der Sache geschickt zu verschleiern suchten, und dieser Kern war nichts anderes, als die direkte oder indirekte Beteiligung unzähliger hochgestellter Persönlichkeiten an den Mirèsschen Operationen. Aber geschehen mußte etwas, um das Odium von jenen Herren ab- und womöglich auf die Schultern des Bankiers allein zu wälzen. Von dem mitangeklagten und mitverhafteten Solar war kaum die Rede.

Die Gerichtsverhandlungen waren öffentlich und endeten mit der Verurteilung beider zu fünfjähriger Gefängnisstrafe. Der Präsident des Aufsichtsrates der verkrachten caisse des chemins de fer, der Senator

4*

Siméon, wurde zu den Kosten verurteilt und zugleich auf dem Civilwege mit den beiden Angeklagten für die Verluste verantwortlich erklärt. Die anderen Mitglieder des Aufsichtsrates wurden freigesprochen; unter ihnen befanden sich gar vornehme Herren, deren bloßer Name, wie es in den Statuten hieß, schon unbedingtes Vertrauen einflößte, so der Baron v. Pontalba, die Grafen v. Chassepot und v. Porret u. a. m. Die Advokaten appellierten sofort an die höhere Instanz und sprachen ihren Klienten Mut ein. Sie kannten das Terrain zur Genüge.

Alsbald begannen auch die geheimen Fäden zu spielen, die Gott weiß in welche Hände ausliefen; jedenfalls hielt der kürzlich zum Herzog ernannte Graf Morny einen dieser Fäden und sicher nicht den dünnsten.

Der Mirèssche Prozeß wurde dem Gerichtshofe zu Douai überwiesen, der die Angeklagten freisprach, was einigermaßen überraschte und auch wieder nicht, wenigstens nicht diejenigen, die mit den Vorgängen hinter den Coulissen vertraut waren.

Kaum hatte Mirès seine Freiheit wiedererlangt, als er mit einer neuen Staatsanleihe hervortrat, jedoch ohne den betreffenden Staat zu nennen. Da hatte aber die Regierung ein Einsehen und verbot einfach das Auflegen der Aktien an der Börse. Nach diesem Fiasco verschwand der vielgeschmähte und vielbewunderte Bankier von der Bildfläche des goldenen Mammontempels, wo er zehn Jahre lang als unumschränkter Machthaber regiert hatte und zog sich ins Privatleben zurück, jedenfalls mit einem ansehnlichen Notpfennig „une poire pour la soif", wie der Franzose sagt.*)

Schließlich dürfen wir nicht vergessen, daß der Fürst von Polignac die Mitgift seiner Gemahlin, soweit dieselbe nicht in den Kassen seines Schwiegervaters belegt war, völlig und ganz zurückzahlte und auf alle und jede Rente verzichtete, wozu ihn das Gesetz keineswegs verpflichtete. Er wahrte aber dadurch seine fürstliche Ehre und hinterließ ein reines Andenken; er starb i. J. 1863. —

Wir haben uns vielleicht etwas über Gebühr lange bei dem Falle Mirès aufgehalten, was wir im Eingang motivierten. Es gab noch eine ganze Reihe kleiner Mirès unter dem Zweiten Kaiserreiche; uns genügte dieser eine, und zwar der eklatanteste Fall, um das Treiben der Börsenwelt in jener Periode zu beleuchten.

---

*) Mirès starb auf seinem kleinen Landgute Rozan im südlichen Frankreich am 6. Juni 1871.

Drittes Kapitel.

Eine schlimme Broschüre.

Der Prinz Napoleon war, wie wir längst wissen, das enfant terrible der kaiserlichen Familie und machte speciell dem Kaiser selbst manche verdrießliche und unruhige Stunde. Die beiden Vettern konnten sich eben nicht vertragen und mußten doch vor der Welt so thun, als ob sie die besten Freunde seien.

Anfangs waren sie es auch wirklich gewesen, und der Prinz hatte z. B. durch mehrfache Reisen und Reden und durch seinen Einfluß auf die Journalisten nicht wenig zu der Präsidenten- und Kaiserwahl beigetragen; nach und nach trat aber eine Verkühlung und darauf sogar manches ernste Zerwürfnis ein. Der Prinz mußte natürlich nachgeben und gehorsamen, wenn auch widerwillig und nicht ohne geheime Hintergedanken, aber er war viel zu klug, um es mit dem allmächtigen Vetter gänzlich zu verderben, der ihm ja leicht die jährliche Subvention aus der Civilliste, die im ganzen

über eine Million Franken betrug, kürzen, wo nicht
streichen konnte. Dann wäre der arme Prinz auf die
Einkünfte des väterlichen Nachlasses angewiesen ge=
wesen, und der war, außer dem Schlosse Prangins
am Genferfee, das er bis zu seiner Vermählung be=
wohnte, nicht bedeutend. Der Herr Papa-Lustik hatte
nämlich noch bis zu seinem Tode sein leichtes, loses
Leben fortgesetzt und trotz seiner reichen Dotation eine
Menge Schulden hinterlassen, die der Kaiser groß=
mütig bezahlte. Die Mitgift der Prinzessin Chlothilde,
war auch nicht bedeutend gewesen, und der Prinz hatte
Takt und Ehrgefühl genug, nichts davon zu be=
anspruchen.

Gründe für seine Mißstimmung gegen den Kaiser
hatte er mehrere, die von seinem Standpunkte aus nicht
ganz unberechtigt waren. Zunächst hatte dessen Ver=
mählung mit der Spanierin, wie er die Kaiserin stets
nannte, seine lebhafte Unzufriedenheit erregt, und wir
wissen, daß er dieselbe mit seiner Schwester, der Prin=
zessin Mathilde, teilte. Wir wissen ferner, daß der
Kaiser die Geschwister sehr freundlich, aber zugleich sehr
kategorisch beschwichtigte, was ihm auch bei der Prin=
zessin gut gelang, aber weit weniger bei dem Prinzen,
der seinen Groll wohl zu verbergen wußte, aber ihn
doch im Herzen behielt. Der feinfühlenden Kaiserin
entging dies nicht; hatte sie doch gleich bei ihrer ersten

Begegnung keine große Sympathie für den Vetter ihres Gemahls empfunden.

Schließlich dürfen wir nicht vergessen, daß der Prinz, selbst nach der Vermählung des Kaisers, dem ja die Kaiserin erst nach einer vierjährigen Ehe und nach zwei Fehlgeburten, die man so viel wie möglich verheimlichte, einen Sohn schenkte, sich bis dahin noch immer als präsumtiver Thronerbe betrachtet hatte, und daß er sich vielleicht gar mit der Hoffnung trug, die Ehe könne wie diejenige Napoleons I. mit Josephine kinderlos bleiben. War doch auch im französischen Volke diese Ansicht vielfach verbreitet, aber man hatte zugleich erfahren, daß der Kaiser einen heiligen Eid geschworen, sich nie von seiner Gemahlin zu trennen, es also nicht wie sein Oheim zu machen.

Durch die endliche Geburt des kaiserlichen Prinzen war dem unruhigen Vetter die Aussicht auf die Thronfolge genommen, und von jener Zeit an kehrte er wieder den Republikaner heraus, allerdings, so komisch dies auch klingen mag, den kaiserlichen Republikaner. Er redete sich auch die Möglichkeit eines republikanischen Kaisertums ein, das ja der Prinz-Präsident in seiner Proklamation nach dem Staatsstreiche gleichfalls hatte durchblicken lassen, und begriff nicht, daß damals eine solche Andeutung ganz am Platze war, um die Anhänger der Republik zu beschwichtigen.

Ähnlich wie der Oheim, nachdem er das Konsulat in ein erbliches Kaisertum verwandelt hatte, im ersten Jahre seiner Regierung noch Münzen schlagen ließ, die auf der einen Seite sein Bildnis mit der Umschrift Napoléon Empereur und auf der anderen die Worte République française trugen. Und so war es auch unter dem Zweiten Kaiserreiche, das nicht einmal eine konstitutionelle, sondern eine absolute Monarchie geworden, denn die Legislative war ebensowenig eine wirkliche Volksvertretung wie der Senat ein Gegengewicht gegen die exekutive Gewalt.

Trotzdem setzte der Prinz Napoleon seine utopischen Träumereien fort und machte denselben Luft, wo sich ihm eine Gelegenheit bot, die er oft genug vom Zaun brach.

So hatte er sich in der Senatssitzung vom 1. März 1841 in einer Rede über innere Angelegenheiten scharfe und gänzlich unmotivierte Ausfälle gegen das frühere bourbonische Königshaus und speciell gegen die jüngere Linie der Orléans erlaubt, um dadurch die Bedeutung und Verdienste der kaiserlichen Politik, besonders durch die Gründung eines geeinigten Italiens unter Victor Emanuel desto glänzender hervorzuheben.

„Die Mitglieder der vertriebenen Königsfamilie", sagte er in seiner Rede, „haben nichts weiter im Sinn, als durch unmoralische und rechtlose Mittel eine zweifelhafte und unwürdige Popularität zu erlangen. Die Bourbons, in welchem Lande sie auch regierten, haben der Welt beständig und überall das skandalöse Schauspiel innerer Zerwürfnisse und Verrätereien gegeben. Denken Sie nur in Frankreich an Philippe-Egalité, in Spanien an Bayonne, wo Ferdinand II. eine fremde Macht gegen seinen eigenen Vater Karl IV. zu Hülfe rief, und ganz neuerdings an den Grafen von Montemolin, der sich gegen die Königin von Spanien verschwor." Und in diesem Tone ging es fort.

In Bezug auf Spanien war, nebenbei bemerkt, die Behauptung des Prinzen ganz und gar nicht zutreffend und zeugte entweder von einer großen historischen Ignoranz, oder von einer absichtlichen Entstellung der Thatsachen. Der verräterische Einfall der Franzosen in Spanien, unter Napoleon I. i. J. 1807, und die damit verbundene Vergewaltigung der spanischen Königsfamilie sind zu bekannt, um hier noch weiter ein Wort darüber zu verlieren.*) Auch die anderen Vorwürfe trafen die jüngere bourbonische Linie der Orléans, auf die es der Prinz doch hauptsächlich abgesehen, so gut wie gar nicht; aber er wollte nun einmal seinem Ärger gegen die Söhne Ludwig Philipps Luft machen,

---

*) Wer sich trotzdem dafür interessiert, findet eine umfangreiche und unparteiische Schilderung des spanischen Feldzuges mit einer scharfen und rücksichtslosen Kritik der napoleonischen Politik, in der deutschen Originalausgabe der Talleyrandschen Memoiren, Bd. I, vierte Abteilung, 1804—1808.

die ihn, nach dem einstimmigen Urteil der Zeitgenossen, sowohl an Ehrenhaftigkeit des Charakters, als auch an Wissen und Bildung weit überragten. Sie trugen das Mißgeschick der Verbannung mit Ergebung und Würde, jedenfalls ganz anders als ihrer Zeit die Napoleoniden.

Die Rede des Prinzen fand im Senat allgemeinen Anklang, und der Minister des Innern, der übereifrige Persigny, dem alle Mittel und Wege gut und gerecht dünkten, wenn sie nur zur Verherrlichung des Kaiserreiches dienten, war so entzückt davon, daß er sofort an alle Präfekten viele Tausend Abdrücke expedieren ließ, mit der Weisung, sie an jeder Mairie anschlagen zu lassen.

„Se. kaiserliche Hoheit der Prinz Napoleon hat soeben im Senat eine herrliche Rede gehalten, welche die ganze Sitzung ausfüllte und eine ungeheuere Sensation hervorgerufen hat."

Plonplon war auf einmal der Held des Tages geworden, wenigstens für alle gut kaiserlich Gesinnten; aber nur für kurze Zeit, denn „das Unglück schreitet schnell."

Schon nach kaum acht Tagen erschien nämlich eine Broschüre unter dem Titel: „Ein Brief über die Geschichte Frankreichs." Der anonyme Verfasser dieses Briefes war der Herzog von Aumale. Gleich in der

Einleitung drückt sich der Herzog, indem er sich an den Prinzen Napoleon wendet, folgendermaßen aus:

„Sollte ich wirklich durch meine Verbannung das natürlichste und heiligste Recht eines jeden Menschen verloren haben, das Recht, seine schmählich angegriffene Familie zu verteidigen? Wird es mir gestattet sein, Ihre Angriffe, Prinz, die Ihre so hoch gepriesene Regierung nicht allein gebilligt, sondern durch Maueranschlag in ganz Frankreich verbreitet hat, zu bekämpfen und zu widerlegen? Ich will es immerhin versuchen. Wenn es mir versagt ist, und wenn es Ihnen gelingt, in Mißachtung der klarsten und einfachsten Begriffe von Gerechtigkeit und Ehre, meine Stimme in Frankreich zu unterdrücken, so wird sie jedenfalls ein Echo im übrigen Europa finden, und zwar in den Herzen aller anständigen und ehrenhaften Menschen."

Und nun lüftet der Verfasser den Schleier über das Thun und Treiben der Bonapartisten unter der Regierung Ludwig Philipps, und hier kommen allerdings recht fatale und böse Dinge zur Sprache.

„Ich begreife sehr wohl, Prinz, daß Sie nicht gern an die Februar=Revolution erinnert werden mögen, denn wenn sie einige Monate später ausgebrochen wäre, so hätte sie Ihren Vater als erblichen Pair von Frankreich vorgefunden, dessen ansehnliche Dotation auch auf Sie übergehen sollte — für einen Napoleoniden ein heikler Punkt. Oder haben Sie es vergessen, wie eifrig und unausgesetzt Ihr Vater und Sie selbst sich um die Erreichung dieses Zweckes beim König bemühten, nachdem derselbe Ihnen schon i. J. 1847 die Rückkehr nach Frankreich gestattete, aus welchem das Gesetz Sie beide verbannte? Dann haben Sie am Ende auch den gütigen und wohlwollenden Empfang vergessen, den Ihnen die königliche Familie damals in Saint-Cloud zu teil werden ließ? Und doch können Sie vielleicht unter den Huissiers der kaiserlichen Vorzimmer denjenigen herausfinden, der Sie damals bei Ludwig Philipp anmeldete und Sie in das Kabinett des Königs führte, wo Sie Sr. M. so rührend für die erwiesene Gnade dankten und um neue Gnaden baten.

Sehen Sie doch den Militärkalender durch, dort finden Sie den Namen des pensionierten Generals, der als Adjutant des Königs i. J. 1830 beauftragt war, die Königin Hortense und ihren Sohn, den jetzigen Kaiser, in Paris zu empfangen. Der König umging bei dieser Gelegenheit das Gesetz, als er Ihrer Tante erlaubte, mit ihrem Sohne nach Frankreich zu kommen, und was noch schlimmer war, er that es ohne Vorwissen seiner Minister; es ist der einzige, unkonstitutionelle Akt, den man ihm in seiner langen Regierung vorwerfen kann. Doch Sie kennen wohl nicht einmal die weiteren Einzelheiten dieser abenteuerlichen Geschichte. Ich will sie Ihnen erzählen:

Am Morgen nach dem Tage, an welchem der König der Franzosen die Königin Hortense empfangen hatte, war Ministerrat.

„Was giebt es Neues, meine Herren?" begann der König, als er in seinem Sessel Platz genommen.

„Sire", sagte der Marschall Soult, ich habe eine sehr ernste Nachricht zu melden: Durch zuverlässige Rapporte der Gendarmerie habe ich in Erfahrung gebracht, daß die Herzogin von Saint-Leu mit ihrem Sohne den Süden Frankreichs passiert hat."

Der König lächelte.

„Und ich, Sire", fügte Casimir Périer hinzu, „bin in der Lage, die Mitteilung des Herzogs zu vervollständigen. Die Königin hat nicht allein den Süden Frankeichs passiert, sondern sie ist augenblicklich in Paris, und Ew. Majestät haben ihr gestern eine Audienz gewährt.

Da lächelte der König wieder und sagte: „Mein lieber Minister, Sie sind so vortrefflich unterrichtet, daß ich Ihnen gar nichts Neues erzählen kann."

„Aber ich, Sire, weiß noch mehr. Hat die Herzogin nicht ihren Sohn entschuldigt, der bettlägerig sei und sie deshalb nicht begleiten könne?"

„Das hat sie allerdings gethan", antwortete der König

„Beruhigen Sie sich nur, Sire, der Prinz ist ganz und gar nicht krank. In derselben Stunde, in welcher Sie seine Mutter empfingen, hatte der Sohn eine Zusammenkunft mit den Hauptführern der Republikaner, um die sichersten Mittel und Wege zu beraten, Sie vom Throne zu stürzen."

Der König wollte es anfangs nicht glauben, als aber die Umtriebe der Mutter und des Sohnes immer augenfälliger wurden, erlaubte sich der Minister, die beiden über die Grenze bringen zu lassen. Die Minister des Königs waren unabhängiger als diejenigen Ihres Vetters, die nichts anderes zu thun haben, als vor den Kammern die Pläne und Befehle des Kaisers zu vertreten."

Das war deutlich und zugleich sehr derb, aber der

folgende Passus, der höher hinauf zielte, war es noch mehr:

„Nach den Grundsätzen Ihrer Regierung war Ludwig Philipp entschieden zu gutherzig und zu sanfter Gemütsart. Da denken Sie anders. „Wenn die Legitimsten", sagten Sie kürzlich, „oder die tollen Republikaner auf den Einfall kämen, von England her mit 1000 oder 1500 Mann an unseren Küsten zu landen, so würden wir sie kurzweg über den Haufen schießen lassen." Die Orleanisten nannten Sie nicht, doch die sind selbstverständlich miteinbegriffen. Unter der Juliregierung, Prinz, erlebten wir eine Überrumpelung von Straßburg und eine Landung in Boulogne, aber es wurde dabei niemand erschossen. Gewiß ein großer Fehler, doch die Orléans sind unverbesserlich, und ich glaube, wenn ihnen so etwas noch einmal passierte, so würden sie wieder ebenso handeln. Was die Bonapartes betrifft, so denken sie über das Erschießen anders und halten Wort; ja von allen Ihren Versprechungen und Verheißungen, Prinz, die Sie bereits gemacht haben und noch machen werden, kann ich allein dieser Zusage des Füsilierens Glauben schenken."

Wenige Tage darauf war diese bitterböse Broschüre in allen Händen; man sprach von hunderttausend Exemplaren und mehr, was keineswegs unglaublich ist. Man fragte sich mit Recht: wie war dies möglich bei der bekannten Wachsamkeit und Schlauheit der Polizei, besonders der geheimen in Überrock und Cylinder, die doch selbst auf hundert Schritte alle verdächtigen und hochverräterischen Schriften zu wittern verstand.

Der Grund davon ist eigentlich sehr komisch und erregte auch allgemeine Heiterkeit. Die Broschüre war nämlich in Versailles und nicht in Paris gedruckt worden, und der Titel „Lettre sur l'histoire de France" erschien ganz harmlos, denn erst auf der Innenseite desselben befand sich der Zusatz „adressée au Prince Napoléon." Der Staatsprokurator war zudem auf Urlaub, und sein Stellvertreter (M. le Substitut) mag sich das Ding, als es ihm reglementsmäßig vorgelegt wurde, wohl nur oberflächlich angesehen haben. Genug, das schreckliche corpus delicti gelangte unangefochten nach Paris, und als nun endlich die Polizei einschritt und bei dem Buchhändler die Exemplare konfiscieren wollte, war kein einziges mehr da. Der Rüffel, den der Substitut von seinem Vorgesetzten erhielt, glich ganz demjenigen, den der Justizminister dem Staatsprokurator zukommen ließ, aber das Malheur war geschehen. Tags darauf brachte der Moniteur die folgende lakonische Note:

„Eine Broschüre unter dem Titel: Ein Brief über die Geschichte Frankreichs, im Verlage des Buchhändlers Dumineray, ist von der Polizei mit Beschlag belegt worden." Auch hier war der Zusatz „an den Prinzen Napoleon" weggelassen und jedenfalls absichtlich, um die Sache so harmlos als möglich darzustellen.

Zugleich ließ der Minister Persigny den Telegraphen nach allen Richtungen des Reiches spielen, um die Präfekten anzuweisen, auf die Schrift zu fahnden, und selbstverständlich war den Zeitungen der kleinste Auszug, oder nur eine bloße Notiz auf das strengste verboten. Aber auch damit war es zu spät.

Der Kaiser, der die Broschüre gleich am ersten Tage auf seinem Schreibtisch fand, ohne daß man in Erfahrung bringen konnte, wie sie dahin gekommen, machte es nicht wie der Substitut, sondern las sie aufmerksam durch und schalt den Übereifer Persignys, der durch die Veröffentlichung der Rede des Prinzen im Grunde den ganzen Lärm angerichtet hatte. Der Kaiserin, so peinlich ihr auch die Erinnerung an die abenteuerlichen Jugendstreiche ihres Gemahls waren, freute sich im stillen über die mehr als derbe Zurechtweisung, die dem kaiserlichen Vetter geworden war und legte die Schrift sehr ostensibel auf ihren Arbeitstisch.

Aber der Vetter blieb auch seinerseits nicht unthätig, und nach einigen Tagen brachte der Moniteur eine neue Note:

„Wir haben am 15. April die polizeiliche Beschlagnahme einer Broschüre gemeldet, in welcher der Prinz Napoleon persönlich sehr hart und rücksichtslos angegriffen wird. Sobald Se. Kaiserliche Hoheit erfahren hatten, daß gegen den Verleger der Broschüre eine Untersuchung eingeleitet werden sollte, haben Höchstderselbe sich sofort an Sc. Majestät den Kaiser gewandt mit der Bitte, die Beschlagnahme aufzuheben. Die Regierung ist nicht in der Lage, dem Wunsche des Prinzen zu entsprechen, denn sie darf den Lauf der Justiz nicht hemmen."

Zum Überfluß brachte der „Siècle" alsdann noch den folgenden Brief des Prinzen an den Kaiser:

„Sire!

Der Herzog von Aumale hat eine Broschüre veröffentlicht als Entgegnung auf eine Rede, die ich vor einigen Wochen im Senate gehalten.

Der Gerichtshof hat darin ein Vergehen gegen die Gesetze des Kaiserreiches erblickt und zugleich einen Angriff auf die kaiserliche Regierung, und deshalb gegen den Verleger Strafantrag gestellt: der Gerichtshof hat damit nur seine Pflicht erfüllt.

Ich habe gestern den Minister des Innern gesprochen, um ihn zu veranlassen, in diesem besonderen Falle eine Ausnahme zu machen.

Die Schrift des Herzogs greift mich persönlich an, und aus diesem Grunde bitte ich Ew. Majestät dringend, die Beschlagnahme derselben aufzuheben und den Verleger außer Verfolgung setzen zu lassen.

Die Unterdrückung der Schrift scheint mir nicht die richtige Antwort auf dieselbe zu sein, und deshalb wiederhole ich meine Bitte, Sire, dieselbe ungehindert zirkulieren zu lassen. Der Patriotismus der Franzosen wird dies Pamphlet nach seinem wahren Werte richten, und der gesunde Sinn der Bevölkerung wird darin nichts weiter erblicken als ein orleanistisches Manifest.

Geruhen Sie, Sire .   Napoléon Jérôme."

Auch dieser Brief blieb ohne Erfolg, was der
Prinz möglicherweise vorher wissen konnte, aber er
mußte doch etwas thun, um nicht gar zu geschlagen
dazustehn. Schon daß er den Verfasser genannt und
die Schrift als ein Manifest bezeichnet und als solches
den Kaiser gewissermaßen denunziert hatte, genügte
nun erst recht, um eine Verfolgung eintreten zu lassen.
Der Verleger und der Drucker wurden deshalb von
dem Zuchtpolizeigericht jeder zu 5000 Franken Geld=
strafe und außerdem der erstere zu einem Jahr und
der zweite zu sechs Monaten Gefängnis verurteilt.
Damit war die Sache selbst erledigt; nur bekam sie
noch ein kleines Nachspiel.

Es ging nämlich alsbald das Gerücht und bestä=
tigte sich auch, daß der Herzog den Prinzen gefordert,
daß aber dieser die Forderung abgelehnt habe, und
zwar auf einen direkten Befehl des Kaisers. Der
Prinz war immerhin der zweite am Thron und durfte
sein Leben nicht exponieren. Wirklich schade, denn
durch Annahme der Forderung hätte er sich in der
öffentlichen Meinung vortrefflich rehabilitieren können.
Man mag nämlich in Frankreich noch so viel dumme
und verkehrte Streiche machen und auch sonst seinen
Ruf aufs Spiel setzen, wenn man nur vorkommenden
Falles persönlichen Mut zeigt, besonders im Duell,
so versöhnt man die Geister und erwirbt sich Absolution

für die Schatten der Vergangenheit. „Mon Dieu", hört man dann sagen, „c'est un homme douteux, mais il est brave."

Wir bemerkten schon früher einmal, daß dem guten Plonplon diese beste Eigenschaft des Mannes nur in sehr bescheidenem Maße zugemessen war, was er im Krimkriege und im italienischen Feldzuge zur Genüge bewiesen hatte, mit anderen Worten, wenn der Leser uns den banalen Witz zu gute halten will, daß er sich in gefährlichen Lagen gern „rückwärts konzentrierte." Und das that er auch im vorliegenden Falle, was um so leichter ging, weil er den Thron seines Vetters als Schutzwehr gebrauchen konnte. Cassagnac, der kaiserliche Hofklopffechter, erbot sich sofort, für den Prinzen den Strauß auszufechten, aber nun lehnte der Herzog von Aumale ab, und die öffentliche Meinung billigte sein Verhalten. Der Herzog durfte dies ruhig wagen. Er hatte bereits i. J. 1842 als junger General seine Spornen in Afrika ruhmvoll verdient, ganz andere Spornen als die silberblanken, die der Prinz auf seinen Spazierritten im Park von Meudon trug, denn Aumale war der Besieger des gefürchteten Kabylenhäuptlings Abd=el=Kader, dessen wir schon mehrfach gedachten.*)

---

*) Die glänzende Waffenthat, der die vollständige Unterwerfung des Emirs folgte, wurde durch Horace Vernet unter

So war denn auch der rhetorische Feldzug des Prinzen Napoleon, wie seine militärischen, mißglückt, und er verlor immer mehr seinen moralischen Halt, sowohl bei Hofe, wo er niemals viel gegolten hatte, als auch im großen Publikum, wo er doch anfangs durch seine zur Schau getragenen liberalen Grundsätze, die freilich nicht über Worte und Reden hinausgingen, in gewissem Sinne populär geworden war.

Er hatte freilich nach wie vor im Palais royal, wo er im Winter residierte, seinen kleinen Hof um sich, zu welchem in erster Reihe die Redakteure des Siècle und anderer Oppositionsblätter gehörten, soweit überhaupt von Opposition die Rede sein konnte, und die sehr gemischte Gesellschaft bildete eine Art Fronde, aber sie war im Grunde ungefährlich und wurde außerdem von der geheimen Polizei streng überwacht.

Wenn es der Vetter dann gar zu arg trieb, so schickte der Kaiser ihn auf Reisen, bezahlte aber vorher immer gutmütig seine dringendsten Schulden. Wirklich gefährlich ist der Prinz Napoleon niemals gewesen.

Einige Jahre später wurde das Verhältnis der beiden Vettern zu einander etwas leidlicher, wozu be-

---

dem Titel la prise de la Smalah verewigt. Das Gemälde, eines der größten, das je gemalt wurde, denn es ist über 21 Meter breit und 5 Meter hoch, gehört zu den schönsten des berühmten Meisters und bildet eine Hauptzierde des historischen Museums von Versailles.

sonders die Gemahlin des Prinzen, die Prinzessin Klothilde, beigetragen haben soll. Sie galt, wie wir wissen, viel bei der Kaiserin und vermittelte, wo sie nur konnte. Der Kaiser hatte kurz vor seiner Abreise nach Algerien, im Jahre 1865, den Prinzen zum Vicepräsidenten des Geheimrates, also gewissermaßen zu seinem Stellvertreter ernannt und außerdem zum Präsidenten der Kommission für die Weltausstellung von 1867, im ersteren Falle ein großes Vertrauenszeichen, und im zweiten ein Versuch, den Prinzen seiner Unthätigkeit zu entreißen und ihm Gelegenheit zu geben, mit den bedeutendsten Repräsentanten der in- und ausländischen Industrie in nähere Beziehungen zu treten. Gewiß ein lohnendes Feld für einen thatkräftigen und begabten Mann, wenn der Prinz nur beides gewesen wäre. *)

Aber auch hier verdarb er es wieder durch eine

---

*) Schon einige Jahre früher hatte die Regierung ein besonderes Ministerium für Algerien geschaffen, und der Kaiser den Prinzen zum Minister desselben ernannt. Der Prinz hatte den Posten auch angenommen, jedoch nur in der seltsamen Voraussetzung, das neue Ministerium sei eine Etappe zum Vicekönigtum, und Vicekönig von Algerien klang nicht übel. Aber diese Illusion dauerte nicht lange, und als der Kaiser seinem Vetter eine kategorische Erklärung darüber, und zwar im negativen Sinne gegeben, legte dieser alsbald sein Portefeuille nieder, das er übrigens nur dem Namen nach auf kurze Zeit besessen.

unbedachtsame Rede, die wir zum Schlusse dieses Kapitels und zur Vervollständigung seiner Charakteristik, um die es uns überhaupt zu thun war, nicht unerwähnt lassen wollen.

Seit seiner Thronbesteigung war es ein Lieblingsgedanke des Kaisers gewesen, seinem großen Oheim in dessen Geburtsstadt Ajaccio ein Denkmal zu setzen, genau genommen, ein Kollektiv-Denkmal für alle männlichen Bonapartes: Napoleon, von seinen Brüdern umgeben. Dem Kaiser allein war früher ein solches auf einer Anhöhe am Hafen gesetzt worden.

Man wollte zuerst eine Nationalsubskription zu einem Franken eröffnen, gab aber später, man weiß nicht recht aus welchem Grunde, den Plan auf, und sammelte nur im stillen Beiträge, die reichlich flossen und die Herstellung eines großartigen Monumentes ermöglichten. Der Kaiser sollte sein Erscheinen am Tage der Einweihung zugesagt haben, und zwar in Begleitung der Kaiserin und des kaiserlichen Prinzen. Die Stadt Ajaccio machte auch schon die großartigsten Vorbereitungen zum Empfang der Majestäten, als plötzlich, wie es hieß, eine Absage eingetroffen sei.

Sofort sprach man auch hier, wie immer bei solchen Gelegenheiten, von einer entdeckten Verschwörung, und englische und belgische Blätter brachten sogar nähere Einzelheiten darüber. Sie war indes nur eine Erfinbung müßiger Köpfe, oder sensationsbedürftiger Zeitungsschreiber. Zunächst war schon der angesagte Besuch der kaiserlichen Familie nur ein bloßes Gerücht gewesen, und eine offizielle Anmeldung hatte nicht stattgefunden. Der Kaiser hatte bereits seine Reise nach Algerien angetreten und von vornherein den Prinzen Napoleon beauftragt, ihn bei der Einweihung zu vertreten. Diesem kam der Auftrag sehr gelegen, denn er war in Korsika, das er schon mehrfach besucht hatte, bekannt und beliebt, und auch ihm war die einfache und unabhängig gesinnte Bevölkerung sehr sympathisch.

Als nun der große Tag der Denkmalsenthüllung gekommen war, citierte der Prinz in seiner Einweihungsrede die freisinnigen Worte, welche Napoleon I. nach seiner Rückkehr von Elba, beim Beginn der Hundert Tage, an Benjamin Constant gerichtet hatte:

„Teilen Sie mir Ihre Ideen mit; dieselben können mir nur willkommen sein: Freie Wahlen, freie politische Diskussionen und verantwortliche Minister, auch ich will das alles. Vor allem aber Preßfreiheit. Die Presse unterdrücken wollen, ist Unsinn."

Das lautete ganz anders als zur Zeit seiner absoluten Gewaltherrschaft. Napoleon hatte eben aus der Not eine Tugend gemacht und in der ihm durch den Drang der Umstände abgenötigten sogenannten Zusatzakte diese Grundsätze angedeutet.

Auf dieser Basis entwickelte nun der Prinz sein politisches Programm, nicht ohne erneute und empfindliche Seitenhiebe auf die beiden bourbonischen Linien:

„Ich liebe die Freiheit, unter welcher Form sie sich zeigt, aber ich verhehle nicht, daß ich die Freiheit für alle wünsche. Ich will eine Politik, die allein von der freien öffentlichen Meinung beeinflußt wird, von einer freien Presse und von freien Versammlungen, und keine Politik von Ministern, die dem Monarchen zumeist nur durch parlamentarische Intriguen aufgedrängt sind. O Korsen! (so schloß der Prinz diese seltsame Rede) wir verstehen uns; wir haben denselben Glauben an diese unveräußerlichen Grundsätze und dieselben Hoffnungen auf die Zukunft: der Ruhm und die Größe des Vaterlandes und mit ihnen die Freiheit. Meine Aufgabe ist erfüllt, wenn Ihr mit mir überzeugt seid, daß die wahre Mission eines Napoleon keine andere ist, als durch die Diktatur das Volk zur Freiheit zu führen."

Als diese Rede, zunächst durch die korsikanischen Zeitungen, in Paris bekannt wurde, erregte sie bei Hofe und in der ganzen offiziellen Welt einen gewaltigen Sturm. Der Moniteur brachte sie nicht, und einige liberale Blätter begnügten sich mit kurzen Auszügen. Man wollte erst die Ansicht des Kaisers wissen. Diese ließ auch nicht lange auf sich warten.

Am 28. Mai veröffentlichte der Moniteur einen Brief des Kaisers an den Prinzen, aus Algier vom

23., der den Inhalt der Rede vollständig desavouierte und überdies dem Vetter für seine Unbedachtsamkeit tüchtig den Text las.

„Das Programm, das Sie unter meiner Ägide aufstellen, kann nur den Gegnern meiner Regierung in die Hände arbeiten. Sie fügen demselben überdies noch Äußerungen des Hasses und der Verhöhnung hinzu, die unseren jetzigen Anschauungen widersprechen. Ich verwerfe das eine wie das andere.

Um in unserer Zeit die Ideen Napoleons I. zu verwirklichen, muß man sich der schweren Verantwortlichkeit, welche die Macht den heutigen Monarchen auferlegt, vollauf bewußt sein. Wir Pygmäen können ja nicht einmal die kolossale historische Figur Napoleons in ihrem ganzen Umfange begreifen.

Um der Anarchie der Geister, der schlimmsten Feindin der wahren Freiheit, vorzubeugen, habe ich, sowohl in meiner Familie wie in meiner Regierung, jene strenge Disciplin geschaffen, die nur einen Willen und nur ein Handeln zuläßt, und werde nie davon abgehen."

Am nächsten Tage reichte der Prinz in einem sehr lakonisch gehaltenen Schreiben dem Kaiser seine Demission als Vicepräsident des Geheimrates und als Präsident der Ausstellungskommission ein, und von da an verschwand er so gut wie ganz vom politischen Schauplatz.

Im Briefkasten eines Pariser Witzblattes las man kurz darauf die folgende Notiz:

„Pygmäen sind ein fabelhaftes Zwergvolk; man nennt sie auch Liliputaner. Sie erscheinen erst recht klein, wenn man sie neben Riesen stellt."

Der Kaiser hätte wohl besser gethan, den Vergleich zu unterlassen.

Viertes Kapitel.

Tod der Herzogin von Alba. — Gesundheitszustand der Kaiserin. — Monsieur Filon, der Erzieher des kaiserlichen Prinzen. — Der kleine Korporal, seine Spiele und Jugendstreiche. — Im Exil. —

Die Gesundheit der Kaiserin gab schon seit längerer Zeit zu ernsten Bedenken Anlaß, besonders seit dem Sommer 1862, in welchem Jahre ihre Schwester, die Herzogin von Alba, so plötzlich und in so betrübender Weise gestorben war. Die Herzogin hatte mit ihren beiden Kindern, zwei allerliebsten Mädchen, Madrid verlassen und sich, wie sie alljährlich zu thun pflegte, in das Pyrenäenbad Eaux bonnes begeben. Dort erkrankten die Kinder an der Bräune und schwebten lange in Lebensgefahr. Die Mutter wachte Tag und Nacht an dem Bette ihrer Lieblinge, und ihrer sorgsamen Pflege gelang es, sie zu retten, aber sie selbst hatte dafür den Todeskeim in sich aufgenommen.

Sie reiste, obwohl schon schwer leidend, nach Paris, um sich von den dortigen medizinischen Celebritäten behandeln zu lassen, auf die sie ihre letzte Hoffnung gesetzt hatte — leider vergebens. Die schöne junge Frau, der das Glück gelächelt wie kaum einer anderen … eine Kaiserin zur Schwester, sie selbst eine vielbeneidete Gattin und Mutter, hoher Stand und Reichtum und alle Lebensgenüsse in Fülle und mußte doch sterben. Die prächtige Villa in den Elysäischen Feldern, die der Kaiser der Gräfin Montijo, der Mutter seiner Gemahlin, geschenkt hatte, noch vor kurzem der Schauplatz glänzender Festlichkeiten, war jetzt in ein stilles Trauerhaus verwandelt.*)

---

*) Diese Villa hatte damals eine gewisse Berühmtheit erlangt. Sie lag hinter ihrem vergoldeten Gitter weit zurück, und vor ihr dehnte sich ein unermeßlicher Rasenplatz aus, vielleicht der schönste und bestgepflegte von ganz Paris, und in der Mitte des Platzes stand eine hohe Bildsäule des ersten Kaisers aus weißem Marmor. Zuerst wohnte dort die Gräfin Montijo, aber die Kaiserin-Mutter, wie man sie nach ihrem Vorbilde, der Madame Lätitia, wenn auch nur spottweise, nannte, schien sich dort, wie überhaupt in Paris, nicht wohl zu fühlen. Sie beklagte sich häufig bei ihrer Tochter, der Kaiserin, daß man ihr nicht die gebührenden Ehren erweise, daß z. B. die Wachen, wenn sie vorüberfuhr, nicht mit Trommelschlag unters Gewehr träten und dergleichen mehr. Um die prätentiöse Frau Mama zu beschwichtigen, kam wohl die Kaiserin vorgefahren, um sie zu einer Spazierfahrt abzuholen. Dann genoß die Gräfin die ihrer Tochter erwiesenen Ehren mit und war zufrieden. Aber nicht auf lange, und eines

Es war der Sterbenden nicht vergönnt gewesen, ihre Schwester noch einmal zu sehen, denn die Kaiserin befand sich mit dem Kaiser auf einer Reise im südlichen Frankreich, die sich, wie gewöhnlich in jener Zeit, zu einer wahren Triumphreise gestaltete. Man hatte ihr den gefährlichen Zustand der Herzogin verheimlicht, und als sie es endlich doch erfahren mußte, war es zu spät, obwohl ein Extrazug sie in wenig Stunden von Lyon nach Paris gebracht hatte. Sie fand nur eine Tote. Infolge der heftigen Gemütsbewegung erkrankte sie selbst, und ihr altes Leiden, Schwindelanfälle und Appetitlosigkeit, stellte sich von neuem ein. Sie ging nach Biarritz, dem von ihr stets bevorzugten Badeort am biscayischen Meerbusen in der Nähe von

---

Tages, wie man sagte, nach einer sehr lebhaften Scene mit ihrem Schwiegersohn, war sie plötzlich abgereist und kam nicht wieder. Der Schwager der Kaiserin, der Herzog von Alba, bezog dann die Villa mit seiner Familie, aber auch nur vorübergehend; er fühlte sich wohler in seinem Palais zu Madrid. Nach ihm wohnte dort der Herzog Tascher de la Pagerie, der bekanntlich durch die Kaiserin Josephine mit dem Kaiserhause verwandt war. Der Herzog gab dort im März 1862 ein großes Ballfest, von dem ganz Paris acht Tage lang sich Wunderdinge erzählte. Und im Sommer desselben Jahres starb dort die Herzogin von Alba. Seitdem stand die Villa leer, denn niemand von der kaiserlichen Familie wollte sie bewohnen, weil sie der Kaiserin durch den Tod ihrer Schwester verleidet war. Deshalb ließ der Kaiser sie im folgenden Jahre abbrechen und das große Terrain verkaufen, wie es hieß, für zwei Millionen.

Bayonne, wo sie sich erholte, aber der Winter von 62 auf 63 war im Vergleich zu den früheren in den Tuilerien ein sehr stiller. Wenigstens für sie selbst, denn sie erschien auf den großen Hofbällen, die man nicht einstellen konnte, immer nur für kurze Viertelstunden am Arm des Kaisers, der sie durch die Reihen führte, die sie mit einem freundlichen, wenn auch etwas gezwungenen Lächeln grüßte, um sich bald darauf wieder in ihre Gemächer zurückzuziehen.

Selbst eine Kaiserin ist unfrei und eine Sklavin der Etikette; denn wenn sie gar nicht erschienen wäre, würde man sofort die abenteuerlichsten Gerüchte über die Verschlimmerung ihres Gesundheitszustandes verbreitet haben. Sie war, wenn auch leidend, noch immer eine schöne Frau und doppelt schön in den Trauerkleidern, die fast nur aus den kostbarsten schwarzen Spitzen bestanden, auf denen der in Silber gefaßte Brillantschmuck wie klare Wassertropfen blitzte. Auch wußte sie sich, denn auch das gehört zu den Pflichten einer Monarchin, sobald sie öffentlich erschien, zu beherrschen, sich gewissermaßen Gewalt anzuthun, um ihren Seelenschmerz und ihre sonstigen Sorgen zu verbergen. Denn auch die letzteren hatten längst Eingang bei ihr gefunden, und waren mancherlei Art. Sie war zu sehr in das politische Treiben der Parteien eingeweiht, um nicht durch die stets wachsende

Opposition in der Kammer beunruhigt und für die
Zukunft besorgt zu werden. Überdies war die Gesund=
heit des Kaisers vielleicht noch mehr erschüttert als
ihre eigene. Sogar eheliche Zerwürfnisse sollten der
Kaiserin nicht erspart bleiben, die wir hier nur flüchtig
andeuten, obwohl die chronique scandaleuse sich
derselben längst mit den unvermeidlichen Entstellungen
und Übertreibungen bemächtigt hatte.

Man sprach viel von einer kleinen versteckten Villa
in Auteuil, die der Kaiser mit seinen Vertrauten in
später Abendstunde incognito besuchte und gewöhnlich
erst früh morgens wieder verließ. Die Namen ver=
schiedener Schauspielerinnen und Balletttänzerinnen wur=
den bei dieser Gelegenheit genannt, und bewaffnete
Korsen, die steten Schutzgeister des Kaisers, bewachten
den Eingang.*) Geschäftige Freunde und Freundinnen,
welche übrigens diesen Namen nicht verdienten, hinter=
brachten anfangs der Kaiserin derartige Historien; aber
auch hier bewahrte sie ihre Würde und verbat sich
alle weiteren Mitteilungen.

*) In den Memoiren Claudes findet sich die genaue
Schilderung einer solchen „Nacht in Auteuil", wo einer von
den Korsen einen jungen Mann erdolchte, den er für einen
Verräter hielt, der dem Kaiser nach dem Leben trachtete, und
der weiter nichts war, als der unschuldige Liebhaber des
Küchenmädchens. Die Sache wurde damals vertuscht und
kam erst, wie manche andere ähnliche, nach dem Sturz des
Kaiserreiches in die Öffentlichkeit.

Freude und Trost fand sie an ihrem Sohn, dem sie sich fast ausschließlich widmete und der zugleich der glückliche Bindestrich war, der Vater und Mutter immer wieder zusammenführte. Der Kaiser hegte nämlich für den Knaben eine fast närrische Liebe, die gar zu häufig in Schwäche ausartete, welche dann von der Kaiserin, die bedeutend strenger war, wieder gut gemacht wurde.

In jener Zeit hatte der bereits achtjährige Prinz einen neuen Hauslehrer bekommen, der ihm sehr gefiel und an den er sich nach Kindesart sofort herzlich anschloß. Der erste Hauslehrer war ein Herr Monnier gewesen, ein gelehrter, aber dabei pedantischer Mann, der nicht einmal gute gesellschaftliche Manieren hatte. Aber der Kaiser schätzte ihn sehr und speciell noch deshalb, weil er ihm bei seinem großen Werk „La vie de César" durch Nachforschungen in Archiven und Bibliotheken manchen Dienst geleistet hatte. Über das kaiserliche Werk werden wir wohl noch später einige Notizen bringen. Herr Monnier wurde bald seines Amtes entlassen und erhielt, außer einer ansehnlichen Leibrente, eine gute Professur.

Nach dieser unliebsamen Erfahrung fiel die Wahl eines guten Ersatzmannes doppelt schwer, vollends hier, wo über hundert Namen auf der Liste der Bewerber standen, die von Ministern, Senatoren, Staatsräten und auch von hochgestellten Damen empfohlen waren. Nach diesen Empfehlungen bestand die gesamte junge Gelehrtenwelt von Paris aus lauter Phänomenen an Geist und Kenntnissen.

Die Kaiserin gab endlich den Ausschlag, und zwar durch Vermittlung des späteren Unterrichtsministers Duruy, der damals noch ein bescheidener Professor und sogenannter Inspecteur de l'Academie war, aber durch ein, natürlich ganz im bonapartistischen Sinne geschriebenes, historisches Schulbuch bei Hofe Zutritt und die Gunst Ihrer Majestät erlangt hatte.

Dieser empfahl der Kaiserin einen erst kürzlich angestellten jungen Universitätsprofessor, namens Filon, der mit bedeutenden Kenntnissen eine auffallend glückliche Lehrgabe verbände. „Außerdem", setzte Duruy hinzu, „ist er ein vortrefflicher Sohn und Bruder, der seine kranke Mutter in wahrhaft rührender Weise pflegt und sich selbst die größten Entbehrungen auferlegt, um auch noch für seine jüngeren Geschwister zu sorgen."

Damit war bei der Kaiserin die richtige Saite angeschlagen: ein guter Mensch, ein guter Sohn und Bruder, das galt in ihren Augen weit mehr als lateinische und griechische Vokabeln und als die algebraischen Buchstabenrechnungen, mit welcher Herr Monnier den kleinen Prinzen gequält hatte und die dem Kinde nicht in den Kopf wollten.

Schon am nächsten Morgen fuhr die Kaiserin in dem bekannten schlichten grünen Coupé zu der Witwe Filon, wo sie zufällig den Sohn noch antraf, der sich gerade anschickte, in seine Vorlesung zu gehen. Er erkannte die Kaiserin sofort und war sprachlos vor Erstaunen.

Sie aber lächelte mit ihrer herzgewinnenden Freundlichkeit und sagte: „Herr Duruy hat mir so viel liebes und gutes von Ihnen erzählt, daß ich Sie gern näher kennen lernen möchte und Sie deshalb bitte, noch diesen Abend in die Tuilerien zu kommen ja, in die Tuilerien, fügte sie scherzend hinzu, denn Sie scheinen ja zu wissen, wer ich bin."

Der junge Mann stammelte einige unverständliche Worte, dann beugte er sich auf seine Mutter herab und flüsterte ihr zu: „Mama, es ist die Kaiserin."

Die Kranke richtete sich in ihrem Bette auf und sagte: „Wenn es kein Traum ist, Madame, so möge Sie Gott segnen und Ihnen an Ihrem Sohne vergelten, was Sie für den meinigen thun. Auf der ganzen Welt giebt es keinen besseren Sohn als ihn."

Und dann erzählte sie mit einer Redseligkeit, die man der Mutter zu gute halten mußte, was ihr Charles alles für sie und seine Geschwister gethan, und wie er sogar spät abends noch Privatstunden gebe, um seine Einnahmen zu erhöhen und sie ihnen zuzuwenden. Vergebens bat der junge Mann seine Mutter, aufzuhören; die Kaiserin war ganz gerührt und winkte ihr, fortzufahren, und erkundigte sich auch nach den anderen Kindern. Die beiden Knaben waren bereits in der Schule. Dann ging sie, aber vorher tröstete sie noch die Kranke und sprach ihr Mut ein: „Ich werde Ihnen meinen Leibarzt, den Doktor Andral, schicken, der wird Sie schon kurieren; er hat auch mich kuriert."

Unten an der Treppe erwartete der Graf von Cossé-Brissac seine Herrin. Wir kennen ihn bereits aus dem ersten Bande als ihren gewöhnlichen Begleiter auf diesen Incognitofahrten, die sie so häufig unternahm.

„Graf", sagte die Kaiserin, als sie fortfuhren, „ich glaube, ich habe eine gute Nummer gezogen; wenn Monsieur Filon dem Kaiser ebenso gefällt wie mir, so erhält kein anderer die Stelle als er."

Und so kam es auch, denn der Kaiser fand gleichfalls Gefallen an dem jungen Professor, der überdies ein distinguiertes Äußere und die besten Manieren hatte, und gab gern seine Einwilligung.

Einige Tage darauf sagte der Prinz beim Frühstück zu seiner Mutter, die oft aus ihren Gemächern herüberkam, um nachzusehen, ob alles in Ordnung sei
die frühere Gouvernante des Prinzen aus seiner ersten Kinderzeit, Miß Shaw, seine unzertrennliche Freundin, war gleichfalls zugegen:

„Mama, weißt Du, was Papa von Monsieur Filon gesagt hat?"

„Nein", antwortete die Kaiserin, „und was denn?"

„Ich weiß nicht, ob ich es sagen darf, Mama."

„Sagen Sie es nur dreist, Monseigneur", bemerkte der Professor freundlich, „es wird so schlimm nicht sein."

Da sprang der Prinz auf und stellte sich hinter Miß Shaw, wie zum Schutz:

„Papa hat gesagt, Monsieur Filon müßte eigentlich Monsieur Filou heißen, denn er sei klug genug gewesen und habe es mit der Mutter und nicht mit dem Vater gehalten."

Der neue Präceptor rechtfertigte übrigens die auf ihn gesetzten Erwartungen vollkommen: der Prinz machte bei seiner leichten Auffassungsgabe rasche Fortschritte und besaß für sein Alter ungewöhnliche Kenntnisse.*)

---

*) Herr Filon, der gar bald ein Hausfreund der kaiserlichen Familie wurde, schon weil er sehr diskret war und sich in seiner bevorzugten Stellung niemals überhob, begleitete seinen Zögling ins Exil nach Chiselhurst und blieb auch bei ihm, als derselbe die Kriegsschule in Woolwich bezogen hatte. Er war einer der ersten, der die Absicht des Prinzen, sich nach Südafrika einzuschiffen, um an der Expedition der Engländer gegen die Zulukaffern teilzunehmen, energisch, wenn auch vergeblich, bekämpfte und soll ihn sogar einmal kniefällig gebeten haben, von seinem Vorhaben abzustehen. Konnte doch selbst Rouher, der so viel beim Prinzen galt, ihn, ebensowenig wie die Kaiserin selbst, bewegen, den unseligen Plan aufzugeben.

Sein Charakter, auf den die Kaiserin einen beständigen Einfluß übte, entwickelte sich in gleich erfreulicher Weise.

In seiner äußeren Erscheinung hatte der Prinz in seiner Knabenzeit, von der wir hier sprechen, wenig oder nichts von dem eigentlichen napoleonischen Typus, der seinem Vater bekanntlich ganz fehlte, so sehr auch mancher kaiserlich gesinnte Feuilletonschreiber sich bemühte, das Gegenteil zu versichern. Der Prinz war damals ein schlank gewachsener, netter Knabe mit dunkelbraunem Haar und sehr lebhaften blauen Augen, und seine gesunde Gesichtsfarbe ließ nichts von der traditionellen napoleonischen Marmorblässe ahnen. Er errötete leicht, was ihm allerliebst stand, und in solchen Momenten war er wirklich, um einen ehrlichen deutschen Ausdruck zu gebrauchen, ein schmucker Junge.

Natürlich trugen die gewählten Anzüge manches dazu bei, den Knaben noch hübscher erscheinen zu lassen; am besten kleidete ihn ein schwarzes Samtkostüm mit Kniehosen, roten seidenen Strümpfen und blanken Schuhen mit silbernen Schnallen, und dazu über der Weste das breite, rotgeflammte Achselband der Ehrenlegion mit dem Stern. Dann ruhten die Augen der Eltern mit Stolz auf dem Knaben, der ja bestimmt war, die glorreiche Dynastie der Napoleoniden im nächsten Jahrhundert fortzupflanzen — eine Lieblingsphrase des Staatsministers Rouher.

Der Prinz selbst zog aber allen seinen eleganten Kostümen die kleine Grenadieruniform vor, die der Kaiser ihm, wie wir bereits wissen, als er drei Jahre alt geworden war, zu seinem Geburtstag geschenkt und zu welchem der Papa im fünften Jahre noch den Korporalsrang hinzugefügt hatte. Dieser Rang war freilich der niedrigste in der ganzen Armee, und von da gab es noch unzählige Sprossen auf der Avancementsleiter bis zum Marschall hinauf, aber der kleine Mann fühlte sich dadurch doch schon als Soldat, noch dazu als Nachkomme jener berühmten Kaisergarde, die bei Waterloo lieber in den Tod ging, als sich ergeben wollte. Das hatte man ihm schon frühzeitig beigebracht. Und was noch mehr bedeutete: dem ersten Kaiser hatte ja das französische Volk den drolligen Beinamen „le petit corporal" gegeben — was konnte sich der Prinz Besseres wünschen; und richtig, es dauerte auch nicht lange, so nannte man ihn in der ganzen Armee so.

Nur die Bärenmütze, so leicht man sie auch hatte anfertigen lassen, machte ihm große Not, und er nahm sie gern unter den linken Arm, wenn er auf der Terrasse in Saint-Cloud mit seinem Gewehrchen auf und ab ging, oder sich neben einen Grenadier stellte, der auf Wache stand.

„Monseigneur", sagte ihm einmal ein alter, graubärtiger Feldwebel, „Sie dürfen Ihre Mütze nicht ab=

nehmen, das ist gegen das Reglement; wenn Ihr Papa
es sieht, so diktiert er Ihnen einen halben Tag Arrest."

„Der Papa hat es gesehen", rief der Kaiser lachend
vom offenen Fenster her, wo er unbemerkt gestanden
hatte und winkte dem Feldwebel herbei, der salutierend
herankam und stotternd die Worte herausbrachte:
„Majestät verzeihen

„Nein, nein", sagte der Kaiser, „Sie haben nur
Ihre Pflicht gethan, meinen Sohn zurechtzuweisen, Sie
sind ja sein Vorgesetzter"; dann gab er dem Alten ein
Goldstück.

Lulu hatte inzwischen schnell die böse Bärenmütze
wieder aufgesetzt und trat zwei Schritte vor und prä=
sentierte. Aber von da an durfte er ein kleines Käppi
tragen.

Nach der Korporalsuniform war dem Prinzen sein
Pony, Jack, am liebsten. Das Pferdchen war ein
Geschenk der Königin von England und gehörte zu der
reinsten Rasse, die nur auf den Shetlandsinseln zu
Hause ist. Jack war überaus fromm und gelehrig und
folgte dem Prinzen wie ein Hund, holte ein Stück
Zucker aus der Tasche, wieherte, wenn man ihn karessierte
und streckte die zierlichen Beinchen weit aus nach vorn
und nach hinten, um seinem Herrn das Besteigen zu
erleichtern. Saß aber der Prinz fest im Sattel, so
trabte Jack lustig davon; kein eigentlicher Trab, sondern

ein Tänzeln, als wolle er zeigen, wie leicht ihm die Last sei. Der Stallmeister Bachon, einer der erfahrensten und besten Reiter von Paris, ritt nebenher und hielt auch in der ersten Zeit den Pony an einer starken, seidenen Schnur, aber schon nach einigen Wochen war diese Vorsicht überflüssig geworden: Der Prinz ritt wie ein Jockey, so sicher und furchtlos und gefiel sich auch darin, ohne Zügel mit gekreuzten Armen zu traben, was ihm aber die Kaiserin, als sie es zu ihrem Schrecken gewahrte, streng verbot. Dann bat er um Verzeihung und gehorchte, wie überhaupt schneller Gehorsam eine seiner besten Eigenschaften war, an den man ihn schon in seiner frühesten Kindheit gewöhnt hatte.

Wenn die Woche gut, d. h. die verschiedenen Arbeiten zufriedenstellend gewesen, und sie war es immer, denn Herr Filon, bei allem Ernst des Unterrichts, hatte seinen Zögling doch viel zu lieb, um ihn eines Vergnügens zu berauben, gab der Prinz kleine Gesellschaften, zu denen zehn, zwölf Knaben seines Alters, Söhne aus Familien des Hofkreises, eingeladen wurden; der Intimus Louis', ein Sohn des Leibarztes Dr. Conneau, immer in erster Reihe. Dann ging es gewöhnlich hoch her in den sonst so vornehm stillen Sälen der Tuilerien, denn die Knaben spielten Jagd, und Hirsche, Jäger und Hunde tummelten sich in der großen

Galerie de Diane, die dafür ein herrliches Terrain abgab. Die Jagd verzog sich auch wohl auf die andere Seite des Schlosses und einmal sogar ganz in die Nähe des kaiserlichen Arbeitskabinetts. Der Kaiser erschrickt förmlich vor dem Höllenlärm, klingelt nach dem Huissier des Vorzimmers und fragt nach der Ursache. „Sire", meldete der Huissier, „die jungen Herrschaften spielen Jagd, Kaiserliche Hoheit haben soeben Halali geblasen." — „Das ist etwas anderes", sagte der Kaiser lachend, „lassen Sie die Burschen spielen und stören Sie sie nicht."

Nur in den Marschallssaal durften die „Burschen" nicht hinein, das war ihnen strenge verboten. Einmal wagten Sie aber doch, Lulu natürlich voran, durch eine Seitenportiere hineinzuschlüpfen. Der Thronfolger begab sich darauf sofort an den Platz, der ihm von Gott und Rechts wegen zukam, d. h. er setzte sich auf den Thronsessel und nahm die Huldigung der Vasallen entgegen, die in einem Halbkreis umherstanden, ganz wie sie es an großen Courtagen von der oberen Galerie mit angesehen hatten.

Diesmal war es die Stille, die zur Verräterin wurde, denn die Kaiserin, die bis dahin den Lärm und das Lachen und Schreien der kleinen Bande gehört hatte, wunderte sich über die plötzlich eingetretene Ruhe, die ihr verdächtig vorkam. Sie ersuchte deshalb Miß

Shaw, doch einmal nachzusehen, und das Fräulein fand die kleine Gesellschaft an verbotener und noch dazu geheiligter Stelle. Shocking, very shocking indeed! Lulu sprang hastig von seinem Thron herab und flog der Miß an den Hals, mit der flehentlichen Bitte, sie nicht zu verraten. Die Bitte war überflüssig, denn die gute Miß hätte ein Verbrechen auf sich genommen, um ihren Liebling vor Strafe zu bewahren. Die Sünder schlichen leise davon, und der Prinz lief dann zur Kaiserin hinüber, um ihr den Küchenzettel zu bringen, denn an solchen Tagen durften die Kinder die Gerichte für ihre Nachmittagskollation selbst bestimmen; zugleich ließ ihm das böse Gewissen keine Ruhe und er beichtete den Besuch im Marschallssaal.

Auf dem Zettel stand aber nichts wie crême und wieder crême, Mandel-, Schokolade-, Zitronen- und Gott weiß, was sonst noch für Crêmesorten.

„Aber, Kinder", sagte die Kaiserin lachend, „ihr könnt doch unmöglich nichts wie crême essen, wer ist denn auf diesen Einfall gekommen?"

„Wir alle, Mama, und Louis hat es aufgeschrieben; er schreibt am besten; Cigaretten sind ja verboten." Auf der Ecke des Zettels stand nämlich mit ganz kleiner Schrift das Wort Cigaretten.

„Cigaretten"? wiederholte die Kaiserin, „die fehlten auch noch zu Eueren anderen schlechten Streichen; wenn das Papa erführe! Und weißt Du, Lulu", setzte sie in ernstem Tone hinzu, „Du verdienst eigentlich gar keinen crême, denn du bist natürlich der Anführer gewesen."

„Mama", schmeichelte der Kleine, „sei nicht mehr böse, es wird gewiß nicht wieder geschehen; aber wenn ich keinen crême haben soll, so geben mir die anderen von dem ihrigen und dann bekomme ich das meiste." Der kleine Schlaukopf, der weit besser den Titel eines Filou verdiente, als sein ehrenwerter Präceptor.

Am Abend ließ die Kaiserin den Kindern die Kollation in einem Nebenzimmer servieren, wo es außer verschiedenen Crêmesorten noch sonst allerlei leckere Gerichte gab, die sich die jungen Herren gut schmecken ließen. Auch Wein wurde gereicht, aber sie mußten ihn mit Wasser vermischen. Nur Robert, ein Senatorensohn und der älteste, denn er zählte schon neun Jahre, trank ihn pur und prahlte damit. Er war es auch gewesen, der die Cigaretten auf den Zettel geschrieben hatte. —

Doch genug dieser kleinen Geschichten, die allerdings mehr in das Bereich der Anekdoten gehören, die aber der Leser trotzdem wohl freundlich aufnehmen wird. Sie geben uns einen Einblick in die Jugendidylle des kaiserlichen Kindes, dem damals nach menschlicher Voraussicht eine glänzende, vielleicht gar eine ruhmvolle Zukunft bevorstand.

Weshalb sollten wir auch nicht bei dieser Idylle verweilen? Sie war ja der einzige wirklich heitere und ungetrübte Lichtblick in dem kurzen Leben des kaiserlichen Prinzen, der nur einmal als spielender Knabe zum Scherz auf dem Thron seines Vaters gesessen, um dann den Tagen herber Prüfung entgegenzugehen, die er mit einem frühen und noch dazu so kläglichen Tode beschloß.

* * *

Viele Tausend Menschen bewahren noch heute dem Prinzen ein freundliches und zugleich wehmütiges Andenken, denn für das, was der Vater verschuldet, konnte man den Sohn nicht verantwortlich machen. Schon im Knabenalter, nach dem Sturz des Kaiserreiches, der politischen Weltbühne entrückt, ist er später nach dem Tode seines Vaters niemals als Prätendent aufgetreten, wenn er sich auch als Erbe des napoleonischen Thrones fühlte und von seinen Anhängern als solcher betrachtet und behandelt wurde.

An den geheimen Umtrieben, die der Prinz Napoleon in den ersten Jahren der neuen Republik verschiedentlich zu Gunsten einer bonapartistischen Restauration ins Werk setzte, hatte er keinen Anteil und nahm mehr als einmal Gelegenheit, das allzu eifrige Vorgehen seiner Parteigänger zu dämpfen. Hierin wurde er von seiner Mutter gut beraten, welche den Charakter des französischen Volkes zu genau kennen gelernt hatte, um sich derartigen Täuschungen hinzugeben. Damit ist allerdings nicht ausgeschlossen, daß die Kaiserin alle Hoffnungen aufgegeben, die dann später durch den Tod ihres Sohnes von selbst gegenstandslos wurden.*)

Auf der Kriegsschule zu Woolwich war der Prinz ein fleißiger und anspruchsloser Schüler und ein guter Kamerad, den alle gern hatten. Er fügte sich der nicht immer sehr bequemen Disciplin wie alle anderen und verweilte in seinen freien Stunden am liebsten in den Artilleriewerkstätten, vornehmlich in den Geschützgießereien. Diese Passion hatte er von seinem Vater geerbt. Als die Nachricht seines Todes in Woolwich anlangte, war die Trauer allgemein, und

---

*) Unter der Präsidentschaft Mac Mahons (1873—79) sprach man in bonapartistischen Kreisen eine Zeitlang viel von geheimen Beziehungen zwischen dem Marschall und der Kaiserin, ja sogar von direkten Unterhandlungen, bei denen Mac Mahon die Rolle eines Monk hatte spielen sollen. Es war aber nichts weiter als ein leeres Gerücht, das die Bonapartisten im Interesse ihrer Sache verbreitet hatten und welches einen Anstrich von Wahrscheinlichkeit durch den Umstand bekam, daß der Marschall unter der Regierung Napoleons III. bei der Kaiserin, schon wegen seiner ausgesprochenen religiösen Richtung, immer in großen Gnaden gestanden. Überdies legte der Marschall am 31. Januar 1879 seine Würde nieder, und der Prinz starb am 1. Juni desselben Jahres. Auch daß der Marschall gleich nach seinem Rücktritt einen Besuch in Chiselhurst gemacht, ist durch nichts erwiesen.

die Eleven eröffneten sogleich eine Sammlung für die Errichtung eines Denksteines zu seinem Gedächtnis.

Der letzte Napoleon wenn es überhaupt der letzte gewesen, ist ruhmlos, aber auch schuldlos aus dem Leben geschieden.

Fünftes Kapitel.

Ernstliche Krankheit der Kaiserin. — Ein trüber Napoleonstag. — Dr. Andral. — Abreise der Kaiserin incognito nach Deutschland am 5. September 1864. — Ankunft in Schwalbach. — Der Herzog von Nassau. — Glücklicher Erfolg der Kur. — Besuch der Königin von Holland und des Königs Wilhelm von Preußen. — Fräulein Boubet, die Freundin der Kaiserin. — Der Generalfeldmarschall Wrangel. — Besuch der Kaiserin auf der "Platte". — Der Kaiser von Rußland in Schwalbach. — Glänzender Empfang der Kaiserin in Baden-Baden. — Die Königin Augusta und die Großherzogin von Baden. — Rückkehr der Kaiserin nach Saint-Cloud am 5. Oktober. —

Im Frühling des Jahres 1864 hatte sich der Gesundheitszustand der Kaiserin sehr verschlimmert und gab nun zu ernsten Befürchtungen Anlaß. Wie stets, wenn bei hochgestellten Kranken mehrere Ärzte konsultiert werden, die Meinungen derselben auseinandergehen, so war es auch hier der Fall; alles menschliche Wissen ist ja (schon nach Aristoteles) Stückwerk, und wäre es selbst das Wissen der berühmten medizinischen Fakultät von Paris.

Einige der gelehrten Herren empfahlen Seebäder, und die Kaiserin reiste sofort wieder nach Biarritz; andere priesen die warmen Quellen von Vichy, die der Kaiser alljährlich wegen seines Steinleidens besuchte, und wo auch die Kaiserin schon oft einen Teil der Saison zugebracht hatte, aber diesmal konnte sie in beiden Badeorten die gehoffte Besserung nicht finden. Von einem kurzen Aufenthalt in den Pyrenäenbädern galt dasselbe, so daß die Kranke leidender als zuvor, in den ersten Augusttagen wieder nach Saint-Cloud zurückkehrte. Dort überließ sie sich ganz der Behandlung ihres Leibarztes, des Doktor Andral, der zugleich der einzige war, welcher die Krankheit richtig erkannte, und zwar als ein Magenleiden sehr ernster Natur. Die Kaiserin hatte so gut wie allen Appetit verloren und magerte, bei zunehmender Schwäche, mehr und mehr ab.

Zum erstenmale war es ihr nicht möglich, am 15. August, dem Napoleonstage, Saint-Cloud zu verlassen, um an der Seite des Kaisers, wie sie bis dahin stets gethan, die traditionelle Rundfahrt durch die Elysäischen Felder zu machen und der großen Gratulationscour in den Tuilerien beizuwohnen. In früheren Jahren hatte sie sogar oft ihre Kalesche auf den öffentlichen Plätzen halten lassen, um den Volkslustbarkeiten zuzuschauen, und hatte auch den kleinen Prinzen mitgenommen, der sich an den Puppenspielen auf den Theatern des Invalidenplatzes nicht satt sehen konnte.

Diesmal nahm der Kaiser das Söhnchen mit, der eine ganz neue Korporalsuniform trug und unaufhörlich militärisch grüßte, was die Bevölkerung mit lautem Jubel und unaufhörlichen Vive le Prince Impérial! Vive Napoleon quatre! erwiderte.

„Lulu hat mich fast ausgestochen, denn mich hat man gar nicht leben lassen, oder nur so nebenbei, immer nur ihn", sagte der Kaiser scherzend zu seiner Gemahlin, als er nach Saint-Cloud zurückkehrte, wo große Galatafel angesagt war, aber auch an dieser konnte die Kaiserin nicht teilnehmen.

Sie ließ sich am Abend in einem Rollstuhl auf die Terrasse hinausfahren, um das Feuerwerk zu sehen, das in Paris zur Feier des Tages abgebrannt wurde, und in welchem Ruggieri sich diesmal selbst übertroffen hatte, wie die Zeitungen berichteten. Es war auch wirklich so großartig und prächtig, wie kaum eines je zuvor. Aus einem Feuerregen von vielen Tausend

Raketen stieg am Schluß ein verschlungenes N. E. von ungeheueren Dimensionen in die Luft und brannte in blauweißroten Flammen fast eine Minute lang am Nachthimmel, und dicht darunter leuchtete ein ähnliches P. J. mit einer Krone.

„Das gilt Dir, Lulu", sagte die Kaiserin und küßte das Kind, lehnte sich aber gleich darauf matt in den Sessel zurück und weinte.

Der Kaiser, der mit dem Leibarzt in der Nähe stand und die betrübende Scene betrachtete, war erschüttert: „Doktor, Sie müssen helfen und das so schnell wie möglich; so kann es nicht fortgehen; ich erwarte Sie morgen früh in meinem Kabinett."

Das Resultat dieser Konferenz war, daß Andral den Besuch des Bades Schwalbach im Herzogtum Nassau vorschlug, von dessen heilkräftigen Quellen er sich gerade für den Zustand der Kaiserin die beste Wirkung versprach.

Schon früher hatte man verschiedene deutsche Badeörter in Erwägung gezogen, aber der Kaiser war von jeher dagegen gewesen, man wußte nicht recht warum. Schließlich meinte man, es sei aus persönlicher Eitelkeit, weil er seine Gemahlin, die bis dahin so gefeierte Schönheit, dem Auslande nicht in einem so leidenden Zustande zeigen wollte, bleich, abgemagert und so schwach, daß sie, ohne von einem kräftigen Arm unterstützt, kaum

7*

gehen konnte. Es mag dies wirklich ein stichhaltiger
Grund gewesen sein, denn die politischen Bedenken, die
sich einem längeren Aufenthalt der Kaiserin auf deutschem
Boden etwa entgegenstellen mochten, waren ohne Be=
deutung. Die Beziehungen Frankreichs zum übrigen
Europa, vielleicht mit alleiniger Ausnahme Italiens,
waren durchaus freundschaftlicher Natur, und besonders
zu Preußen.

Trotzdem wurden in den letzten Augusttagen mit dem
Berliner Kabinett einige leichte diplomatische Noten ge=
wechselt, die im Grunde nur die beabsichtigte Reise
der Kaiserin nach Deutschland notifizierten, und zwar
mit dem Zusatz, I. M. würde sich im strengsten In=
cognito, als Gräfin von Pierrefonds*), und nur in

---

*) Die großartigen Ruinen von Pierrefonds lagen auf
einer Anhöhe an der Grenze des Waldes von Compiègne,
und der Kaiser trug sich immer mit dem Gedanken, das
Schloß auf seine Kosten wieder aufbauen zu lassen. Es
glich mit seinen sieben fast 100 Fuß hohen Türmen mehr
einer Festung, und es war auch in diesem Sinne von dem
Herzog von Orleans, einem Bruder Karls VI., gegen Ende
des XIV. Jahrhunderts erbaut worden. Unter Ludwig XIII.
diente es den verschiedenen damaligen Faktionen zum Aufent=
halt und wurde oft vergebens von den königlichen Truppen
belagert. Endlich sollte es auf Befehl des Kardinals Richelieu
geschleift werden, aber die Mauern waren so stark, daß das
Zerstörungswerk nur teilweise gelang. Im Lauf der späteren
Jahrhunderte fiel das Schloß alsdann immer mehr zusam=
men. Der Kaiser beauftragte den Hofarchitekten Violet=le=Duc

Begleitung einiger wenigen Herren und Damen vom Hofe, nach Schwalbach zu einem einmonatlichen Gebrauch der dortigen Heilquellen begeben.

Die Rückantwort aus Berlin war in der denkbar zuvorkommendsten Form abgefaßt, und König Wilhelm sprach außerdem noch dem französischen Botschafter, dem Grafen Benedetti, der erst kurz vorher seinen Posten angetreten hatte, die aufrichtigsten Wünsche für die Genesung der allgemein verehrten Monarchin aus.

Die Kaiserin selbst, schon bei dem großen Vertrauen, das sie von jeher in ihren Leibarzt gesetzt, zeigte sich von Anfang an dem Vorschlag sehr geneigt, und beruhigte sowohl den Kaiser, wie ihre Umgebung, durch die Versicherung, daß sie die beste Hoffnung auf einen glücklichen Erfolg der Kur hege. Und diese Hoffnung sollte sich gottlob in überraschend günstiger Weise erfüllen.

---

mit dem vollständigen Wiederaufbau nach den alten vorgefundenen Plänen, den derselbe mit außerordentlichen Kosten und dem Aufgebot einer ganzen Legion von Arbeitern in sechs Jahren vollendete. Die innere Ausschmückung an stilvollen Möbeln und Geräten, namentlich die Wandmalereien der großen Säle, sind äußerst sehenswert. Pierrefonds gehört noch heute zu den prächtigsten und schönsten Schlössern Frankreichs; es wird nur leider, wegen seiner ziemlich abgelegenen Lage, von Touristen und Fremden wenig besucht. Die Kaiserin hatte große Vorliebe für das Schloß und bestimmte es in ihren Zukunftsplänen zum Sommeraufenthalt ihres Sohnes.

Die Vorbereitungen zu einer Reise, so umfangreich dieselben auch sein mögen, sind immer schnell getroffen, wenn viele Hundert Hände dafür in Bewegung gesetzt werden, und man kann sich leicht denken, daß dies hier im umfassendsten Maße der Fall war.

Der Telegraph hatte bis Forbach freie Bahn gemacht, und von Forbach bis Schwalbach hatten die deutschen Behörden ein Gleiches gethan, so daß die Kaiserin mit ihrem kleinen Gefolge am Abend des 5. Septembers in aller Bequemlichkeit ihre Gemächer in Saint-Cloud verlassen und mit denen des Extrazuges vertauschen konnte. Wir kennen bereits die Einrichtung eines solchen kaiserlichen Zuges, so daß wir die hohe Dame, und diesmal ausnahmsweise auf einer nächtlichen Fahrt, ganz beruhigt reisen lassen.

Mit dem Incognito fürstlicher Persönlichkeiten, besonders auf Reisen, ist es aber eine eigene Sache, denn dasselbe kann sich immer nur auf den offiziellen Empfang beziehen, der dadurch beseitigt wird; in allem übrigen ist es völlig illusorisch. Man weiß genau auf Stunde und Minute die Ankunft der betreffenden Majestät oder Hoheit, und selbst auf den Zwischenstationen bereitet man kleine Huldigungen, zumal einer Dame gegenüber, und vollends, wenn diese Dame die Kaiserin von Frankreich ist.

So war es auch an der Grenze in Forbach, wo

der erste Gruß auf deutschem Boden aus einem prachtvollen Orchideenstrauß bestand, den der Graf von Cossé-Brissac als Reisemarschall dankend in Empfang nahm, denn die Kaiserin war wegen der frühen Stunde noch nicht sichtbar. Man hatte die jetzt in Funktion tretende deutsche Lokomotive mit Blumen- und Blätterguirlanden reich bekränzt, eine Aufmerksamkeit, durch welche die Kaiserin sich sehr geschmeichelt fühlte.

Von nun an standen an jeder Station große Menschenmassen, obwohl nirgends mehr angehalten wurde; aber die Lokomotivführer verminderten alsdann auf einige Minuten die Schnelligkeit des Zuges, und die Kaiserin war liebenswürdig genug, an einer der Spiegelscheiben zu erscheinen und freundlich zu grüßen. Dann hörte man sogleich lautes Hochrufen, Taschentücher wehten, Hüte wurden geschwenkt, und die dem Bahngleise zunächst Stehenden warfen Blumensträuße mit blauweißroten Bändern durch die offenen Waggonfenster. Weshalb auch nicht? Frankreich und Deutschland waren ja damals freundnachbarliche Nationen, und die Deutschen wollten zeigen, daß man bei ihnen ebenso galant sein konnte wie drüben.

So war die Fahrt, trotz des Incognitos, doch eine kleine Triumphreise geworden, was sich in erhöhtem Maße bei der Ankunft in Wiesbaden zeigen sollte.

Hier begrüßte nämlich ein Adjutant des Herzogs

von Nassau, im Namen seines abwesenden Herrn, die Monarchin und bat sie, sich zur Fahrt nach Schwalbach der herzoglichen Equipagen zu bedienen. Die erste derselben war ein prächtiger, sechsspänniger offener Landauer, mit zwei voraufreitenden Piqueurs, die Jockeys auf den Sattelpferden und die Lakaien in der herzoglichen Livree: blau und orange. Die anderen zweispännigen Kaleschen in ähnlicher Ausstattung.

Die Kaiserin dankte jedoch verbindlich, indem sie, wie sie sehr richtig bemerkte, dadurch ja geflissentlich und von vornherein ihr Inkognito verletzt hätte, und fuhr mit ihrem Gefolge in gewöhnlichen Mietwagen nach der für sie in Bereitschaft gehaltenen Villa in dem nahen Schwalbach.*)

Die prächtig eingerichtete und ganz in der Nähe des Kurhauses gelegene Villa diente auch der Kaiserin von Rußland, die fast alljährlich nach Schwalbach kam, zum Aufenthalt. Sie hatte auch in diesem Jahre dort einen Monat zugebracht, war aber bereits nach

---

„Offenbar war hier etwas nicht ganz in Ordnung, denn der Herzog, dem ja die Ankunft der Kaiserin bekannt war, hatte sich am Morgen jenes Tages nach Baden-Baden zum Wettrennen begeben, um einer persönlichen Begegnung auszuweichen. Man erzählte sich damals, der Herzog habe einst eine sehr abfällige und verletzende Äußerung über das Haus Napoleon fallen lassen, die der Kaiserin hinterbracht worden sei." (Aus dem Privatbriefe eines Augenzeugen an den Verfasser.)

Darmstadt zu ihren Eltern gereist. Man suchte hier gleichfalls nach einem besonderen Grunde, der aber einfach in dem Gemütszustande der Zarin lag, die bekanntlich jedem Repräsentationszwange abhold war, sich überhaupt selten öffentlich zeigte und fast ein Einsiedlerleben führte.

Da machte es die Kaiserin Eugenie ganz anders. Sie lebte einfach wie alle übrigen Badegäste und befolgte gewissenhaft das ihr vorgeschriebene Regime. Sie hatte die Begleitung des Dr. Andral abgelehnt, um ihn nicht seiner ausgedehnten Praxis zu entziehen, zumal ihr dieser den berühmten Geheimrat Dr. Genth als seinen besten Vertreter empfohlen hatte, mit dem er auch bereits in Briefwechsel getreten war.

Die Diagnose des Geheimrats mußte gleich bei seinem ersten Besuche eine sehr glückliche gewesen sein, denn die Kur hatte einen überraschend günstigen Erfolg. Von Tag zu Tag besserte sich der Gesundheitszustand der Kaiserin, die schon bei ihrem ersten Erscheinen am Brunnen, wo sie tapfer ihre zwei und drei Gläser Wasser trank, allgemeine Teilnahme erregt hatte. Sie hatte schon wieder ihr herzgewinnendes Lächeln, mit welchem sie die Badegäste an jedem Morgen begrüßte, und wenn sie am Arm ihres Kammerherrn und von einigen Hofdamen begleitet, nach ihrer Villa zurückkehrte, so folgten ihr viele, aber in ehrerbietiger

Entfernung und nicht aus bloßer Neugier, denn man hatte sie bereits sehr lieb gewonnen.

Der Geheimrat Genth besuchte sie täglich um die Mittagsstunde, und wurde, wenn er nachmittags auf der Promenade erschien, von allen Seiten bestürmt, denn man wünschte so sehr, Näheres über die interessante Frau zu erfahren. Aber der taktvolle Mann war verschwiegen und lächelte nur, und wenn man immer von neuem in ihn drang, besonders die Damen, so sagte er wohl: „Sehen Sie Ihre Majestät doch nur an, wie sie wieder aufblüht und mit jedem Tage schöner wird; eine bessere Auskunft kann ich Ihnen nicht geben."

Aus Paris waren inzwischen mehrere Equipagen angekommen und acht herrliche Pferde, welche die Bewunderung aller Kenner erregten, dazu Kutscher, Lakaien und Jockeys in der kaiserlichen Livree, grün mit Gold, und alles von höchster Eleganz. Dagegen mußte selbst der prächtige Sechserzug des Herzogs etwas zurückstehen.

Bald traf auch hoher Besuch ein, und der Schleier des Inkognitos wurde immer durchsichtiger, aber die Kaiserin war so erfreut über ihre Genesung, daß sie es nicht weiter beachtete.

Zuerst erschien die Königin Sophie von Holland, seit Jahren mit der Kaiserin eng befreundet und als

Tochter des Königs von Württemberg mit der napoleonischen Dynastie verwandt, da ja bekanntlich ihre Tante Katharina, die Gemahlin Jérômes, des Exkönigs von Westfalen, gleichfalls eine württembergische Prinzessin gewesen. Die Königin war eine begeisterte Verehrerin Napoleons III. und schwärmte (um es gelinde auszudrücken) nicht eben für Preußen und noch weniger für Bismarck. Sie soll auch bei ihren mehrfachen Besuchen in Paris dem Kaiser manche wichtigen Aufschlüsse über die wachsende Militärmacht Preußens gegeben und sogar einen baldigen Zusammenstoß Preußens mit Österreich prophezeit haben. Sie war eine kenntnisreiche und fein gebildete Frau und mit den politischen Zuständen in der Welt sehr vertraut, auch nicht ohne Scharfblick, dieselben richtig zu beurteilen; um so mehr ist es daher zu verwundern, daß sie für die Verhältnisse in Frankreich und für die ganze Lage des Landes so blind sein konnte. Dort fand sie alles rosig und vortrefflich und sah in Napoleon III. das Modell eines weisen und aufgeklärten Monarchen, der die Fragen und Bedürfnisse seiner Zeit verstanden hatte wie kaum ein anderer Regent.*)

*) Die Königin lebte noch lange genug, um den Zusammenbruch des Zweiten Kaiserreiches zu sehen, denn sie starb erst am 3. Juni 1877. Ihr war also Zeit vergönnt gewesen, ihre Ansichten über Preußen und Frankreich und auch über Bismarck wesentlich zu modifizieren.

Am Morgen nach der Abreise der Königin von Holland stand ein prächtiger Rosenstrauß im Salon der Kaiserin, die anfangs glaubte, es sei ein Abschieds=gruß ihrer Freundin; aber ein beiliegendes Billet nannte ihr den wahren Geber. Es war kein anderer als der König von Preußen, der sich in Baden=Baden bei seiner Tochter, der Großherzogin, befand und an= fragte, ob er die Ehre haben könne, der „Gräfin von Pierrefonds" seine Aufwartung zu machen.

Am nächsten Tage erschien der König bereits in Person und wurde selbstverständlich von der Kaiserin auf das zuvorkommendste, ja man möchte wohl sagen, auf das herzlichste empfangen.

Dachte die Kaiserin dabei vielleicht an ihren Ge= mahl, der so oft in seinen vertraulichen Gesprächen die Empfindlichkeit des preußischen Kabinettes berührte und an die Weisung, dieselbe, soweit es nur anging, zu schonen; besonders den gefürchteten Monsieur de Bismarck, der in Berlin geblieben war, wo ihn die schleswig=holsteinische Frage, die mittelbar zwei Jahre später zum preußisch=österreichischen Kriege führte, sehr in Anspruch nahm.

Der König Wilhelm, galant wie immer, begrüßte die Kaiserin mit den Worten: „Aber was hat man mir denn erzählt und was stand denn in den Zeitungen? Sie seien schwer krank, Madame, und erregten allge=

meine Teilnahme. Und jetzt sehe ich Sie vor mir, so schön und in so blühender Gesundheit, daß Sie anstatt Mitleid allgemeine Bewunderung erregen."

Der Superlativ ist wohl auf Rechnung der bekannten Liebenswürdigkeit des Monarchen zu setzen, der übrigens im Grunde recht hatte, wenigstens im Vergleich des Aussehens der Kaiserin bei ihrer Ankunft.

Fräulein Bouvet, die Vorleserin der Kaiserin, die aber längst ihre Freundin geworden war und stets zu ihrer intimsten Umgebung gehörte, schildert in ihrem Tagebuche den König folgendermaßen:

„Der König von Preußen zählte damals schon 67 Jahre; wer dies aber nicht wußte, würde ihm kaum mehr als 50 gegeben haben. Seine hohe, elegante Gestalt, seine militärische Haltung, sein lebhaftes Mienenspiel und seine sanft blickenden, schönen blauen Augen, dies alles deutete auf einen Mann in voller, frischer Lebenskraft. In seinem Auftreten und in seinem ganzen Benehmen zeigte er die vollendete Höflichkeit eines wahren Edelmannes, und doch verleugnete er niemals, trotz seines ungezwungenen und herzlichen Wesens, die ihm angeborene Noblesse und vergab seiner königlichen Würde nichts, im Gegensatz zu so manchen anderen Fürsten, die durch prätentiöse Arroganz einen so unvorteilhaften und abstoßenden Eindruck machen.

Dieser König, der in der preußischen Geschichte als ein großer Monarch dastehen wird, hatte wirklich etwas Verführerisches, wie ein romantischer Held. Seine Ga-

lanterie gegen Damen ist bekannt, aber er wußte mit
derselben eine gewisse respektvolle Huldigung zu verbinden,
die für die also Ausgezeichneten überaus schmeichelhaft
war und die ihm gewiß von jeher viele Herzen zuge=
wendet hat."*)

Der Hauptgrund seines Besuches war wohl, die
Kaiserin zu bewegen, ihr Inkognito für einige Zeit
abzulegen und einer Einladung der Königin Augusta
nach Baden-Baden zu folgen. Dort hätte man jeden=
falls dem hohen Gaste einen königlichen Empfang be=
reitet, zumal die Herbstsaison gerade in jenem Jahre
eine äußerst glänzende war.

---

*) Fräulein Boubet war unstreitig eine der bedeutendsten
weiblichen Persönlichkeiten in der unmittelbaren Umgebung
der Kaiserin Eugenie, und vielleicht ihre intimste Freundin.
Sie hatte ihre Stellung nur einem glücklichen Zufalle zu
verdanken. Der Kaiser hatte, von der Kaiserin und einem
glänzenden Hofstaate begleitet, am 7. August 1858, die neuen
Hafenbauten von Cherburg mit großen Feierlichkeiten ein=
geweiht, bei welchen auch auf Napoleons Wunsch die Königin
Viktoria gegenwärtig war, um das allgemein verbreitete Ge=
rücht zu widerlegen, jene Bauten seien für einen eventuellen
Kriegsfall gegen England angelegt worden.

Von Cherburg begaben sich die Majestäten nach Brest,
wo gleichfalls eine Reihe von Festivitäten stattfand, zu denen
aus der ganzen Bretagne über hunderttausend Menschen
zusammengeströmt waren. Unter den traditionellen weißge=
kleideten Jungfrauen, welche der Kaiserin bei ihrem Einzuge
Blumensträuße darbrachten, während der Maire von Brest
dem Kaiser die Schlüssel der Stadt auf einem roten Samt=
kissen überreichte, befand sich auch ein junges Mädchen, fast
noch ein Kind, das durch seine reizende Erscheinung alle

Die Kaiserin lehnte herzlich dankend, aber doch in sehr bestimmten Ausdrücken ab, und als der König trotzdem von neuem in sie drang, gestand sie ganz offen, daß sie nicht einmal die nötige Garderobe mit= gebracht hätte, um als Monarchin zu erscheinen. Das klang wie Scherz, denn die Königin der Mode, die erste Dame in Europa, was sie beides damals noch wirklich war, durfte ihre Absage unmöglich mit einem so geringfügigen Grunde motivieren. Ein telegraphischer Wink von Schwalbach nach Paris, und ein Extrazug wäre schon in der nächsten Stunde mit einem ganzen

Augen und auch die der Kaiserin auf sich zog. Dies Fräulein war die Enkelin des 84jährigen Admirals Bouvet, des ältesten Offiziers der französischen Marine, dessen Sohn bereits den Posten eines Fregattenkapitäns bekleidete. Der Admiral empfing die Majestäten in Saint=Malo an der Spitze einer Deputation, und sowie der Kaiser seiner ansichtig wurde, begrüßte er „den Sieger in den indischen Meeren" auf das herzlichste, und teilte ihm zugleich seine Ernennung zum Senator mit. Der Admiral dankte ehrerbietig, schützte jedoch sein hohes Alter vor, das ihm eine Reise nach Paris nicht mehr gestatte, bat aber zugleich, die kaiserliche Gnade seiner Familie zuzuwenden. Auf dem Stadthausballe an demselben Abend figurierte Fräulein Bouvet in einer Quadrille, und zwar in bretonischer Nationaltracht; sie erregte von neuem durch ihre Schönheit und Grazie allgemeine Bewunderung, und wurde nun der Kaiserin vorgestellt. Auch der Kaiser unterhielt sich sehr huldvoll mit ihr und versprach ihr, sie nicht zu vergessen. Trotzdem ließ die Erfüllung des Ver= sprechens noch einige Jahre auf sich warten, und Fräulein Bouvet, die inzwischen eine wirklich vollendete Schönheit

Magazin von Galaroben und Kostümen aller Art abgegangen.

Der König lächelte deshalb auch nur und sah wohl ein, daß er vergebens gekommen war. Er gab übrigens seine Hoffnung nicht auf, die sich denn auch, wie wir sehen werden, später erfüllte.

Noch nie hatte Schwalbach, im Grunde nur ein Badeort zweiten Ranges und kein Luxusbad wie Baden-Baden, Homburg u. a., so viele und vornehme Gäste in seinen Mauern gesehen, wie in jenem Jahre. Aus allen Gegenden von fern und nah strömten die Frem-

---

geworden war, trat erst nach dem Tode ihres Vaters, im Jahre 1863, in den Dienst der Kaiserin. Ihre Stellung, unter dem banalen Titel einer Vorleserin, war eine ganz besonders bevorzugte, denn die Kaiserin hatte als Hauptbedingung gemacht, sie stets um sich zu haben; auch durfte sie keine anderen Besuche empfangen, als die ihrer Mutter und nächsten Verwandten. Das Fräulein widmete dafür ihrer Herrin einen wahren Kultus, der sich mit den Jahren zu einer geradezu schwärmerischen Verehrung steigerte, und die sich auch nach dem Sturz des Kaiserreichs sehr nobel bewährte.

Sie hatte während ihrer Stellung am kaiserlichen Hofe mehrfache äußerst glänzende Anträge ausgeschlagen und vermählte sich erst später mit einem Herrn Carette. Im Jahre 1890 begann sie die Veröffentlichung ihrer „Souvenirs intimes de la Cour des Tuileries", ein dreibändiges Werk, das bedeutendes Aufsehen machte, hauptsächlich in bonapartistischen Kreisen, denn es ist begreiflich ganz im Sinne und zu Gunsten des Kaiserreiches geschrieben Daß es dadurch einseitig und parteiisch ist, liegt auf der Hand, aber man darf

den herbei, aber nur die wenigsten zu einer Brunnen=
kur, sondern hauptsächlich, um die französische Kaiserin
zu sehen, die trotz ihres Inkognitos der glänzende
Mittelpunkt des gesamten Badelebens war, um den
sich alles bewegte. Bei ihren Ausfahrten nachmittags
entstand immer ein kleiner Menschenauflauf.

Unter den hervorragenden Persönlichkeiten war be=
sonders eine, die einige Tage lang fast noch populärer
wurde, als die Kaiserin: der Feldmarschall Wrangel,
oder „Papa Wrangel", wie ihn das Volk nannte.
Wo er sich zeigte, hatte er sofort ein kleines Gefolge
hinter sich, meist Kinder und halbwüchsige Knaben und

darüber mit der Verfasserin, die ja dem Kaiserpaare, und
vornehmlich der Kaiserin, so viel verdankte, nicht allzu strenge
rechten. Sie konnte Menschen und Dinge und alle politischen
Ereignisse der damaligen Zeit ja nur durch die Spiegelschei=
ben des Tuilerienpalastes betrachten und unmöglich unter
dem steten Einfluß ihrer Umgebung zu einem selbständigen
Urteil gelangen. Trotzdem enthält ihr Werk, das zumeist
aus einzelnen Episoden ohne bestimmte chronologische Reihen=
folge besteht, viel Lesenswertes, speciell über eine Menge
hervorragender Persönlichkeiten am Hofe, wie über das Hof=
leben selbst, nur daß sie auch hier immer die Lichtseiten stark
hervorhebt und die Schattenseiten sorgfältig mildert, wo
nicht ganz verschweigt. Sehr anziehend und vielfach rührend
und zugleich von edler Gesinnung zeugend, sind die letzten
Kapitel des dritten Bandes aus der Zeit des Exiles in
Chislehurst, wohin die Verfasserin die kaiserliche Familie
begleitet hatte, wie uns überhaupt in dem ganzen Werke
das wohlthuende Bild eines geist= und gemütvollen weib=
lichen Charakters entgegentritt.

Mädchen, die sich dreist an ihn hinandrängten und nach seinen Händen oder nach seinen Rockzipfeln griffen, was er sich gern gefallen ließ; nur wenn sie es zu arg machten, drohte er ihnen mit seinem spanischen Rohr, aber er lachte dabei. Einmal traktierte er sie sogar aus einem Konditorladen, doch da mußte die Polizei sich ins Mittel legen, um den alten Herrn von den Zudringlichen zu befreien.

Wrangel war damals schon ein Achtzigjähriger, aber gesund und kräftig wie ein Sechziger und von unverwüstlich guter Laune. Auch die Kaiserin wünschte ihn zu sehen, und als er ihr im Garten der Villa vorgestellt wurde, redete sie ihn sofort auf deutsch an, das sie ziemlich gut sprach. Diese Aufmerksamkeit entzückte den Feldmarschall aufs höchste, denn er verstand kein Französisch, und als sie ihm gar eine schöne Rose ins Knopfloch steckte, hatte sie sein Herz ganz gewonnen.*)

---

*) Die Berliner Blätter schilderten damals diese Begegnung mit sehr lebhaften Farben, jedenfalls mit großer feuilletonistischer Freiheit. So sollte er auf die Frage, ob er französisch spreche, kleinmütig geantwortet haben: „Majestät, ich war in der Schule stets ein fauler Junge, aber jetzt reut es mir, daß ich die französische Stunde so oft schwänzte. Eine so schöne Sprache! Wenn ich nicht zu alt wäre, würde ich ihr noch heute lernen." Wrangel starb bekanntlich im 93. Lebensjahre, am 1. November 1877.

Auch der Herzog von Nassau war in Person gekommen, um als Landesherr seinen hohen Gast zu begrüßen. Die Kaiserin hatte längst ihre Mißstimmung vergessen und nahm als Beweis ihrer freundschaftlichen Gesinnung eine Einladung an nach der „Platte", einem Jagdschlosse des Herzogs, ganz in der Nähe Schwalbachs auf einer Anhöhe mitten im Walde. Hier fand sie den gesamten herzoglichen Hofstaat zu ihrem Empfang versammelt, was eigentlich gegen die Verabredung war; aber die Kaiserin machte gute Miene zum bösen Spiel, und erfreute sich an dem großartigen Panorama, das so ziemlich das ganze kleine Ländchen umfaßte.*)

Schließlich kam auch noch der Kaiser von Rußland von Jugenheim herüber, hauptsächlich wohl, um das Gerücht zum Schweigen zu bringen, die Zarin habe Schwalbach so eilig verlassen, um nicht mit der Kaiserin zusammenzutreffen.

An demselben Tage ging auch das seltsame Gerücht, der Kaiser Napoleon sei mit dem Nachtzuge in Schwalbach angekommen, aber in einem so strengen Inkognito, daß niemand etwas von seiner Anwesenheit erfahren hatte. Er sollte, so hieß es später, mit dem Kaiser Alexander

---

*) Der Herzog zeigte der Kaiserin auch die Wiesbadener Fremdenliste vom Jahre 1849, in welcher die Namen einer Gräfin von Montijo und einer Comtesse von Teba standen. Die Kaiserin hatte nämlich in jenem Jahre mit ihrer Mutter einen Teil der Saison in Wiesbaden zugebracht.

eine Unterredung gehabt haben, deren Gegenstand die
schleswig-holsteinische Frage gewesen, und am nächsten
Morgen sei er schon wieder nach Paris zurückgekehrt.
Dieser Punkt ist stets ein Mysterium geblieben.

So nahte denn der Tag der Abreise, für die
Badegäste und mehr noch für das Städtchen selbst ein
Tag der Trauer, denn sämtliche Einwohner hatten
durch den Aufenthalt der Kaiserin mehr oder weniger
eine gesegnete Saison gehabt, wie noch nie zuvor und
auch wohl niemals nachher.

Die der Kaiserin am letzten Abend dargebrachten
Ovationen und Blumenspenden, die sie mit aufrichtiger
Rührung entgegennahm, bekundeten diese Gesinnung
nur zu gut.

Der Großherzog von Baden hatte mittlerweile und
in den schmeichelhaftesten Ausdrücken die Einladung
seines königlichen Schwiegervaters wiederholt, so daß
die Kaiserin, ohne die Gastfreundschaft zu verletzen und
den Ruf ihrer Liebenswürdigkeit aufs Spiel zu setzen,
sich entschließen mußte, ihr Reiseprogramm um einen Tag
zu verlängern und in Baden-Baden anzuhalten. Damit
war es aber auch ganz um ihr Inkognito geschehen,
denn schon in Karlsruhe waren der Bahnhof und die
angrenzenden Straßen von einer unermeßlichen Menschenmenge angefüllt, und als der Zug einlief, braußten
der Kaiserin die Klänge der Nationalhymne Partant

pour la Syrie entgegen. Auf dem Perron standen
von einem glänzenden Generalstabe umgeben, der König
von Preußen und der Großherzog von Baden, beide
in großer Uniform mit dem breiten Achselbande der
Ehrenlegion. Der König bat um die Erlaubnis, der
Kaiserin seinen Schwiegersohn, den Großherzog, vor=
stellen zu dürfen. Beide waren ihr nämlich bis Karls=
ruhe entgegengefahren und begleiteten sie nun nach
Baden=Baden.

Dort war der Empfang noch großartiger: die
weite Bahnhofshalle war mit Laubgewinden und Blu=
menkränzen geschmückt, und in dem reichdrapierten
Fürstensaal erwarteten die Königin Augusta und ihre
Tochter, die Großherzogin mit ihren Hofstaaten und
alle Damen in prächtigster Toilette die hohe Reisende.
Unter unaufhörlichem Hurrarufen fanden die gegen=
seitigen und wirklich recht herzlichen Begrüßungen statt.
Auch viele vornehme französische Familien hatten sich
eingefunden und riefen ein lautes Vive l'Impératrice
in die Menge hinein, was man ihnen gar nicht übel
nahm, denn die Franzosen bildeten durch Reichtum und
Eleganz damals ein zahlreiches und nicht zu unter=
schätzendes Kontingent der Badegäste. Von Baden=Baden
aus, wo in den höheren Kreisen weit mehr französisch
als deutsch gesprochen wurde, gingen alljährlich die
neuesten Pariser Moden durch das übrige Deutschland.

Die Kaiserin war genötigt, mit ihrem kleinen Gefolge bei der Herzogin von Hamilton, einer Cousine des Kaisers, zu übernachten, denn sie hatte eine Einladung der Großherzogin zur Abendtafel angenommen. Dort waren alle Fürstlichkeiten vereinigt und zu der darauf folgenden Soiree füllten sich die Säle mit Herren und Damen des hohen Adels und der Fremdenkolonie. Eine glänzende Hofhaltung, die vor keiner königlichen zurückstand.

Fräulein Bouvet bringt in ihrem Tagebuche einige hübsche und zutreffende Notizen über die Königin von Preußen und die Großherzogin von Baden, die wir unseren Lesern schon deshalb nicht vorenthalten wollen, weil dieselben bei manchen von ihnen vielleicht die Erinnerung an eine Zeit zurückrufen, die schon seit einem Menschenalter der Vergangenheit angehört.

„Die Königin Augusta schien sich einer vortrefflichen Gesundheit zu erfreuen, was ihr auch gestattete, nach allen Richtungen hin eine staunenswerte Thätigkeit zu entfalten. Trotz der Soireen, die nach den Theatervorstellungen gewöhnlich bis Mitternacht dauerten, stand sie jeden Morgen um 6 Uhr auf, trank gewissenhaft ihren Brunnen und machte dann stundenlange Spaziergänge, von denen sie die schwächeren Hofdamen ihrer Begleitung freundlich dispensierte. Sie stand damals im 53. Jahre und war von mittelgroßer, eleganter Figur, mit schönen braunen Augen und noch immer sehr einnehmenden Gesichtszügen, denen sie durch kleine, geschickt angewandte Toilettenkünste noch mehr Anmut zu geben wußte. Dabei besaß sie einen hervorragenden Geist und vielseitige Kenntnisse; sie war auf allen Gebieten des Wissens zu Hause und außerordentlich belesen. Sie kannte die französischen Schriftsteller genau und fällte über dieselben fast immer ein richtiges Urteil; auch sprach sie ein sehr reines Französisch und so gut wie ohne allen Accent. Ihren Sohn, den so früh verstorbenen Kronprinzen, den sein Vater im Kriege von 1870 nicht ohne einen gewissen Stolz immer nur „unsern Fritz" nannte, liebte sie mit großer Zärtlichkeit und ihre Tochter, die Großherzogin von Baden, nicht minder. Auch diese Fürstin besaß einen sehr gebildeten Geist und vortreffliche Herzenseigenschaften. Sie wußte die Pflichten einer Souveränin mit denen einer guten Hausfrau und Mutter sehr glücklich zu vereinigen; letzteres war ein Erbteil ihrer Mutter, der Königin, die, weil ihr kein politischer Einfluß vergönnt war, sich von jeher viel mit ihren häuslichen Angelegenheiten und mit ihren Kindern beschäftigt hatte. Für ihren Vater, den König, hegte die Großherzogin eine fast abgöttische Verehrung, die zu einem wirklichen Kultus geworden war, und da auch der König seine Tochter zärtlich liebte, so war daraus ein so inniges und vertrauliches Verhältnis entstanden, wie es nur zwischen einem solchen Vater und einer solchen Tochter entstehen konnte. Sie teilten alle ihre Gedanken und Wünsche, alle ihre Hoffnungen und Neigungen getreulich miteinander."

Am nächsten Morgen, den 5. Oktober, reiste die Kaiserin mit ihrem kleinen Gefolge nach Frankreich zurück, trotz aller Bitten der Herrschaften, noch einen Tag zuzugeben. „Der Kaiser erwartet mich diesen Abend bestimmt", bemerkte die Kaiserin zu ihrer Entschuldigung, und man hörte auf, sie zu bestürmen; denn wenn der Kaiser, der Kaiser Napoleon, etwas bestimmt erwartete, so mußte selbst seine Gemahlin sich fügen. Das Prestige des Mannes war damals noch sehr groß. Man trennte sich unter Umarmungen und unter den herzlichsten Freundschaftsversicherungen; der galante König Wilhelm stand mit vielen Herren und Damen vom Hofe auf dem Perron und führte die Kaiserin an ihren Salonwagen, der in einen vollständigen Blumengarten verwandelt war, in welchem sich besonders die kostbarsten Orchideen, die Lieblingsblumen der Kaiserin, durch ihre Farbenpracht auszeichneten. Eine Aufmerksamkeit der Königin Augusta und ihrer Tochter, der Großherzogin, die beide ihren hohen Gast nicht wiedersehen sollten, obgleich sie sich gegenseitig ein herzliches au revoir zugerufen hatten.

Um 6 Uhr abends kam die Kaiserin in Saint-Cloud an, vom Kaiser und einem Teil ihres Hofstaates empfangen, und alle Anwesenden waren entzückt von dem vortrefflichen Aussehen der Monarchin und beglückwünschten sie mit ungeheuchelter Freude. Seitwärts stand der kleine Korporal und salutierte militärisch, dann aber lief er laut jubelnd auf seine Mutter zu, die das Kind stürmisch in die Arme schloß, das sie noch nie so lange entbehrt hatte. Sie war wieder bei den Ihrigen.

Eine Stunde früher waren bereits zwei Depeschen aus Baden-Baden eingetroffen, die erste von der Königin Augusta:

„Gestatten Sie mir, mich nach Ihrer glücklichen Ankunft zu erkundigen. Der König und meine Kinder vereinigen sich mit mir in der schönen Erinnerung an Ihren liebenswürdigen Besuch."

und die zweite von der Großherzogin von Baden:

„Wir hoffen, daß Ew. Majestät glücklich angekommen sind und nicht allzusehr von den Anstrengungen der Reise gelitten haben. Der Großherzog und ich selbst bitten Sie, unsere aufrichtigsten Huldigungen entgegenzunehmen".

Sechstes Kapitel.

Der mexikanische Feldzug.

I.

Die Politik Napoleons III. in Bezug auf Mexiko. — Einfluß der Kaiserin Eugenie. — Konvention zwischen Frankreich, England und Spanien. — Die erste Proklamation der drei Mächte. — Die vereinigten Geschwader vor Veracruz. — Ultimatum Frankreichs. — England und Spanien ziehen sich zurück.

Der mexikanische Feldzug war der verhängnisvolle Dämon des Zweiten Napoleonischen Kaiserreiches, gewissermaßen der Anfang des Endes, und zwar eines Endes mit Schrecken.

Es bleibt ewig unbegreiflich, wie der Kaiser sich auf dies Unternehmen überhaupt nur einlassen konnte, dessen Mißerfolg fast auf der Hand lag, das von allen einsichtsvollen Politikern von vornherein als phantastisch und aussichtslos verurteilt wurde, und das sogar im allergünstigsten Falle des Gelingens für Frankreich selbst von keinem praktischen Nutzen gewesen wäre, um für die ungeheueren Geld- und Menschenopfer ein wesentliches Äquivalent zu bieten.

Es ist sehr schwer, wo nicht unmöglich, in den engen Rahmen eines Kapitels auch nur die hervorragendsten Ereignisse jener siebenjährigen Expedition zusammenzudrängen; wir beschränken uns deshalb hier auf die Schilderung der einen oder anderen Episode und auch da nur, wo dieselben mit den Hauptpersonen dieses Dramas in direktem Zusammenhang stehen.

Zuerst der Kaiser Napoleon selbst.

Als im Jahre 1861 die ersten Anzeichen der mexikanischen Wirren am politischen Himmel aufstiegen (der Kaiser bezeichnete solche Symptome gern mit dem Ausdruck „les points noirs"), stand er auf der Höhe seiner Macht, und sein Wort dominierte in fast allen europäischen Kabinetten. Die französische Armee war unbedingt die erste Armee der Welt, wenigstens nannte sie selbst sich so, und Millionen im Auslande sprachen es nach, ohne sich Rechenschaft zu geben, weshalb.

Da erwachte in dem von seinen bisherigen glänzenden Erfolgen berauschten Kopfe des Kaisers von neuem seine Lieblingsidee: die lateinische Race auch jenseits des Oceans zur Geltung zu bringen, und mit diesem Gedanken entstand der zweite: die Gründung einer katholischen Monarchie im Reiche Montezumas und Iturbides. Das tragische Schicksal jener beiden Kaiser schien er vergessen zu haben, oder er legte demselben in unserem modernen Jahrhundert keine Bedeutung bei. Wie sein großer Oheim, wollte auch er gern Throne errichten, und da dies in Europa ohne einen glücklichen Eroberungskrieg, vor dem er klugerweise zurückschreckte, nicht möglich war, wandte er seine Blicke nach der Neuen Welt. Hatte er doch seiner Zeit aus der französischen Republik, ebenfalls nach dem Muster des Oheims, ein Kaiserreich gemacht, weshalb sollte es ihm mit der mexikanischen nicht ebenfalls glücken? So ganz als „Pygmäe", wie er sich in seinem Briefe an den Prinzen Napoleon im Vergleich zu dem ersten Kaiser bezeichnete, mußte er sich also doch nicht fühlen. Er überließ es der nächsten Zeit, diesen Plan zu reifen und wartete mit wachsamen Augen auf den günstigen Moment.

Nach dem Kaiser die Kaiserin Eugenie. Sie spielte hier eine einflußreiche Rolle, vielleicht eine einflußreichere, als diejenige, welche man ihr später im deutsch-französischen Kriege zugeschrieben hat.

In Spanien begannen nämlich zuerst die Reklamationen gegen die mexikanische Regierung. Der in Mexiko ansässige schweizer Bankier Jecker hatte die sogenannte innere Staatsschuld aufgekauft, wie man behauptete, für 70 Millionen Franken und weigerte sich später, die dafür ausgegebenen Bons zu bezahlen. Viele dadurch geschädigte spanische Familien wandten sich an die Regierung ihrer Heimat, mit der Bitte um Vermittelung und Unterstützung ihrer Forderungen, und zu ähnlichem Zweck auch an das Tuilerienkabinett. Die Kaiserin, selbst eine Spanierin und trotz ihrer Sympathie für Frankreich, die sie stets sehr ostensibel zur Schau trug, ihrem Vaterlande innig zugethan, interessierte sich lebhaft für ihre Landsleute und wußte ihrem Gemahl ein gleiches Interesse einzuflößen.

Auch Engländer waren von der Finanzkatastrophe betroffen, und es gelang dem Kaiser, Großbritannien gleichfalls zu bewegen, sich den Reklamationen anzuschließen. Lord Russell, der damalige englische Minister der auswärtigen Angelegenheiten, betrachtete die Sache sehr kühl und war klug genug, sich beizeiten d. h. vor Ausbruch des eigentlichen Krieges, zurückzuziehen.

Von Spanien galt dasselbe, obwohl es einige Kriegsschiffe nach den mexikanischen Gewässern gesandt hatte, so daß zuletzt nur Frankreich übrig blieb, das dann für seine alleinige Rechnung handelte.

Die zwischen den drei Mächten am 31. Oktober 1861 abgeschlossene Konvention bezeichnete in ihrem ersten Artikel den Zweck der gemeinsamen Intervention mit klaren und deutlichen Worten, nämlich:

„Die notwendigen Maßregeln zu ergreifen, um das Leben und das Eigentum ihrer in Mexiko wohnenden Staatsangehörigen zu schützen, sich aber zugleich zu verpflichten, das gesamte Territorium des Landes zu respektieren, und sich auch jedes sonstigen Einflusses auf die inneren Angelegenheiten der mexikanischen Republik, speciell in Bezug auf die Wahl ihrer Regierung, zu enthalten."

Dieser Passus, den Lord Russell aufgesetzt hatte, klang ganz anders als die französischen Proklamationen ein Jahr später, aber der Lord hatte dazu seine guten Gründe. Er sah nämlich weiter als die Kabinette von Paris und Madrid, und zwar nach den Vereinigten Staaten hinüber, mit denen er einen Konflikt befürchtete, dem er ausweichen wollte, um keinen allgemeinen Krieg zu entfesseln; und die Zukunft bewies nur zu deutlich, wie sehr diese Befürchtung berechtigt war.

Im Gesetzgebenden Körper sprach sich der Minister Billault ganz im Sinne jenes Artikels aus:

„Die hohen kontrahierenden Mächte verpflichten sich im voraus, zu keinem anderen Zwecke Gewaltmaßregeln zu ergreifen, als wie es die Konvention besagt, und sich insbesondere nicht mit den inneren Angelegenheiten Mexikos zu befassen. Sie werden sofort nach der Besetzung von Veracruz und den nächstliegenden Häfen eine Kollektivnote den mexikanischen Autoritäten zugehen lassen, in welcher sie die Gründe ihres gemeinschaftlichen Einschreitens erklären und zugleich die betreffenden Autoritäten einladen, mit ihnen in Unterhandlung zu treten."

Damit war also die Intervention ihrem Wesen nach motiviert und jede Zweideutigkeit ausgeschlossen.

Der spanische Minister Calderon Collantes hatte freilich gleich darauf eine vertrauliche Note an die Botschafter in Paris und London geschickt, in welcher er bereits andeutet, daß das Kabinett der Königin Isabella, obwohl es nicht im entferntesten daran denke, auf die mexikanische Regierung irgend welche Pression auszuüben, doch eine Monarchie der Republik vorzöge, daß aber im ersteren Falle Spanien alsdann bei einer so wichtigen Frage unbedingt gehört werden müsse. Die Königin hatte nämlich schon einen ihrer Vettern für den eventuellen Thron in Aussicht genommen.

Als Lord Russell davon hörte, soll er mit englischem Phlegma gesagt haben: „Wenn die Mexikaner, wie die Frösche in der Fabel, sich einen König wünschen, so sehe ich nicht ein, weshalb wir sie daran hindern sollten."

In den Tuilerien dachte man aber anders. Der Kaiser war, wie wir wissen, gleichfalls für eine Monarchie, indes mit einem Monarchen nach seiner Wahl und unter seiner Ägide, und schon damals wurde der Erzherzog Maximilian von Österreich im stillen als solcher bezeichnet. Als Lord Russell diesen Namen hörte, trat er aus seiner Reserve heraus und billigte die Wahl; er hatte bis dahin immer befürchtet, der

Kaiser habe seinem Vetter, dem Prinzen Napoleon, den Thron zugedacht, und von dem wollten weder England noch Spanien und vermutlich auch die Mexikaner nichts wissen.

Das vereinigte französisch-englische Geschwader traf in den ersten Januartagen 1862 auf der Reede von Veracruz ein, wo die spanischen Schiffe bereits vor Anker lagen.

Die mit allen Vollmachten versehene „Kommission zur Regulierung der Differenzen mit der mexikanischen Regierung" bestand für Frankreich aus dem Admiral Jurien de la Gravière und dem Gesandten von Saligny, für Spanien aus dem General Prim und für England aus den Herren Dunlop und Wike, zwei ganz obskure Namen, die schon genugsam die Gleichgültigkeit Englands bewiesen.

Die fünf genannten Herren erließen darauf eine Proklamation an die Mexikaner, um den verbreiteten Kriegs- und Eroberungsgerüchten vorzubeugen:

„Diejenigen täuschen euch, die behaupten, daß sich hinter unseren berechtigten Ansprüchen andere Pläne von Eroberung, von Restauration, oder auch nur von Einmischung in eure Verwaltung verbergen.

Drei ehrenhafte Nationen, die loyal eure Unabhängigkeit anerkennen, verdienen wohl, daß man ihren aufrichtigen und uneigennützigen Absichten Glauben schenkt und daß man sie nicht verdächtigt.

Das ist die Wahrheit; wir kommen nicht, um euch den Krieg zu erklären, sondern um euch aufzufordern, ohne fremde Intervention solide und dauerhafte Verhältnisse in eurem Lande herzustellen."

Man sieht, es waren immer dieselben Phrasen zur Verschleierung und Beschwichtigung, und England und Spanien, besonders das erstere, mochten auch wohl die Wahrheit sagen, aber schon wenige Tage darauf redeten die beiden französischen Kommissare eine deutlichere Sprache. Sie stellten nämlich der mexikanischen Regierung kurz und bündig ein Ultimatum in zehn Artikeln, von denen wir nur die beiden wichtigsten hervorheben:

„Art. 1. Mexiko zahlt an Frankreich die Summe von 60 Millionen Franken, als Entschädigung für die von den Franzosen erlittenen Verluste, und verpflichtet sich ferner, die mit dem Bankhause Jecker abgeschlossenen Verträge ungesäumt und vollständig zu erfüllen.

Art. 9. Als Bürgschaft für die von der mexikanischen Regierung zu leistenden Zahlungen, ist Frankreich ermächtigt, die Häfen von Veracruz und Tambico zu besetzen, wie auch noch sonstige ihm geeignet scheinende Hafenplätze, und dort kaiserliche Kommissare zu installieren. Diese Kommissare haben das Recht, die Einkünfte aus den Zöllen und Douanen zu überwachen und den französischen Agenten die betreffenden Summen anzuweisen."

Zu den sonstigen Zahlungen gehörten auch die Entschädigungssummen, welche Frankreich für die Er-

morbung des französischen Konsuls Riche und für die
dem französischen Gesandten zugefügten schweren Be=
leidigungen verlangte.*)

Das klang ganz anders als die erste Proklamation,
und da Frankreich in diesem Ultimatum, das fast einer
Kriegserklärung gleichkam, nur in seinem eigenen Na=
men redete und die beiden anderen Mächte gar nicht
erwähnte, so wußte die mexikanische Regierung nur zu
gut, wie sie daran war. Frankreich hatte die Maske
fallen lassen und seine wahren Absichten kundgegeben.

Die englischen Kommissare erklärten denn auch

---

*) Der Leser sieht, daß die mexikanische Expedition sich
zunächst und vorzugsweise um Geldforderungen drehte. Die
politische Seite trat erst später mit der Kandidatur des
Erzherzogs Maximilian in den Vordergrund. Der Graf
Morny stand mit einer Forderung von zehn Millionen in
erster Reihe, obwohl sein Name nicht auf der Liste der Gläu=
biger figurierte. Er hatte, wie stets bei solchen „Finanzope=
rationen", einen Strohmann vorgeschoben. Die nach dem
Sturz des Kaiserreiches in den Tuilerien aufgefundenen
geheimen Papiere geben darüber einen unwiderleglichen und
zugleich sehr pikanten Aufschluß. Morny und Jecker haben
in den Jahren 61 und 62 in sehr lebhaftem Briefwechsel
gestanden, und verschiedene andere große Pariser Bankiers
werden in jenen Briefen, [wenn auch nur mit den Anfangs=
buchstaben, häufig genannt. „Der Geschichtschreiber", sagt
Taxile Delord in seinem Werk sehr bezeichnend, „wenn er sich
anders nicht zu einem Verbreiter der chronique scandaleuse
hergeben will, kann die unsaubere Verbindung zwischen Morny
und Jecker nur andeuten; daß dieselbe wirklich in ihrem
vollen Umfange bestand, ist eine erwiesene Thatsache."

alsbald das Ultimatum als einen Übergriff und protestierten dagegen, und der General Prim schloß sich dem Protest an. Sie vereinbarten zu Soledad am 19. Februar 1862 mit der mexikanischen Regierung eine neue Konvention in weit milderer Form, die auch die französischen Kommissare notgedrungen mit unterzeichneten, jedoch ohne ihr Ultimatum vom Januar desselben Jahres zurückzunehmen.

Dies sind in kurzen Umrissen die ersten Phasen des mexikanischen Feldzuges, von dessen Weiterführung sich die Engländer und bald darauf auch die Spanier gänzlich zurückzogen, nachdem die eigentlichen Pläne Frankreichs in Bezug auf Mexiko offenbar geworden waren.

So blieb Frankreich allein auf dem Schauplatz und hatte mithin das erreicht, was es von Anfang an gewollt.

Wir werden nun sehen, wie es die Rolle eines friedlichen Vermittlers in die eines feindlichen Eroberers verwandelt.

II.

Die Generale Forey und Bazaine. — Benito Juarez und der Bankier Jecker. — Einnahme von Puebla und Mexiko durch die Franzosen. — Der General Almonte. — Die mexikanische Junta proklamiert das Kaisertum unter dem Erzherzog Ferdinand Maximilian von Österreich. — Der Erzherzog nimmt die Krone an. —

Die mexikanische Regierung hatte dem zweideutigen Treiben der drei vermittelnden Mächte von Anfang an mit Besorgnis zugeschaut, war aber dabei nicht unthätig geblieben.

Seit dem Sommer 1861, also in demselben Jahre der beginnenden Intervention, war Benito Juarez nach der vollständigen Niederlage Miramons bei Calpulapan erwählter Präsident der Republik geworden, und wurde auch als solcher zuerst von den Vereinigten Staaten und bald darauf von allen europäischen Mächten anerkannt. Seine Regierung bestand mithin zu Recht und unter völkerrechtlichem Schutz.

Juarez hatte eine sehr bewegte und vielfach abenteuerliche Vergangenheit hinter sich, aber man darf bei der Beurteilung der politischen Verhältnisse in Mittelamerika nicht den Maßstab unserer geregelten Staatenordnung anlegen. Der neue Präsident war ein Landeskind, ein sogenannter Vollblutindianer und jedenfalls ein Mann von ungewöhnlicher Thatkraft und ein guter Patriot. Er trat die Präsidentschaft unter den denkbar schwierigsten Verhältnissen an, hatte einen Teil des Heeres, das noch zu Miramon hielt, und die gesamte Geistlichkeit, deren unermeßlichen Besitz er, im Interesse der Finanzen seines Landes, konfiscierte, gegen sich, und wußte sich trotzdem nicht allein zu behaupten, sondern nach und nach seine erbittertsten Gegner in Freunde zu verwandeln. Wäre er nicht sofort vom Beginn seiner Regierung an beständig schwer bedrängt worden, daß er mehrere Jahre lang einen unausgesetzten Guerillakrieg im Innern des Landes führen mußte, so würde er sicherlich Größeres und Ersprießlicheres geleistet haben. Doch wir wenden uns jetzt den Ereignissen zu, denn Mexiko ist mittlerweile zu einem wirklichen Kriegsschauplatze geworden.

Der Kaiser Napoleon hatte im Herbst 1862 den Admiral Jurien abgerufen und an seine Stelle den General Forey mit noch ausgedehnteren Vollmachten ernannt. Es hieß sogar in den Hofkreisen, Jurien sei in Ungnade gefallen, weil er nicht energisch genug vorgegangen sei, aber der Kaiser empfing ihn bei seiner Rückkehr sehr herzlich und ernannte ihn zu seinem Generaladjutanten.

Dem General Forey war der General Bazaine

beigegeben, der eine so verhängnisvolle Rolle in diesem Kriege spielte und den man in Paris den bösen Geist des Kaisers Maximilian nannte.

Forey, der 10000 Mann frischer Truppen mitgebracht hatte, marschierte sofort auf Puebla und forderte die Stadt durch eine Proklamation zur Übergabe auf. An seine Soldaten richtete er eine jener Anreden, die längst bei den französischen Expeditionen stereotyp geworden waren: „Ihr geht zum Siege, den Gott euch verleihen wird, denn niemals ist eine Sache besser und gerechter gewesen als diejenige, für welche wir kämpfen."

Wider Erwarten stieß Forey auf energischen Widerstand, so daß er sich zu einer Belagerung der Festung entschließen mußte. Zwei Stürme wurden abgeschlagen, denn der Festungskommandant, General Ortega, war ein tapferer Offizier und ermutigte die Seinen mit der sicheren Aussicht eines baldigen Entsatzes durch den General Comonfort, der mit 4000 Mann unterwegs war. Wenn dies gelungen wäre, so hätten die Franzosen wohl noch einen harten Strauß bestehen müssen, aber Bazaine warf sich den heranrückenden Truppen entgegen und bereitete ihnen eine vollständige Niederlage.

Dadurch war das Schicksal Pueblas entschieden; die Lebensmittel gingen auf die Neige, die Munition war verschossen, und die Einwohner drängten zur Kapitulation. Der General Ortega verlangte freien Abzug mit Waffen und Fahnen, die Antwort Foreys lautete: auf Gnade und Ungnade. Das war also jetzt die Losung der Franzosen geworden, die als friedliche Vermittler nach Mexiko gekommen waren!

Ortega, der spanisches Blut in den Adern hatte, durch dies Ansinnen empört, aber der Übermacht weichend, berief seine Offiziere zusammen, und nach kurzer Beratung wurden die Fahnen auf dem Marktplatz verbrannt, die Waffen zerbrochen und die Geschütze vernagelt. Dann übergab er die Stadt und beugte dadurch dem Blutvergießen vor; die Plünderungen durch die Franzosen konnte er freilich nicht verhindern. Die Truppen Ortegas zerstreuten sich nach allen Seiten.

Forey erließ einen stolzen Tagesbefehl: „Der Himmel hat unserer gerechten Sache den Sieg verliehen, aber solange nicht alles gethan ist, ist nichts gethan. Vorwärts, Soldaten, auf nach der Hauptstadt!"

Die Stadt Mexiko hatte nur eine kleine Besatzung von wenigen Tausend Mann, trotzdem rückte der General Porforio Diaz den anbringenden Feinden mutig entgegen, um dem Präsidenten Juarez Zeit zur Flucht zu lassen. Am 4. Juni zog Forey triumphierend in die Hauptstadt ein, von der Bevölkerung mit sehr geteilten Gefühlen empfangen. Nur die Geistlichkeit mit ihrem großen Anhang, die dem Präsidenten wegen der Konfiskation der Kirchengüter feindlich gesinnt war, begrüßte die Franzosen mit aufrichtiger Sympathie und voll freudiger Hoffnungen. Aber nur zu bald zeigte es sich, daß diese Hoffnungen sehr illusorisch waren.

In Paris verkündete der Moniteur die glänzenden Siege von Puebla und Mexiko, die wie üblich mit Kanonensalven von den Batterien des Invalidenhotels gefeiert wurden Ein Telegramm Foreys an den Kriegs= minister berichtete von dem ungeheueren, an Delirium grenzenden Enthusiasmus, mit welchem die Bevölkerung die Franzosen empfangen hatte; die Soldaten wären fast unter den Lawinen von Blumen (alles textuell) erstickt worden; nur der Einzug des Kaisers Napoleon in Paris nach dem italienischen Feldzuge hätte etwas Ähnliches gezeigt.

Die lärmende Reklame war nötig, um eine neue Anleihe von 300 Millionen, von denen die Hälfte für die mexikanische Expedition bestimmt war, durchzu= bringen. Die Anleihe wurde in wenig Tagen fast um das doppelte überzeichnet. La France est assez riche pour payer sa gloire.

Wohl wurden in der Kammer und auch in manchen politischen Kreisen Stimmen laut, die ernste Bedenken erhoben und namentlich auf die vollständige Wandlung hinwiesen, welche die Expedition bereits durchgemacht, aber die Regierungsblätter malten alles rosig und prahlten mit der Präponderanz Frankreichs, die, wie in Europa, nun auch in der Neuen Welt so glänzend zur Geltung kam.

Gleich nach der Einnahme von Mexiko berief Forey eine Art von Konstituante, die, wie ihr Name sagte, über die Zukunft des Landes und speciell über die demselben zu gebende Regierungsform beraten sollte. Der den Franzosen ergebene General Almonte hielt die Eröffnungsrede; man kann sich leicht denken, in welchem Sinne.*)

Die Versammlung, offenbar unter dem Einfluß der französischen Bajonette, trat zu einer geheimen Sitzung zusammen und erließ, wie man sagte, einstimmig die folgende Proklamation:

*) Der mexikanische General Almonte spielte von jeher eine zweideutige politische Rolle. Er bekleidete verschiedene Gesandtschaftsposten, zuletzt, seit 1857, in Paris, nachdem er sich vorher mehrfach an den Feldzügen der Mexikaner gegen die Vereinigten Staaten mit Auszeichnung beteiligt hatte. Der klerikalen Partei sehr zugethan, schlug er sich in Paris ganz auf die Seite der Franzosen und nahm auch an ihrer Expedition teil. Die genannte Partei proklamierte ihn als Präsidenten an Juarez' Stelle, was durch den General Forey vereitelt wurde, der ihn aber zum Präsidenten der Regierungsjunta und später im Namen des Kaisers Maximilian, bis zu dessen Ankunft, zum Reichsverweser ernannte. Später ging er als Gesandter wieder nach Paris und zog sich nach dem Sturz des mexikanischen Kaiserreiches ins Privatleben zurück.

„Art. 1. Die mexikanische Nation nimmt als Regierungsform eine gemäßigte, erbliche Monarchie unter einem katholischen Fürsten an.

Art. 2. Der gewählte Fürst trägt den Titel eines Kaisers von Mexiko.

Art. 3. Die mexikanische Kaiserkrone wird Sr. K. K. Hoheit, dem österreichischen Erzherzog Ferdinand Maximilian angeboten.

Art. 4. Im Falle, daß unvorhergesehene Umstände den Erzherzog Ferdinand Maximilian verhindern sollten, die ihm angebotene Krone anzunehmen, wird die mexikanische Nation sich vertrauensvoll an Se. Majestät den Kaiser Napoleon III. wenden, mit der Bitte, einen anderen katholischen Fürsten zu bezeichnen, um demselben alsdann die Krone anzubieten."

Hier ist ein Kommentar überflüssig.*) Leichtfertig und kopflos und, was vom politischen Standpunkte aus die Hauptsache ist, gegen alles Völkerrecht gründeten die Franzosen, denn die konstituirende Versammlung war nur ihr williges Sprachrohr, in einem fernen Lande jenseits des Oceans ein neues, gewissermaßen

---

*) Von 231 Mitgliedern der Konstituante stimmten nur einige wenige gegen den Artikel 4, um wegen der Wahl eines anderen Fürsten freie Hand zu behalten. Dafür machten aber andere, gar zu französisch gesinnte Mitglieder den Vorschlag, Mexiko einfach mit Frankreich unter Napoleon III. zu vereinigen, wieder andere verlangten den kaiserlichen Prinzen zum Kaiser, was so ziemlich auf dasselbe herauskam, und noch andere nannten sogar den Namen des Prinzen Napoleon.

ein napoleonisches Kaiserreich, nur auf eine, allerdings mächtige, aber durchaus unpopuläre Partei gestützt, und ohne sich um den eigentlichen Kern der Bevölkerung zu kümmern. Juarez war auf der Flucht und über die Grenze gegangen; später als er zurückkehrte, sammelte er seine Scharen und hielt ein schreckliches Gericht, aber von seinem Standpunkte aus ein gerechtes.

Um der obigen Proklamation mehr Nachdruck zu verleihen, erließ der General Forey, weil aus verschiedenen Provinzen des Landes beunruhigende Nachrichten eingetroffen waren, auch seinerseits eine geharnischte Proklamation:

„Um dem Vandalismus ein Ende zu machen, den bewaffnete Banden in einzelnen Landesteilen begehen, wodurch das Leben und das Eigentum friedlicher Bürger gefährdet werden, und in Anbetracht, daß die gewöhnlichen Gesetze zur Unterdrückung solcher Attentate nicht ausreichen, verordnen wir:

Alle diejenigen, welche zu einer jener Banden gehören, sind vogelfrei und dem Standrecht verfallen.

Das Martialgesetz hat unbeschränkte Vollmachten, und das Urteil, gegen welches nicht appelliert werden kann, wird an demselben Tage des Urteilsspruches vollzogen."

„Diese wenigen Zeilen", sagt Delord, „scheinen nach den russischen Ukasen gegen die aufrührerischen Polen kopiert zu sein."

Selbst in Paris fand man diese Proklamation zu

stark und desavouierte sie später, nachdem schon viele
Hundert Opfer gefallen waren. Trotzdem ernannte der
Kaiser den General Forey nach der Einnahme von
Mexiko zum Marschall von Frankreich.

III.

Der Erzherzog Maximilian und seine Gemahlin, die Erzherzogin Charlotte. — Besuch in Paris. — Abreise von Miramar — Ankunft in Saint Juan d'Ulloa und glänzender Einzug des Kaiserpaares in Mexiko. —

Bis jetzt haben wir dem Leser, wie wir es nicht
anders konnten, in der Schilderung des mexikanischen
Feldzuges nur eigennützige, herzlose und ränkevolle
Menschen vorgeführt — endlich sind wir im stande, ihm
auch einen noblen, ehrenhaften und ritterlichen Charakter zu zeigen, den nur der einzige Vorwurf trifft,
die nüchterne Wirklichkeit nicht rechtzeitig erkannt zu
haben und einem romantischen Zuge seines Gemütes
allzu leichtgläubig gefolgt zu sein, wobei er noch dazu
den großen Fehler beging, den anderen Menschen die
gleichen offenen und redlichen Gesinnungen und Absichten zuzutrauen, die ihn selbst beseelten. Dieser
Mann war der jüngere Bruder des Kaisers von

Österreich, der Erzherzog Ferdinand Maximilian, der erwählte Kaiser von Mexiko.

Der Erzherzog war bis zum italienischen Kriege 1860 Generalgouverneur der Lombardei gewesen, auf welchem schwierigen Posten er es verstanden hatte, sich persönlich beliebt zu machen, was er am Wiener Hof weniger war, weil man ihn dort für allzu freisinnig hielt. Seit 1857 mit der Prinzessin Charlotte, einer Tochter des Königs Leopold von Belgien, vermählt, lebte er fortan mit seiner Gemahlin auf seinem herrlichen Schlosse Miramar bei Triest und unternahm mit ihr mehrere größere Seereisen. In Miramar war es, wo eine mexikanische Deputation dem Erzherzog am 3. Oktober 1863 die mexikanische Kaiserkrone antrug.

Der Erzherzog war nicht unvorbereitet, denn der Kaiser Napoleon hatte ihm schon seit länger als einem Jahr diese glänzende Aussicht eröffnet, die aber mehr der Erzherzogin als ihrem Gemahl verlockend erschien. Sie besaß einen leicht erregbaren und phantastischen Sinn, zu welchem sich eine verzeihliche weibliche Eitelkeit gesellte, die ihr in verführerischen Farben viel herrliche Zukunftsbilder auf einem Kaiserthron ausmalte. Sie hatte mithin einen großen Anteil an der Zusage des Erzherzogs; sie bekämpfte sein Zaudern und beschwichtigte seine Bedenken und verhehlte auch

ihren Triumph nicht, als endlich diese Zusage erfolgte.
Ja, man geht vielleicht nicht zu weit, wenn man sie als
die Haupttriebfeder der ganzen Angelegenheit bezeichnet,
wenigstens soweit dieselbe den Erzherzog betraf, der
ihrem Rate blindlings folgte.*)

Ein Umstand indes, der vielleicht weniger bekannt
ist, darf hier nicht unerwähnt bleiben. Auf demselben
Schiffe, das die mexikanische Deputation nach Mira=
mar brachte, befand sich auch, so gut wie unbekannt,
ein gewisser Señor Teran. Dieser ließ den Erzherzog
um eine Privataudienz bitten, die ihm auch sofort
gewährt wurde. Er nannte sich einen Bevollmächtigten
der republikanischen Regierung und sei in der redlichen

---

*) Einen nicht minder bedeutenden Einfluß soll auch die
Kaiserin Eugenie auf den Erzherzog ausgeübt haben, und
zwar unter dem direkten Antriebe des Kaisers. Das erz=
herzogliche Paar hatte nämlich schon im März 1863 die Höfe
von Brüssel, London und Paris besucht, gewissermaßen um
Abschied zu nehmen. Wie man sich leicht denken kann, war
der Empfang in Paris ein außerordentlich herzlicher, und
besonders erfreute sich der Erzherzog, wo er sich sehen ließ,
der allgemeinen Sympathie. Seine stattliche Figur, seine
freundlichen Züge, die unverkennbar den habsburgischen Typus
trugen, sein galantes, ritterliches Wesen, alles vereinigte
sich, dem zukünftigen Kaiser von Mexiko die Herzen der
Pariser zu gewinnen. Der Kaiser Napoleon war nicht wenig
stolz auf seinen Schützling, dem er zu einem Thron verholfen
und nannte ihn gern Monsieur mon Frère, wie die Mon=
archen untereinander zu thun pflegen. Zwei wichtige Punkte
waren das Resultat dieses Besuches: eine mexikanische An=
leihe von 500 Millionen unter der Garantie Frankreichs,

Absicht gekommen, den Erzherzog zu warnen, die ihm
angebotene Krone anzunehmen, denn er würde sich
dadurch großen Gefahren aussetzen. Die Gründung
einer Monarchie sei nämlich auf die Dauer unmöglich
in einem Lande, wo die demokratischen Doktrinen
bereits so tiefe Wurzeln geschlagen hätten, daß keine
Waffengewalt sie mehr ausrotten könne. Das mexi=
kanische Volk sei seinem ganzen innern Wesen nach
republikanisch und würde sich nie zur Annahme
monarchischer Institutionen bequemen.

Der Erzherzog hörte den Señor gütig an, aber er
hielt ihn für einen geheimen Agenten des Präsidenten
Juarez, was auch immerhin möglich war, und berief

und dann das Versprechen Napoleons, seine Truppen in
einer Gesamtstärke von 25 000 Mann noch sechs Jahre lang
in Mexiko zu lassen. Eigentümlicher, oder richtiger aben=
teuerlicher ist wohl kaum jemals ein neues Reich gegründet
worden: fremdes Geld, fremde Soldaten, von mehr als
sieben Millionen Einwohnern kaum eine halbe durch eine
Art von Plebiscit nach französischem Muster für den octroyier=
ten Herrscher gewonnen, und dazu das bedenkliche Kopf=
schütteln fast aller europäischen Kabinette. Niemand aber
war sorgloser und hoffnungsfreudiger als die Erzherzogin
und baldige Kaiserin Charlotte; sie malte sich schon im ver=
traulichen Gespräch mit ihren Hofdamen die Krönungsfeier=
lichkeiten aus und stellte während der Seereise ihren ganzen
Hofstaat zusammen: Ceremonienmeister und Kammerherren,
Oberhofmeisterin und Palastdamen u. s. w. bis auf die
Kostüme der Hofbeamten und die kaiserlichen Livreen. (Vergl.
die Briefe und Aufzeichnungen der Gräfin Kollowitz, Ehren=
dame der Kaiserin Charlotte.)

sich zugleich auf die Proklamation der aus den Notabeln des Landes bestehenden Konstituante, welche die Deputation ihm überbracht hatte. Er hörte mithin auf die Warnungsstimme nicht, und der Señor Teran kehrte schon am nächsten Tage auf einem anderen Schiffe nach Mexiko zurück.

Also auch hier hieß es: alea jacta est, und das selbstgewählte Schicksal nahm seinen verhängnisvollen Lauf.

Ein Glück für die Menschenkinder, daß ihnen die Zukunft verhüllt ist, gleich einem Buche mit sieben Siegeln. Ein Siegel nach dem andern wird im Laufe der Zeit gelöst, und Blatt auf Blatt wird umgeschlagen, und was auf jedem einzelnen geschrieben steht, geht in Erfüllung unabänderlich, unerbittlich. Es ist wie das Fatum der Alten, oder wie das Kismeth des Islams, nur mit dem Unterschiede, daß wir Christen nicht wie jene dem vorausbestimmten Geschick widerstandslos verfallen sind, sondern daß uns der Wille bleibt, zu wählen, ob wir rechts oder links gehen wollen, und daß wir nach dieser Wahl handeln. Was später geschieht, ob Wolken mit schweren Gewittern, ob sonnenheiteres Himmelblau, das müssen wir hinnehmen als das Ergebnis unserer eigenen freien Wahl, und wir dürfen deshalb nur uns selbst, nicht das Schicksal anklagen.

So war denn endlich der Tag der Abreise, des Abschieds von Europa, gekommen, der 14. April 1864. Die prächtige österreichische Fregatte Novara, eine ruhmvolle Erinnerung an den Sieg der Österreicher über die Sardinier am 23. März 1849, lag in Triest vor Anker und harrte des Kaiserpaares zur Überfahrt nach der Neuen Welt.

Der Erzherzog hatte als Contre-Admiral auf jener Fregatte schon mehrfache glückliche Reisen gemacht und sie deshalb als gutes Omen gewählt. Neben der Novara lag die französische Fregatte Themis, die eigentlich auf den Wunsch des Kaisers Napoleon die hohen Reisenden befördern sollte; aber Maximilian hatte dankend abgelehnt. Er wollte nicht unter französischer Flagge in seinem neuen Reiche ankommen. An den Masten der Novara wehten das österreichische und das mexikanische Banner.

Eine offene vierspännige Kalesche hatte das Kaiserpaar von Miramar nach dem nahen Triest gebracht; zu beiden Seiten des Fahrweges standen dichtgedrängte Menschengruppen, und eine noch größere Anzahl war am Hafenplatz versammelt zu einer letzten Begrüßung. Die Damen wehten mit den Taschentüchern, die Herren schwenkten die Hüte, Männer und Frauen aus dem Volke hielten ihre Kinder in die Höhe, und alle schienen ergriffen; auch Rufe wurden laut: glückliche Reise!

auf Wiederſehen! und doch lag, trotz des herrlichen Frühlingstages ein unbeſtimmtes Etwas in der Luft, wie ein banger Druck, der jedes freudige Gefühl, denn dieſe beiden bevorzugten Menſchen gingen ja einem Kaiſerthrone entgegen, nicht aufkommen ließ.

Der Erzherzog grüßte ringsum freundlich wie immer, aber man ſah ihm doch die innere Bewegung an; das Antlitz der Erzherzogin dagegen ſtrahlte wie an einem jener heiteren Feſte, wenn ſie auf ihrem gaſtlichen Schloſſe die Geladenen mit ihrer bekannten Liebenswürdigkeit empfing.

Das Verdeck der Novara war mit Blumen reich geſchmückt, die Beſatzung empfing die Majeſtäten, denn das waren ſie von nun an, mit lautem Hurra, und die Kanonen des Molo ſandten ihre Donner weithin über das Meer: die Stadt Trieſt, einſt die Rivalin Venedigs, jetzt aber längſt die Königin der Adria, grüßte noch einmal ihren ſcheidenden Sohn.

Hunderte von großen und kleinen Schiffen, von Dampfern und Kauffahrern ſenkten ihre Flaggen, und die Themis mit der ſtolzen Trikolore folgte in ange= meſſener Entfernung. Mit der verſchwindenden Küſte verſank auch Miramar*); der Kaiſer, als ob er dieſem

---

*) Im „Volksgarten" von 1865, bekanntlich ein Erſatz für die damals in Preußen verbotene „Gartenlaube", findet ſich eine ſehr hübſche Schilderung des Schloſſes Miramar von F. Arndt, der wir die folgende Notiz entnehmen:

Anblick entgehen wollte, hatte sich schon früher in seine Kajüte, die aber in einen Prachtsalon verwandelt war, zurückgezogen, und zwar ganz allein. Die Kaiserin war mit ihren Damen und einigen Herren von der mexikanischen Deputation auf dem Verdeck geblieben. Die Unterhaltung war lebhaft, denn die Herren erzählten viel von der Neuen Welt.

Die Fahrt ging zunächst nach Civita Vecchia und von dort nach Rom, um den Segen des h. Vaters zu erbitten. Pius IX. umarmte das Kaiserpaar herzlich und las in St. Peter eine Messe für eine glückliche Fahrt.

„In kaum meilenweiter Entfernung von Triest zieht sich noch längs den Ufern des Adriatischen Meeres eine Kette kahler Felsen hin. Auf einem Abhange dieses malerisch sich auftürmenden Felsgebirges erhebt sich, wie aus den tiefblauen Fluten der Adria emporsteigend, das Schloß Miramar, von einer ewig blühenden Flora umgeben. Das Schloß wurde im Jahre 1856 vom Erzherzog Max von Österreich im normannischen Stil erbaut, aber es gleicht nicht jenen großen, festen Burgen der alten Normannen aus dem zwölften und dreizehnten Jahrhundert, wie wir sie noch heute in England und Schottland als malerische Ruinen sehen; es ist nur von mäßigem Umfange, zierlich gebaut, ein Viereck, auf der Vorderseite mit zwei Türmen. Ein breiter, mit Statuen verzierter Säulengang zieht sich vom Schlosse seitwärts am Meeresufer entlang und gewährt die herrlichsten Ausblicke auf den azurnen Wasserspiegel von wunderbarer Durchsichtigkeit, und eine große breite Treppe führt nach dem Meere hinab. In dem milden, sonnenhellen Klima können wohl solche Gebilde erblühen, wie wir sie auf Miramar

Schon lag Europa hinter den Reisenden, als sich in der Nähe der Azoren ein Sturm erhob, der die Novara zum mehrtägigen Lavieren zwang, so daß ihr Kohlenvorrat auf die Neige ging. Man mußte deshalb, als der Sturm sich gelegt hatte, die Themis durch Signale um Aushülfe bitten. „Dies kam uns schwer an," schreibt die bereits erwähnte Gräfin Kollowitz, „denn wir wollten eben nichts von den Franzosen erbitten."

Am 28. Mai ging die Novara im Hafen von Saint Jean d'Ulloa vor Anker. Es war ein trüber Nebeltag und die ohnehin schon nackte und öde Küste

bewundern. Wenn man dort zwischen den Pflanzen, Gesträuchen und Bäumen aus allen Regionen des Erdballes lustwandelt, sich an ihren balsamischen Düften labt, während das Auge sich an ihren schönen Farben erfreut, möchte man kaum an die Vergänglichkeit irdischer Herrlichkeit glauben. Man nennt Miramar ein Paradies, und in der That, es verdient diese Bezeichnung.

Der Garten hinter dem Schlosse zieht sich dann bergauf. Wo die Kunst ihr Werk nicht weiter geführt hat, zeigt der Fels sich wieder in seiner Nacktheit. Die Kunst hat Entzückendes geschaffen, doch ihre Zwillingsschwester, die Natur, hat vor ihr Großes gethan: sie schuf das feenhafte Panorama, das sich vor Miramar ausbreitet. Wo das Gebirge einen Vorsprung zeigt, oder wo sich den Blicken eine besonders schöne Aussicht eröffnet, ist ein Ruheplätzchen angebracht, und die Anlage der Bäume und Gebüsche ist dabei so getroffen, daß sie die Fernsicht nicht beeinträchtigen. Die Mannigfaltigkeit in diesen Anlagen ist überraschend, bei jedem Schritte bietet sich Neues dar, und welche Harmonie herrscht

erschien dadurch nur noch trostloser. Das Wrack eines gestrandeten französischen Schiffes ragte aus einer Korallenbank hervor. Von einer naheliegenden Insel schimmerten unzählige Kreuze herüber: Es war der Begräbnisplatz von ungefähr anderthalbtausend französischen Soldaten, welche das gelbe Fieber und die Cholera hingerafft hatten. Ein erschütternder Anblick! Und dabei zeigte sich niemand zum Empfange des Kaiserpaares, obwohl die Themis der Novara sechs Stunden vorausgeeilt war, um die Ankunft zu melden.

---

dennoch in allem. Hier und da blickt neben buschigem Gezweig der kahle Fels hervor, kleine Quellen rieseln über das Gestein zwischen Moos und üppig wucherndem Gesträuch, heimliche, kühle Grotten verbergen sich unter dem Schatten dichter Gebüsche, inmitten freier Rasenplätze erheben sich Baumgruppen und aus dem dunklen Grün leuchten und duften Blumen. Wunderliche Gestalten, alte Bildsäulen aus den Sandwüsten Ägyptens, tauchen weißschimmernd aus dem Laubwerk hervor. Wir sehen die Pflanzenwelt der Tropen, die der Erzherzog selbst von seinen Reisen nach Brasilien und dem Orient mitgebracht hat, köstlich duftende Wunderblumen aus China, Oleander, und den Ölzweig neben der Myrte und dem Lorbeerbaum. Immer dichter belaubt und schattiger wird der Garten, je mehr er sich nach dem Berge hinaufzieht; die prächtigen Blumen des Südens verschwinden, und an ihre Stelle treten die Eichen, Fichten und Tannen des Nordens. Wunderbar! Hier auf diesem kleinen Raum gedeihen die Erzeugnisse der heißen und der gemäßigten Zone, denn das Gebiet von Triest gewährt die eigentümliche Erscheinung, daß die südliche und die nördliche Vegetation dort in gleicher Blüte stehen."

Die Ursache dieser Vernachlässigung wurde durch verkehrte Nachrichten erklärt, die der General Almonte erhalten hatte, der die Majestäten an der Spitze einer Truppenabteilung begrüßen sollte. Am nächsten Morgen wurde das Versäumnis allerdings nachgeholt, aber der unliebsame erste Eindruck, den der Kaiser von seiner Ankunft empfunden, ließ sich nicht verwischen. Die Kaiserin ging über dergleichen weit leichter hinweg.

In Veracruz war es ähnlich, obwohl die dortige Municipalität großartige Vorbereitungen getroffen hatte. Aber das gelbe Fieber, dieser Dämon Mexikos, von dem man wohlweislich in Miramar nie gesprochen, herrschte dort noch immer in so schrecklicher Weise, daß sogar die Luft verpestet schien. Also auch hier war kein Verweilen möglich, und die zum Empfang aufgewendeten außerordentlichen Kosten waren vergeblich gewesen.*) Überdies war die Bevölkerung von Veracruz für das neue Kaiserreich nicht sonderlich begeistert.

---

*) Die Gräfin Kollowitz specifiziert diese Kosten sehr genau: Vergrößerung und Umbau des Stadthauses 116 000 Francs. Ausschmückung des Molos und Errichtung des Pavillons auf demselben zum Empfang der Majestäten 12 000 Francs. Ein großer Triumphbogen 10 000 Francs. Hoftafel mit 60 Gedecken für zwei Tage 200 0 Francs. Feuerwerk, Musik und Illumination 30 000 Francs. Mobilien, Tafelgedeck und unvorhergesehene (!) Ausgaben gleichfalls 30 000 Francs. Großer Ball im Theater und Festbankett 50 000 Francs; also im ganzen über eine Viertelmillion.

Von da ging es weiter über Cordova nach Orizaba, und nun war der Anblick der Gegend wie durch einen Zauberschlag vollständig verwandelt. Die freundliche Stadt selbst prangte im reichsten Fahnen- und Blumenschmuck, und auf der ganzen, noch mehrere Meilen langen Route bis Mexiko, folgte ein Triumphbogen dem andern. Unzählige Menschenmassen waren von nah und fern zusammengeströmt, alle in Sonntagskleidern und gar viele in ihrem malerischen Nationalkostüm. Auch eine Menge Indianer mit ihren Frauen und Kindern, gleichfalls in phantastischem Putz, mit bunten Federkronen und verblichenen Gewändern, mit kleinen Fähnchen und Blumensträußen — ein fremdartiges, aber äußerst pittoreskes Bild, an welchem besonders die Kaiserin Charlotte ihre große Freude hatte.

So gestaltete sich der Einzug des Kaiserpaares unter Glockengeläute und Kanonendonner zu einem glänzenden Schauspiel, denn auch der Enthusiasmus der Bevölkerung ließ nichts zu wünschen. Der General Bazaine ritt neben dem kaiserlichen Prunkwagen, Elitetruppen bildeten lange Spaliere, von allen Häusern hingen bunte Teppiche herab, kein Fenster war unbesetzt, der Jubel allgemein.

„Man hat uns in Mexiko glänzend und begeistert empfangen", schrieb der Kaiser an seine Mutter, die Erzherzogin Sophie, „weit schöner, als ich es mir vorgestellt hatte. Die Mexikaner scheinen ein gutes und treuherziges Volk zu sein, das nur durch die politischen Zerwürfnisse in den letzten Jahren viel gelitten hat. In den offiziellen Anreden begrüßt man mich als den ersehnten Wiederhersteller der Ordnung und des Rechts, und an meinem redlichen Willen soll es wahrlich nicht liegen, wenn diese Hoffnungen unerfüllt bleiben."

Er ist also doch gekommen, sagte man sich in allen Kreisen der Stadt, denn, seltsam genug, man hatte bis zum letzten Augenblick noch immer daran gezweifelt. Auch ein Symptom, das Beachtung verdiente und das die Stimmung im Volke nur allzu deutlich kennzeichnete. Sogar der zu einer Junta konstituierte Gemeinderat der Stadt hatte diese Zweifel geteilt und mit der neuen Einrichtung des kaiserlichen Palastes lange gezögert, und als die Arbeiten endlich begannen, dieselben so lässig betrieben, daß sie bei der Ankunft der Majestäten kaum zur Hälfte vollendet waren. Aber der Kaiser wurde davon nicht weiter berührt, denn mit dem ersten Tage seines Regierungsantritts widmete er sich mit Eifer und Ernst den Staatsgeschäften.

IV.

Schwierige Lage des Kaisers Maximilian. — Protest der Vereinigten Staaten gegen das neue Kaiserreich. — Zweite Note des Kongresses. — Frankreich zieht seine Truppen zurück. — Reise der Kaiserin Charlotte nach Paris. — Ihr vergeblicher Besuch in Saint-Cloud. — Ihre Krankheit und Geistesstörung. — Gemütszustand des Kaisers Napoleon. —

Nur wenige Jahre sind vergangen, Jahre schwerer Prüfung für den neuen Kaiser, der eine Illusion nach der anderen schwinden sah. Er hatte die Krone unter den denkbar schwierigsten Umständen angenommen und fühlte schon nach Verlauf der ersten sechs Monate, daß er der Aufgabe nicht gewachsen war. Und welcher Monarch hätte in einer solchen Lage überhaupt eine derartige Aufgabe lösen können?

Der Staatsschatz war leer, von der in Frankreich kontrahierten großen Anleihe gingen nur spärliche Millionen ein, die Armee mußte neu organisiert werden, und es fehlte an energischen Generälen, in den einzelnen Provinzen des Reiches herrschten Unzufriedenheit oder offene Empörung, die Agenten des Expräsidenten Juarez durchstreiften aufwiegelnd das Land, die Steuern mußten exekutorisch eingezogen werden, und viele unredliche Steuerbeamten benutzten die allgemeine Unord-

nung zu ihrer persönlichen Bereicherung, die Geistlichkeit wurde schwierig, weil die verheißene Annullierung der Gesetze von 1859 und 1861 (Konfiskation der Kirchengüter) noch immer auf sich warten ließ
dies waren, kurz angedeutet, die Haupthemmnisse, die sich einer gedeihlichen Verwaltung entgegenstellten und die besten Absichten des Kaisers lahm legten.

Auch aus Europa trafen keine ermutigende Nachrichten ein. Die meisten Kabinette, die sich freilich von Anfang an mißtrauisch gezeigt, zögerten noch immer mit der offiziellen Anerkennung des neuen Reiches, und die römische Kurie drängte den Kaiser unaufhörlich, endlich seine Versprechungen in Bezug auf den Klerus zu erfüllen, und das um so mehr, als die von Maximilian proklamierte Kultusfreiheit die Besorgnisse des Papstes nur erhöhte. Jene Proklamation war dem gut katholisch gesinnten Kaiser gewissermaßen aufgezwungen worden, aber ohne dieselbe wäre er wohl noch früher seines schwankenden Thrones verlustig gegangen.

Die dunkelsten Wolken stiegen jedoch in Amerika selbst auf, und zwar von seiten der Vereinigten Staaten. Der Secessionskrieg war durch den glänzenden Sieg des Generals Grant über Lee, den General der Südarmee, am 9. April 1864 beendigt, und der Minister des Auswärtigen, Seward, ließ der französischen Regierung die folgende Note zugehen, und zwar eine Drohnote in aller Form:

„Der Kongreß der Vereinigten Staaten will durch sein Schweigen nicht bei den auswärtigen Kabinetten den Gedanken aufkommen lassen, als betrachte er mit gleichgültigen Blicken die Ereignisse, die sich augenblicklich in dem republikanischen Nachbarstaate Mexiko vollziehen. Der Kongreß erklärt deshalb, daß es mit der Politik der Vereinigten Staaten durchaus unverträglich ist, eine monarchische Regierung in Mexiko anzuerkennen, die auf den Ruinen einer Republik und unter den Auspicien einer europäischen Macht, gleichviel welcher, errichtet wird."

Diese Note war doch gewiß geeignet, den Kaiser Napoleon nachdenklich zu machen, aber der kurzsichtige Drouyn de Lhuys beschwichtigte seinen Herrn durch die leichtfertige Bemerkung, daß es von jener Note bis zu einer Kriegserklärung noch weite Wege habe, und Rouher deklamierte nach wie vor im Gesetzgebenden Körper über die glänzenden Erfolge Maximilians in seiner neuen Heimat.

Der ersten Note folgte aber bald eine zweite, in welcher der Kongreß die Zurückziehung der französischen Truppen in möglichst kurzer Zeit kategorisch verlangte, deren Bleiben doch Napoleon dem Kaiser Maximilian bis zum Jahre 1870 zugesichert hatte.

Der letztere, von allen diesen Verhandlungen frühzeitig in Kenntnis gesetzt, schickte Agenten auf Agenten nach Paris, die aber nichts ausrichten und nicht einmal die Zahlung der rückständigen Millionen der Anleihe erlangen konnten.

Nun mußte Frankreich sich fügen und bestimmte das Frühjahr 1866 als letzten Termin der Occupation.

Der Kaiser Maximilian blieb standhaft, trotz aller Mahnungen von Wien, Brüssel, London und endlich selbst von Paris aus, die Krone niederzulegen und nach Europa zurückzukehren, jetzt, wo es noch Zeit war. „Ein echter Habsburger verläßt seinen Posten nicht im Augenblick der Gefahr", schrieb er seiner besorgten Mutter, „ich harre aus und vertraue auf Gott." Gewiß ein edles, hochherziges Wort, aber dessen treue Erfüllung ihm nicht allein den Thron, sondern auch das Leben kostete.

Die Kaiserin Charlotte blickte schärfer, und als die Wolken immer dunkler aufstiegen, faßte sie einen letzten verzweifelten Entschluß und reiste selbst nach Paris, wo sie in den ersten Augusttagen 1866 ankam, und inkognito im Grand Hotel abstieg. Sie hatte von Havre aus dem Kaiser ihre Ankunft angezeigt und ihn gebeten, sie sofort zu empfangen. Zwei Hofwagen, von einer Dragoneresforte begleitet, holten die Monarchin und die wenigen Damen ihres Gefolges aus dem Hotel ab, denn es war zu spät gewesen, ihr den Elyséepalast zur Wohnung anzubieten, was sie übrigens auch wahrscheinlich abgelehnt haben würde.

Trotzdem wollte der Kaiser ihr die Ehren einer Souveränin erweisen, und beide Majestäten empfingen sie unten an der großen Freitreppe des Schlosses und geleiteten sie in die oberen Gemächer.

Wir geben hier dem uns bereits bekannten Fräulein Bouvet das Wort, die in ihren „souvenirs intimes" über diese verhängnisvolle Zusammenkunft als Augenzeugin folgendermaßen berichtet:

„Die Kaiserin von Mexiko war damals erst 26 Jahre alt, aber sie schien weit älter zu sein, denn ihre Züge zeigten die deutlichen Spuren des Kummers und schwerer Sorgen. Sie war von großer Gestalt und sah nobel und vornehm aus, nur ihre schönen, braunen Augen traten aus dem feinen Oval ihres Gesichtes etwas zu sehr hervor. Sie trug eine schwarze Atlasrobe, die sehr zerknittert war, denn man hatte sie vermutlich erst aus dem Koffer genommen und sich nicht die Mühe gegeben, sie aufbügeln zu lassen, dazu eine Mantille von schwarzen Spitzen und einen äußerst eleganten weißen Hut von einer der ersten Pariser Modistinnen. War es nun die drückende Hitze jenes Tages, oder die innere Aufregung, genug, das Gesicht der Kaiserin war dunkelrot.

Sie hatte zwei ihrer Palastdamen mitgebracht, kleine, braune, häßliche Mexikanerinnen, die so gut wie gar kein französisch verstanden, und sich dabei sehr linkisch und verlegen benahmen. Wir wechselten aber doch einige Phrasen mit ihnen, und da die Unterhaltung der Majestäten sehr lange dauerte, boten wir den Damen Erfrischungen an. Eine von ihnen ersuchte mich, der

Kaiserin Charlotte ein Glas Limonade hineinzuschicken. Ich winkte einem Lakaien, der sogleich das Nötige besorgte und die Thür zu den Herrschaften öffnete, um das Plateau hineinzutragen. Die Kaiserin Eugenie trat ihm aber hastig entgegen und nahm ihm das Plateau ab. Später drückte sie mir ihr Mißfallen darüber aus, denn die Scene im Kabinet der Kaiserin sollte keinen Zeugen haben.

Der verhängnisvolle Besuch dauerte über zwei Stunden, und die unglückliche Monarchin schilderte die Lage ihres Gemahls und die drohenden Gefahren, die ihn von allen Seiten umgaben, in so beredten und zugleich so ergreifenden Worten, daß die beiden Zuhörer tief erschüttert wurden. Verrat und revolutionäre Umtriebe, ein Land mit einer halbwilden Bevölkerung, das geheime Treiben der Ehrgeizigen — sie sagte alles.

Und doch konnte Napoleon, von der Gewalt der Umstände gedrängt, nichts thun, als die Kaiserin auf das dringendste bitten, ihren Gemahl zu veranlassen, sobald wie möglich nach Europa zurückzukehren."

Soweit Fräulein Bouvet, die bei ihrer bekannten Diskretion wohl nur das Wenigste von dem veröffentlicht hat, was sie gesehen und gehört.

Am nächsten Tage sprach ganz Paris von dem Besuch der Kaiserin Charlotte, und die Zeitungen schilderten denselben in einer Weise, daß man viel zwischen den Zeilen lesen konnte.

Sie übernachtete noch im Grand Hotel, wohin sie in unbeschreiblicher Aufregung zurückgekehrt war und

äußerte sich gegen ihre Umgebung über den Kaiser
Napoleon in einer Weise, die wir selbst hier nicht
wiedergeben mögen. Sie ließ ihrem Zorn, der, wenn
man billig sein will, nur allzu gerecht war, freien
Lauf   was hatte diese grenzenlos unglückliche,
verzweifelnde Frau überhaupt zu fürchten? So ver=
sicherte sie allen, die es hören wollten, daß die ihr
angebotene Limonade vergiftet gewesen sei, und zwar
auf Befehl des Kaisers, um sich auf diese Weise einer
schlimmen Anklägerin zu entledigen, und sie habe auch
davon getrunken, in der Hoffnung, durch den Tod von
ihren Leiden erlöst zu werden.

Schon damals begann ihr Geist sich zu trüben,
was auch die abenteuerlichen Pläne bewiesen, die sie
noch an demselben Abend wie in einem Fieberanfall
entwickelte. Sie wollte eine Rundreise an alle Höfe
Europas antreten und alle Monarchen zum Einschreiten
beschwören, und zugleich Napoleon in die Acht er=
klären. Sie ahnte nicht, wie bald dies Letztere, wenn
auch in anderer Weise, in Erfüllung gehen sollte.

Zuerst begab sie sich nach Brüssel, doch sie fand
ihren Vater nicht mehr; König Leopold I. war am
10. Dezember 1865 gestorben. Ihr Bruder, der König
Leopold II., nahm sie teilnehmend auf, aber bald nach
ihrer Ankunft wurde sie von einem heftigen Nerven=
fieber ergriffen, das sie dem Tode nahe brachte, und

als sie endlich körperlich genas, war ihr Geist dauernd
umnachtet: sie war einem unheilbaren Wahnsinn ver=
fallen und ist es noch heute. Selbst in lichten Mo=
menten scheint sie die Erinnerung an die Vergangenheit gänzlich verloren zu haben.

Der Kaiser Napoleon sah nun endlich klar in der
trostlosen mexikanischen Angelegenheit, deren wahre
Bedeutung ihm seine gefälligen Minister und die schön=
gefärbten Berichte seiner Generäle bis dahin immer
verborgen hatten, und dieser Einblick war zugleich seine
schreckliche Buße. Am schmerzlichsten mag ihm dabei
das Gefühl seiner Ohnmacht gewesen sein, nichts
für den unglücklichen Maximilian thun zu können,
denn das Prestige seines politischen Einflusses war
bereits derartig gesunken, daß er die Erfolglosigkeit
einer Vermittelung seinerseits, wenn auch nur auf
diplomatischem Wege, von vornherein voraussah.

Ihm blieb mithin nichts übrig, als die Dinge
ihren Lauf gehen zu lassen — eine beklagenswerte und
zugleich tief demütigende Alternative für einen Mon=
archen, dem es versagt ist, einen begangenen schweren
Fehler wieder gut zu machen.

Der Erzherzog Maximilian war der Spielball ge=
wesen einer übermütigen neapoleonischen Laune; der
leichtfertige Spieler hatte das Spiel verloren, und der
Ball fiel rettungslos in den Abgrund.

V.

Bedrängte Lage des Kaisers. — Intriguen des Marschalls Bazaine, seine Abreise und Ungnade. — Maximilian zieht sich nach Queretaro zurück. — Übergabe der Stadt und Gefangennahme des Kaisers. — Sein Prozeß. Vergebliche Verwendung der europäischen Kabinette. — Der Kaiser mit den Generalen Miramon und Mejia erschossen. —

Inzwischen wurde die Lage des Kaisers Maximilian immer bedrängter und immer aussichtsloser. Sein Bruder, der Kaiser Franz Joseph, hatte ihm schon gegen Ende des Jahres 1865 sowohl in seinem eigenen, als auch im Namen ihrer Mutter, der Erzherzogin Sophie, die dringende Mahnung gegeben, Mexiko zu verlassen und nach Österreich zurückzukehren, wo er ihn in alle seine Rechte wieder einsetzen wollte; aber vergebens.

Auch die Gebote der Ehre haben ihre Grenzen, und es ist wohl mit der Würde eines Mannes, und wäre dieser Mann ein Monarch, verträglich, wenn er der zwingenden Gewalt der Umstände weicht, um nicht, wie es hier der Fall war, in einem vollständig aussichtslosen Kampfe sein eigenes Leben und das seiner treu gebliebenen Anhänger noch weiter aufs Spiel zu setzen.

Aber der schlimmste Feind des Kaisers befand sich

in seinem eigenen Lager: der Marschall Bazaine, den die öffentliche Stimme längst als einen Verräter bezeichnete. Wir wollen uns diesem harten Urteil nicht unbedingt anschließen, aber es liegen doch zu viele gravierende Momente gegen den Marschall vor, um ihn nicht wenigstens der Doppelzüngigkeit und eines versteckten Spieles zu beschuldigen. Daß er mit Juarez durch den General Porfirio Diaz geheim und ohne Vorwissen des Kaisers unterhandelte, ist eine erwiesene Thatsache, daß er aber soweit gegangen sei, dem Diktator anzubieten, ihm die noch von den Franzosen besetzten Städte und den Kaiser selbst mit seinen ersten Generälen auszuliefern — das gehört doch wohl (wir wollen es zu seiner Ehre annehmen) in das Gebiet der Verleumdung und kam auch erst im Jahre 1873 zur Sprache, als der Marschall wegen der Übergabe von Metz vor ein Kriegsgericht gestellt und als Hochverräter zu 20jähriger Festungshaft verurteilt wurde.

Etwas anderes ist es mit der Absicht Bazaines, sich an Maximilians Stelle, wenn auch nicht zum Kaiser, so doch zum Regenten von Mexiko aufzuwerfen und als eine Art von Vicepräsident unter Juarez im Lande zu bleiben. Auch hierfür liegen keine direkten Beweise vor, aber ein solcher Plan würde sich in dem unersättlichen Ehrgeiz des Marschalls und in seinem respektwidrigen Benehmen gegen den Kaiser schon eher erklären. Juarez selbst, der von Bazaine nichts wissen wollte, weil er ihm nicht traute, soll niemals in direkte Unterhandlung mit ihm getreten sein. Daß schließlich der Marschall dem Kaiser schon im November 1866 zur Abdankung nicht allein geraten, sondern auch, und zwar ohne Weisung aus Paris, ihm mit Zwangs= mitteln in diesem Sinne gedroht hat, ist durch glaub= hafte Zeugen bestätigt worden.

Am 5. Februar 1867 schiffte sich endlich „der böse Geist des Kaisers", der ihn, den Marschall, mit Gnaden aller Art überhäuft hatte, mit dem Rest der französischen Truppen nach Frankreich ein, und zwar infolge eines wiederholten und in sehr ungnädigen Ausdrücken abgefaßten Handschreibens Napoleons.*)

Die Abschiedsproklamation Bazaines „an die ritter= liche mexikanische Nation" klang fast lächerlich, denn

---

*) Als Bazaine am 5. Mai in Toulon angekommen war, begab sich der Seepräfekt „in Civil" sofort an Bord seines Schiffes und teilte ihm offiziös mit, daß ihm auf höheren Befehl untersagt worden sei, den Marschall mit den ihm gebührenden militärischen Ehrenbezeigungen zu empfangen. Eine schwere Demütigung, denn sie bewies ihm die völlige Ungnade seines kaiserlichen Herrn. Doch diese Ungnade dauerte nur kurze Zeit. Bald darauf erhielt der Marschall das Oberkommando der 5. Division in Nancy und durfte auch nach Paris kommen. Die schnelle Sinnesänderung des Kaisers soll in dem Umstande seinen Grund gehabt haben, daß Bazaine sich einen großen Teil des Briefwechsels zwischen Morny und Jecker zu verschaffen gewußt hatte,

er wußte nur zu gut, daß die eigentliche Nation ihn mit samt allen seinen Franzosen und seinem französischen Kaiser verwünschte. —

Nun war Maximilian ganz allein, sogar von seiner Gemahlin verlassen, deren lebhafter, wenn auch vielfach excentrischer Geist ihm in trüben Stunden Anregung und Ermutigung verschafft hatte. Er teilte übrigens ihre Hoffnungen auf eine persönliche Zusammenkunft mit dem Kaiser Napoleon; wir kennen bereits das Resultat derselben, das Maximilian in seiner ganzen Tragweite schwerlich erfuhr. Nur von der plötzlichen Erkrankung der Kaiserin benachrichtigte man ihn, wodurch ihre Rückkehr nach Mexiko vorderhand unmöglich wurde.

Immer enger und bedrohlicher zog sich der Ring um ihn zusammen; das republikanische Heer unter

---

wodurch der Erstgenannte, der übrigens schon im März 1865 gestorben war, auf das äußerste kompromittiert wurde. Der Kaiser wollte das ohnehin schon nicht allzu reine Andenken seines „Bruders" nicht noch mehr bloßstellen; er nahm deshalb die Briefe an sich und den Marschall wieder in Gnaden auf. Also wohin man sieht in diesem trostlosen mexikanischen Feldzuge, nichts wie unsaubere Menschen und Dinge: Geldspekulationen und Lug und Trug, Schwindel und geflissentliche Irreleitung der öffentlichen Meinung, Wortbruch und Gewissenlosigkeit, und in dem ganzen politischen gâchis (ich finde das richtige deutsche Wort nicht) nur eine einzige wirklich noble und ehrenhafte Figur: Maximilian, das beklagenswerte Opfer!

den Generälen Escobedo und Corona wuchs zusehends, auch durch eine Menge Überläufer aus dem kaiserlichen Lager, das kaum mehr als 6000 Mann zählte.

Mit diesen hatte sich der Kaiser im März 1867 nach Queretaro zurückgezogen, um von dort nach seiner Hauptstadt zu gelangen, aber der Weg dahin wurde ihm verlegt. Zwei Versuche, sich durchzuschlagen, mißglückten, und er war genötigt, in Queretaro zu bleiben, das sofort von den Republikanern belagert wurde.

Die Einwohner der Stadt, von denen die Mehrzahl sich bereits den siegreichen Truppen Juarez' zuneigten, wurden schwierig, als die Requisitionen an Lebensmitteln begannen, und zeigten sich nicht minder lässig beim Aufwerfen der Schanzen und der Ausbesserung der ohnehin nicht starken Befestigungswerke. Der Kommandant von Mexiko, General Marquez, der Ersatz bringen sollte, blieb aus, und das Gerücht verbreitete sich, er sei an der kaiserlichen Sache zum Verräter geworden.

Noch einmal, am 14. Mai, schlugen die Generäle Miramon und Mejia einen verzweifelten Ausfall vor; der Kaiser, von der Nutzlosigkeit desselben überzeugt, sprach von Kapitulation. Er schickte den Oberst Lopez ins feindliche Lager, um dem General Escobedo die Unterwerfung der kaiserlichen Truppen anzuzeigen und zugleich ihm, dem Kaiser, zu gestatten, sich in dem nächsten Hafen nach Europa einzuschiffen. Hier scheint Maximilian, im Gedanken an seine entsetzliche, halt- und hoffnungslose Lage, seine ruhige Einsicht verloren zu haben, sonst hätte er unmöglich eine derartige Bedingung für seine Person gestellt. Er mußte doch Juarez als seinen unerbittlichsten Feind kennen.

Escobedo verwarf natürlich den doppelten Antrag und drang noch in derselben Nacht in das Kloster La Cruz, wo sich der Kaiser aufhielt. Dieser warf einen Mantel um, setzte einen breiten Sombrero auf und rief, von Lopez und zwei Adjutanten gefolgt: „Hinaus und wenn es in den Tod geht!" Nach wenig Minuten trat ihm Escobedo mit seinen Offizieren entgegen.

„General", sagte der Kaiser, „lassen Sie mich mit einer Eskorte nach dem nächsten Hafen bringen; ich gebe Ihnen mein heiliges Ehrenwort, nie wieder den mexikanischen Boden zu betreten."

Escobedo, sehr höflich, aber bestimmt, bedauerte, den Wunsch des „Erzherzogs" nicht erfüllen zu können.

„Wenn es so steht", entgegnete Maximilian gefaßt, „so bin ich Ihr Kriegsgefangener und erwarte, daß Sie mich als solchen behandeln."

Alsdann übergab er dem General seinen Degen und wurde mit den beiden Generälen Miramon und Mejia in dem leerstehenden Kapuzinerkloster interniert.

Die Haft und die Behandlung der Gefangenen war in jeder Beziehung anständig, man gewährte ihnen sogar manche Erleichterungen, soweit dieselben sich mit der Lage vertrugen.

Kaum war die Gefangennahme des Kaisers in Mexiko bekannt geworden, als sich alle Männer von Einfluß und zunächst die fremden Gesandten für Maximilian bei Juarez verwandten. Der preußische Gesandte, Baron Magnus, stand hier in erster Reihe und war unermüdlich, alle nur denkbaren Gründe hervorzusuchen, um dem unglücklichen Monarchen das Leben zu retten. Von den europäischen Höfen liefen Begnadigungsgesuche ein, Frankreich drohte sogar mit Repressalien eine ohnmächtige Drohung, über die Juarez verächtlich die Achseln zuckte. Die französische Regierung erbot sich auch, die gesamte mexikanische Staatsschuld für eigene Rechnung zu übernehmen, wenn man den Gefangenen ungehindert abreisen lasse; aber vergebens. Auch war dies Anerbieten ungeschickt, denn welche Mittel standen Juarez zu Gebote, bei eintretenden Komplikationen, die nicht ausbleiben konnten, Frankreich zur Erfüllung einer so ungeheueren Verbindlichkeit zu zwingen. Aber charakteristisch bleibt es immerhin, daß die Geldfrage, die den mexikanischen Feldzug hervorgerufen, nun auch noch im letzten Moment zur Sprache kam.

Auf die Demonstrationen der vereinigten Gesandten antwortete der Kriegsminister im Auftrage des Präsidenten durch ein langes, ruhig und sachlich gehaltenes Requisitorium, das viel schlimme Wahrheiten enthielt und vom Standpunkt der republikanischen Regierung durchaus berechtigt war. Nur daß die darin enthaltenen Vorwürfe und Beschuldigungen sämtlich dem Kaiser Maximilian zur Last gelegt wurden, war in hohem Grade ungerecht, weil das Aktenstück dadurch zu einer direkt gegen den Kaiser gerichteten Anklageschrift wurde.

„Der Erzherzog Maximilian von Österreich", hieß es u. a. darin, „ist unter dem Schutz fremder Bajonette nach Mexiko gekommen, um das Volk zu unterdrücken, die Konstitution des Landes und die Gesetze zu vernichten und sich unter keiner anderen Berechtigung, als durch das wertlose Votum einiger wenigen Mexikaner als Oberhaupt des ganzen Staates aufzuwerfen. Er war mithin nichts als das Werkzeug einer fremden Intervention und hat außerdem noch für seine Zwecke Österreicher und Belgier herangezogen, mithin Angehörige zweier Länder, die sich in keinem Kriege mit Mexiko befanden.

Er hat alsdann barbarische Dekrete erlassen, welche die Ermordung friedlicher Bürger herbeiführten, die nur die Unabhängigkeit ihres Vaterlandes und die bestehenden Gesetze verteidigten.

Er hat ferner seinen Soldaten befohlen, oder wenn das nicht, so hat er es doch geschehen lassen, Städte und Dörfer zu verbrennen und zu zerstören und die Einwohner niederzumachen, und das alles, um sich in seiner rechtswidrig angemaßten Macht zu behaupten.

Und selbst nach dem Abzug der fremden Truppen, und wo er doch sah, daß sich fast das ganze Land gegen ihn erhoben hatte, hat er noch die Anstifter unserer Bürgerkriege und ihre niedrig gesinnten Anhänger um sich versammelt, um sich durch Grausamkeiten und Erpressungen aller Art auf einem Posten zu behaupten, der längst verloren war, und er hat denselben nur aufgegeben, als er durch Gewalt dazu gezwungen wurde.

Aus diesen Gründen und nach den zu Recht bestehenden Gesetzen des Landes, hat der Präsident der Republik den Befehl erlassen, den Erzherzog Maximilian von Österreich und die Generäle Miramon und Mejia, die mit ihm gemeinsame Sache machten, vor ein Kriegsgericht zu stellen."

Nach einem solchen Requisitorium hatten die beiden Advokaten, die der Erzherzog zu seiner Verteidigung gewählt, einen schweren Stand; sie versuchten, die Hauptschuld auf die Franzosen und speciell auf Forey und Bazaine zu wälzen — der eigentliche Hauptschuldige war ja der Kaiser Napoleon — aber ihre Reden machten keinen Eindruck auf die Richter. Es blieb ihnen schließlich nichts übrig, als die drei Angeklagten der Gnade des Präsidenten zu empfehlen, denn das Urteil lautete auf Tod. Die Advokaten, vom Baron Magnus begleitet, begaben sich zu diesem Zweck nach

San Luis de Potosi, der provisorischen Residenz des Präsidenten Juarez. Seine ablehnende Antwort war nur kurz: die Wohlfahrt des Landes verlange gebieterisch die Vollstreckung des Todesurteils. „Ich scheue das Blutvergießen, aber hier muß ich selbst dem Gesetz gehorchen."

Ob Wahrheit, ob Heuchelei — gleichviel, die Herren kehrten unverrichteter Sache nach Queretaro zurück, denn der Baron Magnus wollte wenigstens den Erzherzog auf seinem letzten Gange als tröstender und teilnehmender Freund begleiten. Er fand ihn auffallend ruhig und gefaßt und mehr um das Schicksal seiner beiden Leidensgenossen als um das seinige bekümmert. Alle drei hatten am Morgen nach der Messe gebeichtet und kommuniziert. Sie hatten bereits mit dem Leben abgeschlossen. Ein letzter Brief Maximilians an Juarez, in welchem er Gnade für die beiden Generäle verlangte und nur sein eigenes Blut als Sühne bot, war unbeantwortet geblieben.

Maximilian lag angekleidet auf seinem Ruhebette und schlief, als am frühen Morgen des 19. Juni der General Escobedo in sein Zimmer trat, um von ihm Abschied zu nehmen. Zu gleicher Zeit hörte man auch schon die Hornsignale und die Trommeln der heranziehenden Soldaten, die den Richtplatz besetzten. Vor dem Thor des Gefängnisses hielten drei Wagen; der

Exkaiser bestieg mit einem Priester den ersten, auch die beiden Generäle waren jeder von einem Priester begleitet. Viele Hundert Menschen folgten schweigend dem Zuge, den eine Schwadron Husaren umgab; die Fenster der Häuser waren dicht besetzt, aber keine Zeichen, weder des Mitgefühls noch des Gegenteils, ließen sich hören.

Auf dem Exekutionsplatze las der Fiskal noch einmal das Todesurteil vor, worauf Maximilian mit lauter Stimme in spanischer Sprache die Worte ausrief: „Ich sterbe für die Unabhängigkeit und für die Freiheit Mexikos. Möge mein Blut beide besiegeln!" Miramon rief in demselben Moment: Es lebe der Kaiser! Es lebe Mexiko!" Mejia sagte nichts und küßte das Kruzifix, das ihm der Priester vorhielt. Dann ward es frei um die Verurteilten; dreißig Mann traten vor, der kommandierende Offizier senkte den Degen, und eine dreifache Salve krachte. Man warf Mäntel über die zuckenden Körper und brachte sie ins Gefängnis zurück.

Die mexikanische Regierung ließ den Leichnam des Erzherzogs einbalsamieren und stellte ihn dem österreichischen Kaiserhause zur Verfügung, aber erst im August erschien der Admiral Tegetthoff vor Veracruz, um sie abzuholen, und zwar mit derselben Fregatte, der Novara, auf welcher sich das Kaiserpaar vor kaum drei Jahren so hoffnungsreich in Triest eingeschifft hatte. Jetzt kehrte die Novara mit der Leiche des Kaisers in denselben Hafen zurück, während die Kaiserin bei den Ihrigen weilte, aber einem unheilbaren geistigen Siechtum verfallen.

Die Geschichte bietet gar oft derartige Gegensätze in dem Leben der Hohen und Machthaber auf den Thronen; hier zeigt sie uns einen solchen von ganz erschütternder Tragik.

Das Andenken Maximilians von Österreich erscheint uns fast in der Verklärung eines Märtyrers, und den gewissenlosen und ränkevollen Urheber seines beklagenswerten Geschickes, denn auch Napoleon III. gehört längst den Toten an, hatte die Mitwelt schon bei seinen Lebzeiten mit vernichtender Strenge gerichtet. Die Nachwelt wird es in noch erhöhtem Maße thun.

Wie der Staatsstreich von 1851, der Napoleon durch blutige Greuel zum Imperator machte, so gehört auch der mexikanische Feldzug, wo er für einen deutschen Fürsten gleichfalls durch Blut einen Kaiserthron gründen wollte, zu den dunkelsten Episoden seines Lebens.

*　*　*

Über die Gefangenschaft des Kaisers Maximilian und über die ihm zu teil gewordene gehässige und unwürdige Behandlung gingen bald nach seinem Tode die sensationellsten

Gerüchte, die besonders von den Pariser Zeitungen ausgebeutet wurden, um möglichst viel Schimpf und Schande auf den ohnehin schon in Frankreich geächteten Juarez zu häufen. Man sprach von strenger Einzelhaft in einer nackten Zelle und völliger Abgeschlossenheit von der Außenwelt, von zwei Gendarmen, die alle vier Stunden abgelöst wurden und die jede Bewegung des Gefangenen überwachen mußten: Papier und Schreibmaterial sei ihm versagt und die Kost sei fast ungenießbar gewesen. Dazu eine Art Pritschenlager und die Entbehrung aller, selbst der notwendigsten Toilettegegenstände, und schließlich rohe und verhöhnende Äußerungen der Wächter.

Die historische Gerechtigkeit verlangt, hier der Wahrheit die Ehre zu geben, denn alle jene Geschichten beruhen auf purer Erfindung.

Der Kaiser bewohnte während seiner ganzen Gefangenschaft vom 16. Mai bis zum 19. Juni ein sehr geräumiges, durchaus anständig möbliertes Zimmer, das mit allem Nötigen versehen war: Bett und Schlafsofa, Waschtisch mit Zubehör, Tische, Stühle, Sessel, Spiegel, Schränke u. s. w., saubere Wäsche, die wegen der starken Hitze fast täglich erneuert wurde, und in einem kleinen Nebenkabinett war für alle sonstigen Bedürfnisse gesorgt. Die Fenster, die nach dem Klostergarten hinausgingen, waren nicht einmal vergittert; eine Flucht wäre trotzdem, ohne Einverständnis mit den Offizieren und Mannschaften, unmöglich gewesen, denn alle Zugänge waren von Soldaten besetzt, und auf dem freien Platze vor dem Kloster kampierten gegen 1500 Mann. Außerdem machte eine starke Reiterpatrouille beständig die Runde. Die einfachen Speisen wurden in der Klosterküche nach Wunsch und Geschmack des Kaisers zubereitet, der bekanntlich in Bezug auf die Tafel sehr leicht zufrieden gestellt war. Auch trank er fast immer den Wein nur mit Wasser vermischt.

Er schrieb viel während seiner Gefangenschaft und übergab am Morgen seines Todestages dem General Escobedo ein starkes Paket Briefe und Papiere, mit der Bitte, dasselbe nach Wien an seinen Bruder, den Kaiser, zu schicken, was auch ohne weitere Kontrolle geschehen ist. Uhr, Ringe und sonstige kleine Pretiosen verteilte er an seine beiden Advokaten als Andenken.

Man hatte auch dem Gefangenen alles, was er bei sich trug, gelassen, darunter eine Brieftasche mit Wertpapieren und einen ledernen Beutel mit mehr als hundert Goldstücken. Auch eine Kiste mit Büchern war angekommen, die man anstandslos ablieferte. Die Kiste hätte doch leicht einen Revolver, einen Dolch oder auch Gift enthalten können, aber niemand scheint dem Gedanken Raum gegeben zu haben, daß der Kaiser einen Selbstmord begehen würde. Seine Ritterlichkeit und seine durchweg noble Gesinnung wurde von jeher, auch von seinen Gegnern, anerkannt. Mit seinen beiden Generälen durfte er freilich nicht verkehren; einige kurze Briefe, die er mit ihnen wechselte, wurden dem Offizier du jour unversiegelt übergeben, der sie besorgte.

Auch Taxile Delord, jedenfalls ein unverdächtiger Zeuge und der aus seiner Sympathie für den Kaiser kein Hehl macht, sagt nichts von schlechter Behandlung, was er gewiß gethan haben würde, wenn eine solche stattgefunden hätte. Delord berührt übrigens noch einen andern Punkt, den auch wir nicht unberührt lassen wollen.

Er wundert sich nämlich, und mit Recht, daß sich in einem

Lande, wo doch so viele Beamte hoch und niedrig bestechlich sind, niemand gefunden, der für ein ansehnliches Lösegeld den Kaiser zu retten versucht hätte. Er fügt allerdings hinzu, daß dem Baron Magnus ein derartiges Anerbieten gemacht worden sei, und nennt auch die Summe: 100 000 Franken. Aber die betreffenden Personen hätten die Unterschrift der vier Gesandten als Garantie gewünscht, und die sei nicht zu erlangen gewesen. Das klingt unglaublich, schon wegen der verhältnismäßig geringen Höhe der Summe, für welche die Unterschrift des Barons, bei seiner Freundschaft für den Gefangenen, wohl allein schon genügt haben würde, wenn nicht vielleicht diplomatische Bedenken ihn daran verhindert hätten.

Nach einer anderen Version soll der Kaiser eines Morgens in einem Brötchen einen Zettel gefunden haben mit den Worten: „Eine Million, und Sie sind frei. Wir telegraphieren heute nach Wien." Das klang schon anders, und es war wirklich einige Tage lang ein Hoffnungsstrahl. Der Kaiser, dem die Hände gebunden waren, konnte nur warten und gab auch bald die Hoffnung auf, denn es erfolgte keine weitere Mitteilung. Auch in Wien hat man nichts davon erfahren.

Wenn aber Delord ferner erzählt, der Kaiser habe wenige Minuten vor der Exekution jedem der dazu kommandierten Soldaten ein Goldstück gegeben und gesagt: „Verschont das Gesicht, zielt auf das Herz", so verdient dies vollends keinen Glauben, denn eine solche Handlung im letzten ernsten Augenblick war zunächst des Kaisers unwürdig, und wirft auch zugleich auf die Soldaten ein schlechtes Licht. Die dabei gesprochenen Worte sind übrigens genau diejenigen Murats, als dieser am 13. Oktober 1815 in Neapel erschossen wurde.

Bemerkenswert ist schließlich noch ein Brief des mexikanischen Gesandten in Washington, den die Evening Post in Newyork zuerst veröffentlichte, und der sofort nach der Gefangennahme des Kaisers geschrieben wurde. „Ich weiß nicht", heißt es in diesem Briefe, „welches Schicksal Juarez dem Erzherzog bestimmt hat, aber ich fürchte, daß derselbe, wenn er ungestraft nach Europa zurückkehrt, eine beständige Drohung für den Frieden Mexikos sein wird. Er würde zu unserer Schmach doch immer den Titel eines Kaisers von Mexiko tragen, und alle unzufriedenen Mexikaner, alle Intriguanten und Abenteurer würden, unter dem falschen Vorwand seiner früheren Popularität, mit ihm in Verbindung bleiben und am Ende gar seine Rückkehr durchsetzen, wie es mit Iturbide geschehen ist. Sehr leicht könnte Maximilian in Miramar eine Art von mexikanischem Hofstaat um sich versammeln und sogar Dekrete erlassen, wie dies seiner Zeit der vertriebene König von Neapel in Rom gethan; ja einzelne europäische Mächte könnten ihn noch immer als rechtmäßigen Kaiser von Mexiko anerkennen, nach dem Beispiele Spaniens, das den König von Neapel stets als solchen betrachtete.

Jedesmal also, wenn bei uns politische Verwickelungen oder sonstige Unruhen vorkämen, würden gewisse Parteien sofort mit Maximilian intriguieren und ihn gegen die „Usurpatoren" als den legitimen Monarchen ausspielen.

Und schließlich, wenn der Erzherzog wirklich begnadigt werden und in seine Heimat zurückkehren sollte, so bin ich sicher, daß nicht ein Mensch in ganz Europa in dieser Handlungsweise einen Akt der Großmut und edeldenkender Gesinnung unsererseits erblicken wird, sondern nur ein Produkt der Furcht vor eventuellen Repressalien, denn einer schwachen Nation wird niemals in einem Falle, wie der vorliegende ist, Hochherzigkeit zugetraut.

Damit will ich nicht direkt behaupten, daß der Erzherzog erschossen werden muß; ich sage nur, daß ihm alle und jede Gelegenheit genommen werden muß, uns für die Zukunft in irgend welcher Weise zu schaden."

Siebentes Kapitel.

Schwindendes Prestige des Kaiserreiches. — Die mexikanische Anleihe. — Der Konflikt zwischen Preußen und Österreich. — Allianz Preußens mit Italien. — Ausbruch des Krieges. — Die Politik Bismarcks. — Nachod, Königgrätz-Sadowa. — Der Feldzug in Italien. Die Schlacht bei Custozza. — Napoleon als Friedensvermittler. — Großer Festtag in Paris und Frankreich. — Beratungen in den Tuilerien wegen der Kompensationen. — Die Luxemburger Frage und ihre Lösung durch die Londoner Konferenz. — Der Zustand der französischen Armeen. — Trübe Zukunftsbilder. —

Der mit so großer Reklame und pomphaften Redensarten von Frankreich in Scene gesetzte mexikanische Feldzug hatte, wie wir im vorigen Kapitel gesehen, ein jämmerliches Ende genommen und das Ansehen Napoleons in Europa außerordentlich geschwächt. Die öffentliche Meinung beschuldigte den Kaiser laut und rückhaltlos einer kurzsichtigen Politik und zugleich der Feigheit, seinen Schützling, den Kaiser Maximilian, einem kläglichen Schicksal überlassen und nichts zu seiner Rettung gethan zu haben. Die servile Majorität des Gesetzgebenden Körpers, die von Anfang an alles, was Mexiko betraf, gutgeheißen, mußte sich der Evidenz der Thatsachen fügen und sich von der Minorität der Linken, die durch die Neuwahlen wieder verstärkt erschienen war, bittere Wahrheiten sagen lassen, Wahrheiten, die höher hinauf zielten und in der Bevölkerung ein schlimmes Echo fanden.

Ein weiterer Umstand kam hinzu, der kaiserlichen Regierung schwere Sorgen zu machen, nämlich die mexikanische Staatsanleihe von dreihundert Millionen, für welche Frankreich die moralische Garantie übernommen hatte, und die auch fast nur in Frankreich untergebracht worden war. Die ausländischen Börsen, mit alleiniger Ausnahme der Wiener, hatten sich nämlich sehr ablehnend verhalten und sich schon im Jahre 1866 der Bons um jeden Preis entäußert, so daß der Pariser Platz schließlich so gut wie ganz allein dafür aufkommen mußte.

Jene Anleihe war damals von allen Regierungsblättern als ein glänzendes Geschäft empfohlen worden, so daß nicht allein der Mittelstand, die eigentliche Bourgeoisie, sondern auch die sogenannten kleinen Leute, ihre Ersparnisse in mexikanischen Papieren anlegten; ein Vertrauen, für das sie später mit dem Verlust fast ihrer ganzen Habe schwer büßen mußten, denn als das neugeschaffene Kaisertum nach wenig Jahren zusammenbrach ,waren die Obligationen wertlos geworden. Nichts greift aber empfindlicher an das Herz der Mittelklassen als ein derartiger Geldverlust, und wie man von jeher alles, was in Frankreich passierte, Gutes wie Schlimmes, auf die Person des Kaisers zurückzuführen pflegte und ihn für alles verantwortlich machte, so klagte man ihn auch hier direkt an und verlangte von ihm Abhülfe und Entschädigung.

Auf politische Erwägungen ließen die guten Leute sich nicht ein, hatte man doch von oben her sie beständig in politischen Dingen bevormundet, so daß sie längst daran gewöhnt waren, den Kaiser schalten und walten zu lassen. Wohl hörte man damals viel von den Vereinigten Staaten reden und daß dieselben auf den Kaiser eine starke Pression ausgeübt hätten, um ihn zur Abberufung der französischen Truppen aus Mexiko zu zwingen, aber man glaubte nicht recht daran, denn so groß war noch immer die Überzeugung von der Präponderanz Frankreichs, daß man meinte, ein bloßes Machtwort aus den Tuilerien würde genügen, um alle Demonstrationen von auswärts zum Schweigen zu bringen. Nun rächte sich diese Verblendung, denn von jener Präponderanz war in den letzten Jahren schon gewaltig viel in die Brüche gegangen, und es gehörte wirklich eine großartige Leichtfertigkeit und eine blinde Selbstüberschätzung — leider die Haupteigenschaften der Franzosen — dazu, um sich dies noch immer zu verhehlen.

Den ernsten Politikern und auch gar vielen, die sich bis dahin einem verderblichen Sicherheitsgefühl hingegeben hatten, war jetzt freilich ein Licht aufgegangen, das die politischen Zustände Frankreichs warnend und bedrohlich erhellte und das bei neuen Komplikationen das Schlimmste befürchten ließ. Und auch diese sollten nur zu bald kommen.

Während nämlich Frankreich in Mexiko Krieg führte, kämpften die beiden bedeutendsten Staaten Mitteleuropas, Preußen und Österreich, um die Suprematie in Deutschland.

Der Vertrag von Gastein, der Österreich gleiche Rechte auf Schleswig-Holstein wie Preußen zuerkannte, lastete schwer auf dem Berliner Kabinett und wurde schließlich zum Zankapfel zwischen beiden Mächten, der bald darauf den wirklichen Konflikt hervorrief.

Ein diplomatischer Notenwechsel zwischen Berlin und Wien in den ersten Monaten des Jahres 1866 führte zu keinem Resultat, er verschärfte im Gegenteil die gereizte Stimmung durch das kategorische Auftreten Österreichs.

Preußen fand einen willkommenen Bundesgenossen an Italien, das nach der Verheißung Napoleons, „libre jusqu'à l'Adriatique", Venetien beanspruchte, und Österreich suchte Frankreich für ein Bündnis zu gewinnen, das aber bei dem schwankenden und unentschlossenen Charakter des Kaisers nicht zu stande kam.

Eine Note aus Wien vom 11. Februar, die in einem noch schärferen Tone abgefaßt war und alle von Preußen vorgeschlagenen Konzessionen zurückwies, ließ den Krieg unvermeidlich erscheinen.

Der französische Botschafter in Berlin, Graf Benedetti, berichtete alles getreulich nach Paris, erhielt aber niemals eine andere Instruktion als: zuschauen und abwarten.

Am 22. März erließ Bismarck ein Rundschreiben an alle Vertreter Preußens in Deutschland, welche die einzelnen Kabinette über ihr Verhalten zu dem bevorstehenden Konflikt sondieren sollten. Die meisten von ihnen beriefen sich auf eine Entscheidung durch den Bundestag, der noch immer in Frankfurt unter dem Vorsitz Österreichs sein Scheinleben fortsetzte, aber in den Augen des Berliner Kabinetts längst inkompetent geworden war. Denn gerade eine Beseitigung des Bundestages, der sich längst überlebt hatte, war der geheime Gedanke Bismarcks, der an seiner Stelle einen norddeutschen Bund einsetzen wollte, und zwar mit

Ausschluß Österreichs, für welches die deutschen Mittel- und Kleinstaaten sich durch ihre ausweichende Antwort indirekt erklärt hatten.

Die Folge davon war das sofortige Bündnis Preußens mit Italien vom 6. April und zugleich die Mobilmachung der preußischen Armee.

Immer aber schaute Bismarck besorgt nach Paris hinüber, sowohl, um sich die Neutralität Frankreichs in dem bevorstehenden Feldzuge zu sichern, als auch, um die Kompensationen kennen zu lernen, die der Kaiser für diese Neutralität beanspruchen würde. Benedetti, durch den nach wie vor die Verhandlungen gingen, erzählt in seinem später erschienenen Werke „Ma mission en Prusse", daß Bismarck ihm damals in Bezug auf die Kompensationen kurz und bündig erklärt habe, Preußen und überhaupt Deutschland würde keinen Fußbreit Landes an Frankreich abtreten, Napoleon könne sich ja dort schadlos halten, „wo man an seiner nordöstlichen Grenze französisch spreche, oder auch nach Südosten hin, wo gleichfalls die französische Sprache vorherrsche", (Belgien und die französische Schweiz). Was daran Wahres ist, dürfte schwer festzustellen sein.*)

---

*) Der bekannte Entwurf einer Annexion Belgiens durch Frankreich, den Bismarck damals dem Grafen Benedetti in die Feder diktiert haben soll, rief seiner Zeit eine scharfe Polemik für und wider in der Tagespresse hervor und ist bis auf den heutigen Tag eine offene Frage geblieben.

So nahmen denn die Ereignisse ihren verhängnisvollen Lauf; es kamen die Tage von Nachod, Münchengrätz und Trautenau, von Königgrätz-Sadowa, alles Siegestage für die preußischen und schwere Niederlagen für die österreichischen Heere. Europa staunte über diese außerordentlichen Erfolge, wie sie kaum zur Zeit Friedrichs des Großen dagewesen und hatte sich von dem Staunen noch nicht erholt, als die letzte gewaltige Entscheidungsschlacht am 3. Juli Österreich den Händen des Siegers überlieferte, dem jetzt der Weg nach Wien offen stand. Durch ganz Europa und weiter hinaus zog das geflügelte Wort von dem „Sieben tägigen Kriege", im Vergleich zu dem siebenjährigen des vorigen Jahrhunderts, und Preußen stand auf einmal und unbestritten als erste militärische Großmacht Europas da.*)

---

*) Die Schlacht bei Königgrätz-Sadowa ist wohl, speciell in Bezug auf die einander gegenüberstehenden Truppenmassen, eine der größten des Jahrhunderts. An der Moskowa 1812 standen sich nur 255 000 Mann gegenüber (125 000 Russen und 130 000 Franzosen; kampfunfähig zusammen 69 000 Mann); in der Schlacht bei Dresden 375 000 Mann (205 000 Verbündete und 170 000 Franzosen; kampfunfähig zusammen 42 000 Mann). Bei Leipzig 480 000 Mann (300 000 Verbündete und 180 000 Franzosen; kampfunfähig zusammen 110 000 Mann, die Gefangenen miteingerechnet). Bei Königgrätz-Sadowa im ganzen 420 000 Mann (215 000 Preußen und 205 000 Österreicher; kampfunfähig 86 000, nach anderen nur 75 000 Mann).

Am 5. Juli 1866, also zwei Tage nach der Schlacht bei Königgrätz-Sadowa, las man in Paris an allen öffentlichen Plätzen und an allen Straßenecken das folgende Plakat:

„Ein wichtiges Ereignis hat sich soeben vollzogen. Der Kaiser von Österreich, nachdem derselbe in Italien seine Waffenehre aufrecht erhalten, und den Vorschlägen des Kaisers Napoleon entsprechend, tritt an Se. Majestät den Kaiser der Franzosen Venetien ab und nimmt zugleich die Vermittelung Sr. Majestät an, um den Frieden zwischen den beiden kriegführenden Mächten Österreich und Preußen wiederherzustellen.

Se. Majestät der Kaiser Napoleon hat gern diesem Wunsche entsprochen und sich unverzüglich an die Könige von Preußen und Italien gewendet, um einen Waffenstillstand zu erlangen."*)

---

*) Über die Kriegsereignisse in Italien können wir hier nur einige kurze Notizen bringen.

Am 19. Juni, sofort nach der Kriegserklärung Preußens an Österreich, hatte der preußische Gesandte in Turin, Herr v. Usedom, nach einer vom Generalstabe in Berlin erhaltenen Weisung dem italienischen Kabinett den folgenden Feldzugsplan vorgelegt: Beständige Offensive, direkter Marsch auf Wien, mit Umgehung des Festungsvierecks, unter Zurücklassung eines starken Observationscorps, bei voraussichtlicher Unterstützung von seiten Ungarns, Vereinigung der Italiener mit den Preußen an der Donau zum Vorstoß auf Wien, während Garibaldi mit seinen Freischaren in Croatien einfallen sollte. Der Plan war kühn, und die Preußen hätten ihn wohl ausführen können; nicht so die Italiener. Dies sah der General La Marmora sofort ein und entschied sich deshalb einerseits für die Belagerung des Festungsvierecks

Endlich gab es wieder einmal einen nationalen Festtag für Paris und Frankreich, denn der Telegraph hatte die große Nachricht mit Blitzesschnelle durch das ganze Land verbreitet. Fahnen und Standarten an allen Häusern, die inneren Boulevards ein unabsehbares Flaggenmeer, alle Kaffeehäuser bis in die Nacht hinein von vielen Tausend Menschen dicht besetzt, am einbrechenden Abend glänzende Illumination mit den

und andererseits für das Vorrücken auf der Po-Linie. Die Generäle Fanti und Cialdini adoptierten den ersten Teil dieses Planes, der General La Marmora den zweiten. Garibaldi sollte unterdessen mit ungefähr 20000 Mann nach Tirol gehen. Der Erzherzog Albrecht, dem überhaupt der Siegesruhm des kurzen Feldzuges gebührt, denn man darf nicht vergessen, daß auch in Italien der Feldzug nur einige Wochen dauerte, stand mit etwa 50000 Mann in der Nähe Veronas. Er ließ dem fast viermal stärkeren italienischen Heere keine Zeit, sich zu konzentrieren, sondern zog seine Reserven heran, rückte gegen Custozza vor, schlug dort am 25. Juni die Division La Marmora und zwang sie zum schleunigen Rückzuge. Dadurch geriet die ganze italienische Armee in Unordnung, die für dieselbe verhängnisvoll wurde, und bevor sie sich zu weiteren Operationen sammeln konnte, traf die Nachricht von dem Siege der Preußen bei Sadowa ein, dem der Waffenstillstand und der Präliminarfriede von Nikolsburg und der definitive Friede von Prag folgte. Die Italiener fochten tapfer und zeigten viel Mut und Kaltblütigkeit, aber sie wurden im ganzen schlecht geführt, und die Generäle waren unter sich uneins. Es fehlte durchaus an einem einheitlichen Gesamtplan, und von diesem Vorwurf sind weder der König Viktor Emanuel, noch der General La Marmora freizusprechen. Ihr erstes und Hauptziel, den Besitz Venetiens, erreichten sie trotzdem.

üblichen Transparenten, Galavorstellungen in den Theatern mit schnell verfertigten Prologen und lebenden Bildern: Venetia, von Frankreich umarmt, und im Hintergrunde Italien, an welches ja die neue Provinz abgetreten wurde, um das Kaiserwort wahr zu machen: frei bis zur Adria, und die lange Fassade des Tuilerienschlosses in blendender Beleuchtung, denn dort war großer Empfang der glückwünschenden Deputationen — kurz die alte schöne Zeit des kaiserlichen Glanzes war noch einmal zurückgekehrt.

Und doch war alles bei Licht, b. h. vom nüchternen politischen Standpunkte aus besehen, nicht viel mehr, als eine bunte, trügerische Phantasmogorie, der jede reale Grundlage vollständig fehlte. Österreich, obwohl siegreich in Italien, mußte trotzdem Venetien preisgeben, um Preußen zu verhindern, dasselbe mit Waffengewalt für seinen Bundesgenossen zu erobern; aber die Eigenliebe des Kaisers Franz Joseph sträubte sich gegen eine direkte Cession an Viktor Emanuel, und er benutzte geschickt in der Person des Kaisers Napoleon den Vermittler, denn der letztere war ja der Schöpfer des italienischen Einheitsstaates.

Es war mithin für Frankreich bei dem preußisch-österreichischen Kriege nichts „abgefallen", und Napoleon, seinem Neutralitätsprincip getreu, mußte die Vergrößerung Preußens durch die Annexion Hannovers,

Kurhessens und Schleswig-Holsteins ruhig geschehen lassen.

Als freilich diese Annexion eine vollendete Thatsache geworden, war es auch mit der Ruhe, sowohl beim Kaiser selbst, als auch in seinem Ministerrat und besonders in der öffentlichen Meinung vorbei, und ein energisches Auftreten Frankreichs erschien jetzt als eine zwingende Notwendigkeit. Der günstige Moment zu einem solchen war leider durch die Unentschlossenheit Napoleons verpaßt worden, und Moltke selbst soll beim Ausbruch des Krieges gesagt haben: „Wenn Frankreich jetzt hunderttausend Mann an der Rheingrenze und ebensoviele im Lager von Chalons zusammenzieht, so kann es uns große Verlegenheiten, wo nicht Schlimmeres bereiten."

Es bleibt auch bis heute unbegreiflich, weshalb dies damals nicht geschehen ist, denn wenn auch die Macht und Größe der französischen Armeen bereits in jener Zeit mehr auf dem Papier, als in der Wirklichkeit dastanden, so hätte Napoleon doch zwei Armeecorps von solcher Stärke leicht mobil machen und dadurch dem Feldzuge eine ganz andere Wendung geben können.

Aber der Kaiser trug sich bekanntlich seit dem Besuch Bismarcks in Biarritz und der Zusammenkunft mit dem Prinz-Regenten von Preußen in Compiègne immer mit dem Gedanken eines engen französisch-preußischen Bündnisses, und Benedetti, der in mehr als einem Punkte von dem weit schlaueren Bismarck hinters Licht geführt, oder doch durch vage Andeutungen beschwichtigt worden war, mag seinen Herrn wohl in diesem Gedanken bestärkt haben.

Man weiß, daß die Diplomatie ihre besondere Moral hat, und daß die Staatskunst nicht nach den gewöhnlichen Begriffen von mein und dein, von Recht und Unrecht beurteilt werden darf, aber der Vorwurf, der von französischer Seite später Bismarck gemacht wurde, seine Versprechungen und Zusicherungen Benedetti gegenüber nicht gehalten zu haben, ist auf das allerentschiedenste zurückzuweisen.

Wir haben bereits oben gesehen, wie Bismarck die von Frankreich verlangten Kompensationen auffaßte; er hätte daher vielleicht eine Annexion Belgiens von Frankreich ungehindert geschehen lassen, aber auch nur vielleicht. Bismarck war schon damals der „ehrliche Makler"; allerdings ein Makler, und als solcher auf seinen eigenen Vorteil bedacht, denn das bringt einmal „das Geschäft" mit sich.

Er hatte durch sein Verhalten die Neutralität Frankreichs erreicht, also das mit Recht gefürchtete französisch-österreichische Bündnis verhindert, und das war die Hauptsache für ihn und zugleich der Triumph seiner Politik.

Um so leichter konnte er daher dem Kaiser Napoleon die an sich ganz unbedeutende Rolle des Vermittlers zuweisen, um ihn doch nicht ganz im Hintergrunde der Völkerbühne zu lassen, denn Frankreich war, wenn es auch den größten Teil seines früheren Prestige bereits eingebüßt hatte, noch immer ein mächtiger Faktor, mit dem gerechnet werden mußte.

So stellte denn der Kaiser Napoleon im Vollbewußtsein des ihm gewordenen Auftrages, der ihn noch einmal, wenn auch nur scheinbar, als „arbitre de l'Europe" bezeichnete, die Friedenspräliminarien auf, mit den folgenden wichtigsten Punkten:

„Integrität des österreichischen Kaiserstaates.

Anerkennung von seiten Österreichs der Auflösung des alten Bundestages und einer neuen Organisation Deutschlands mit Ausschluß Österreichs, durch Preußen, als norddeutscher Bund.

Die deutschen Staaten südlich vom Main können gleichfalls eine unabhängige Konföderation bilden, ohne dadurch ihre Zusammengehörigkeit mit dem norddeutschen Bunde aufzugeben.

Die Elbherzogtümer werden mit Ausnahme Nordschleswigs mit Preußen vereinigt.

Österreich und seine Verbündeten zahlen an Preußen einen Teil der Kriegskosten."

So faßte das Tuilerienkabinett die Sachlage auf, und der mit den damaligen politischen Verhältnissen bekannte Leser wird die Richtigkeit jener Artikel anerkennen, auf welche der preußische Gesandte in Paris, Graf v. d. Goltz, unleugbar seinen Einfluß geltend gemacht hatte.

Kaum waren indes diese Vorschläge veröffentlicht, so begann die Pariser Tagespresse, der man längst eine größere Freiheit hatte einräumen müssen, dieselben lebhaft zu diskutieren. „Und wir", rief das Siècle, „werden wir denn leer ausgehen? Dürfen wir, bei einer so eklatanten Vergrößerung Preußens, die Hände ruhig in den Schoß legen?" Und wie zum Trost setzte es dann hinzu: „Übrigens sind bereits in Berlin Verhandlungen wegen Abtretung des linken Rheinufers eingeleitet."

Dies war natürlich nur eine leere Phrase, hinter welcher, wie man sagte, sich der Prinz Napoleon versteckt hatte, um die Aufregung im Publikum zu beschwichtigen, aber der „Constitutionnel" erhielt doch von obenher den Auftrag, die „verfrühte Mitteilung" als ein grundloses Gerücht zu bezeichnen. „Es mag wohl sein", sagte er, „daß Frankreich ein Recht auf Kompensationen hat, indes von einer bereits aufgestellten Forderung ist im Hinblick auf die freundschaftlichen Beziehungen beider Kabinette nicht die Rede. Das wahre Interesse Frankreichs liegt nicht in einer Vergrößerung seines Länderbesitzes, sondern darin, Deutschland in seiner politischen Neugestaltung beizustehen."

Auch dies war nicht viel mehr als eine Phrase, und erinnerte zugleich auffallend an die Fabel von dem Fuchs und den Trauben.

Im Kabinett des Kaisers dachte man freilich anders. Dort hielten die Vertrauten unter seinem Vorsitz lange Beratungen, bei denen auch die Kaiserin zugegen war, die oft in sehr lebhafter Weise das Wort nahm. Drouyn de Lhuys meinte, man müsse sich vorderhand damit begnügen, die linksrheinischen Provinzen neutral zu erklären, Rouher verlangte als erste a conto Zahlung Landau und Saarlouis, aber die Kaiserin rief entschlossen: tout ou rien! alles oder nichts. Der Kaiser selbst verhielt sich nach seiner Gewohnheit sehr schweigsam, zeichnete, wie er immer zu thun pflegte, allerlei kleine Karikaturen auf das vor ihm liegende Papier, machte aber dabei seine besonderen Notizen, und entließ dann die Herren mit dem Bemerken, er werde die Sache in reifliche Überlegung ziehen.

Dies waren übrigens fast in jedem Ministerrat seine stereotypen Schlußworte, wenn man einen wichtigen Gegenstand stundenlang besprochen hatte.

Es liegt uns ein Brief von einem Augenzeugen vor, dem wir die folgenden Notizen entnehmen:

„Der gewöhnliche kleine Donnerstagsempfang bei der Kaiserin war an jenem Abend abbestellt worden, denn die Majestäten wollten allein sein. Die wenigen Hofkamen vom Dienst blieben im großen Salon der Kaiserin, einige Kammerherren und Ordonnanzoffiziere gesellten sich zu ihnen, man besah eine neu angekommene Sammlung von Aquarellen und blätterte in den Bildermappen, aber die Unterhaltung ging nur im Flüsterton. Es war noch nie so still gewesen in diesen Räumen, besonders nicht an einem Donnerstagabend, wo sich immer wenigstens 50 Personen aus der intimen Hofgesellschaft einzufinden pflegten und wo dann lebhafte Gespräche, Musik und Lektüre, auch wohl eine kleine Kartenlotterie miteinander abwechselten. Für die letztere hatte der Kaiser eine besondere Vorliebe, aber der Einsatz durfte einen Franken nicht übersteigen. Auch vingt et un wurde oft gespielt, und der Kaiser hielt dann wohl selbst die Bank, aber Goldstücke durften nicht gesetzt werden.

An diesem Abend war indes von alledem nicht die Rede. Der Kaiser saß bei seiner Gemahlin in ihrem kleinen Boudoir, das nur selten ein fremder Fuß, vielleicht mit alleiniger Ausnahme des Fräulein Bouvet, betreten durfte, denn die Kaiserin bewahrte dort ihre Privatkorrespondenz auf.

Beide unterhielten sich angelegentlich, und die Kaiserin schrieb manchmal minutenlang, wie es schien, unter dem Diktat des Kaisers. Schon zweimal war ein maître d'hôtel an der halboffenen Flügelthür des Salons erschienen, um dem Kammerherrn du jour die Abendtafel anzumelden, aber dieser zuckte die Achseln und winkte ab. Die sechzehn bis zwanzig Gäste, gewöhnlich nur Herren, die das vielbeneidete Privilegium hat'en, jeden Donnerstag an dieser Abendtafel teilzunehmen, warteten bereits im Vorsaale, und man sprach natürlich von nichts anderem, als von den außerordentlichen Erfolgen der preußischen Heere, von Sadowa, vom Rhein, von den Kompensationen u. s. w. Endlich verließ der Kaiser das Boudoir, aber allein; die Kaiserin blieb zurück und kam auch nicht zur Tafel, sondern ließ sich allein servieren. Der Kaiser entschuldigte sich mit seiner bekannten Liebenswürdigkeit wegen der Verspätung und begab sich dann in den Speisesaal. Er war sehr schweigsam und nachdenkend und aß fast gar nichts. Da nach der Tafel diesmal kein Empfang stattfand, so zogen sich alle in der Stille zurück, und der Kaiser ging wieder zu seiner Gemahlin hinüber.

Noch um ein Uhr war Licht in seinem Kabinett, und kurz vor Mitternacht trat die Schloßwache unters Gewehr, weil Niel und Mac Mahon angekommen waren."*)

Dieser Brief vom 28. Juli, der eigentlich nichts Neues sagt, ist nur insofern erwähnenswert, weil sein Datum mit den tags darauf an Benedetti abgeschickten Depeschen zusammenfällt. Der französische Botschafter sollte in Berlin ganz speciell auf die Abtretung der Festung Mainz bestehen, und als er dafür bei Bismarck ein taubes Ohr fand und dies nach Paris berichtete, erhielt er von dort die Weisung, die Cession Luxemburgs an Frankreich zur Sprache zu bringen. Dies war gewissermaßen der letzte Trumpf, den Napoleon ausspielte, denn er fühlte nur zu gut, daß etwas

---

*) Aus einem Briefe der Palastdame, Gräfin P., an Mrs. L. in Brighton.

geschehen müsse, um die aufgeregte öffentliche Meinung zu beschwichtigen.

Auch dieser Annexionsplan soll von der Kaiserin ausgegangen sein und sie schon im Jahre 1866 beschäftigt haben. Viele behaupten sogar, sie habe bereits in Schwalbach, wo, wie wir wissen, ihre Freundin, die Königin von Holland, sie besuchte, bei dieser die Frage angeregt und wenn auch kein sofortiges Entgegenkommen, so doch auch kein direktes Ablehnen gefunden. Wir müssen dies auf sich beruhen lassen; die Königin war bekanntlich eine kluge Frau und dachte vielleicht durch diese Cession einer schlimmeren Eventualität vorzubeugen, denn die Gerüchte von einer beabsichtigten Annexion Belgiens zogen damals durch die Luft, und Holland selbst war ja unter dem ersten Napoleon ein französisches Königreich gewesen.

Unwillkürlich denkt man bei einer solchen Weiberpolitik an die Zeiten Ludwigs XIV., wo die Maintenon hinter dem Rücken des Königs auch allerlei Kriegs- und Feldzugspläne aushecke, die dann Colbert und Louvois dem Monarchen als dessen eigene Ideen vorlegen mußten.

Soviel ist aber gewiß, daß zu Anfang 1866 ein vertraulicher Depeschenwechsel im obigen Sinne zwischen dem Tuilerien- und dem Haager Kabinett stattfand, um auf „friedlichem Wege" die Frage zu lösen. Unter diesem friedlichen Wege war eine Abtretung Luxemburgs an Frankreich für die Zahlung einer bedeutenden Summe zu verstehen; man sprach von 90 bis 100 Millionen Franken. Also ein Geldgeschäft im großen, oder wenn das besser klingt, ein Länderschacher im kleinen nach dem Beispiel des Wiener Kongresses.

Luxemburg war nur durch Personalunion mit Holland verbunden, aber zugleich eine deutsche Bundesfestung mit preußischer Besatzung, ähnlich wie die anderen Bundesfestungen Mainz und Saarlouis, Landau, Rastadt und Ulm, nur mit dem Unterschiede, daß diese zu den Ländern gehörten, in welchen sie lagen, nämlich zu Hessen, Preußen, Bayern und Württemberg.

Diese Bundesfestungen, die ja nur zur Sicherheit Deutschlands gegen Frankreich dienen sollten, mochten damals nach dem Sturz des ersten napoleonischen Kaiserreiches berechtigt sein; jetzt aber, nach dem großen Tage von Sadowa, der die Auflösung des Bundestages und eine gänzliche Neugestaltung der politischen Verhältnisse Deutschlands nach sich zog, konnten sie im Sinne der Verträge von 1813 und 14 als Bundesfestungen nicht mehr gelten. Jene Verträge selbst existierten ja nicht mehr; Napoleon hatte sie schon früher für „zerrissen" erklärt; nun waren sie es in Wirklichkeit, wenn auch nicht durch ihn.

Nebenbei verfolgte der Kaiser noch einen anderen

Plan, den er auch dem Grafen Benedetti in einem vertraulichen Handschreiben mitteilte, um Bismarcks Meinung darüber zu hören. Ob dies geschehen ist, weiß man nicht, wenn aber, so wurde er von Bismarck ganz unberücksichtigt gelassen. Preußen sollte nämlich Sachsen, das es ja schon beim Beginn des Feldzuges gegen Österreich militärisch besetzt hatte, annektieren und dem König von Sachsen dafür die Rheinlande als selbständiges Königreich geben. Frankreich würde dadurch wenigstens einen freundwilligen Grenznachbar erhalten und möglicherweise früher oder später das linke Rheinufer gewonnen haben. Ein seltsamer Calcül!

Wir erwähnen diesen abenteuerlichen Plan hier nur, um auf die Zerfahrenheit der kaiserlichen Politik ein weiteres Licht zu werfen, die sogar durch das klägliche Fiasko in Mexiko nicht gewitzigt worden war und in verderblicher Überhebung immer nur mit den eigenen und nicht mit den fremden Faktoren rechnete.

Was nun Luxemburg betraf, so schienen die Verhandlungen sich anfangs für Frankreich günstig zu gestalten, als plötzlich von Berlin aus neue Schwierigkeiten erhoben wurden, die alles in Frage stellten. Sowie dies in Paris bekannt wurde, entstand eine außerordentliche Aufregung, die sich besonders durch ein so enormes Fallen aller Papiere kundgab, als stände ein Krieg mit Preußen vor der Thür. Einige vorlaute

Blätter sprachen bereits von einem Ultimatum Frankreichs, und im französischen Volke ging das geflügelte Wort von Mund zu Mund: revanche pour Sadowa.

Die kaiserliche Regierung sah sich dadurch zu einer kategorischen Erklärung gezwungen. Der Marquis de Moustier, der Nachfolger Drouyn de Lhuys', verkündete daher im Gesetzgebenden Körper, daß sich binnen kürzester Frist in London eine Konferenz der Vertreter der Großmächte zur Regelung der luxemburgischen Frage versammeln würde, und zeigte dies zugleich allen französischen Gesandten im Auslande durch ein Rundschreiben an.

„Der Kaiser", hieß es darin, „will Preußen weder beunruhigen noch beleidigen und noch weniger aus der Cession Luxemburgs einen casus belli machen. Er ist geneigt, jeden Vermittlungsvorschlag von seiten der Mächte in Erwägung zu ziehen und verlangt vorderhand nur den Abzug der preußischen Besatzung."

Das Berliner Kabinett erklärte sich damit einverstanden, aber unter der Bedingung, Luxemburg als einen neutralen Staat zu erklären, wodurch alsdann die Besatzung von selbst wegfiel. Am 13. Mai verkündete die Londoner Konferenz die Neutralität des Ländchens unter der Garantie sämtlicher Staaten Europas.*)

---

*) Diesem Beschluß hat der jetzige Großherzog von Luxemburg, der im Jahre 1866 depossedierte, Herzog Adolf von

Damit war die Streitfrage, die wegen ihrer Konsequenzen ein halbes Jahr lang die europäischen Kabinette in Atem gehalten hatte, zur Befriedigung aller Parteien gelöst; so hieß es wenigstens, und so meldeten es auch die französischen Blätter. Viele sahen darin sogar einen Triumph der kaiserlichen Politik. Und doch glich dieser Triumph weit mehr einer Niederlage. Als eine solche faßte ihn der Kaiser selbst auf, der im Grunde seines Herzens weit lieber Preußen den Krieg erklärt hätte, wenn es ihm nur möglich gewesen wäre. Niel, der einzige, der den Mut und auch die Autorität besaß, dem Kaiser die Wahrheit zu sagen, hatte aber so eindringlich abgemahnt und zugleich ein so düsteres Bild von den voraussichtlichen Niederlagen entworfen, daß der Kaiser sich der bitteren Notwendigkeit fügte; jedoch nur als aufgeschoben und nicht aufgehoben.

Das preußische Zündnadelgewehr machte ihm unruhige Nächte, denn es hatte das Chassepotgewehr weit überflügelt; die Konstruktion des letzteren wurde daher verbessert und anderthalb Millionen Stück in Arbeit gegeben. Fast täglich konferierte der Marschall Niel, als Kriegsminister, mit dem Kaiser, und an alle Corpskommandanten in Frankreich ergingen gemessene

---

Nassau, die Krone zu verdanken, die ihm bei dem Tode des Königs von Holland im Jahre 1892 nach dem Erbfolgerecht zufiel.

Befehle, Berichte einzusenden über das vorhandene
Kriegsmaterial und alle Mängel und Schäden offen
und rückhaltslos aufzudecken.

Viele folgten dem Befehl, und es sollen dabei
Dinge zur Sprache gekommen sein, die den Kaiser
und seinen Minister geradezu erschreckten; andere, ihrer
Schuld bewußt, die sie durch Sorglosigkeit und Schlen=
drian auf sich geladen, ließen von ihren Beamten
glänzende Schilderungen über den Zustand ihrer Di=
visionen anfertigen und beruhigten sich dabei in dem
leichtfertigen Gedanken an die sprichwörtliche Unüber=
windlichkeit der französischen Heere. Einer jener Di=
visionäre soll sogar am Schluß seines Berichtes die
Randbemerkung gemacht haben: „was etwa hier oder
da noch unvollständig ist und fehlt, wird schon die
furia francesa ersetzen." Nur wenige Jahre später
sollte dieser siegesbewußte General den furor teutonicus
kennen lernen.

So war denn das Jahr 1866 auch für Frankreich
ein vielbewegtes und in mehr als einer Hinsicht ein
verhängnisvolles gewesen, letzteres namentlich durch
die mehr und mehr hervortretende Ohnmacht auf dem
politischen und militärischen Gebiete. Das frühere
Prestige dieser beiden in einem großen Staate maß=
gebenden Faktoren war für das Kaiserreich, wenn auch
noch nicht ganz dahin, so doch in ein bedenkliches

Schwanken geraten; es war mithin hohe Zeit, wenn es nicht gänzlich verloren gehen sollte, wenigstens nach einer anderen Richtung hin die Scharte auszuwetzen, um neue Erfolge zu erringen und mit ihnen sich neue Sympathien zu erwerben.

Wie dies ins Werk gesetzt und auch glänzend, obwohl nur vorübergehend, erreicht wurde, werden wir im folgenden Kapitel sehen.

Achtes Kapitel.

Die Weltausstellung von 1867.

Einleitendes. — Blick auf das neue Paris unter Napoleon III. — Das Marsfeld, ein Friedensfeld. — Der Ausstellungspalast. — Der Trocadero. — Die Eröffnung. — Die gekrönten Gäste: Der König der Belgier. Der Kaiser von Rußland. Der König von Preußen mit Bismarck und Moltke. — Große Truppenschau in Longchamps. — Attentat Beresowskis auf den Zaren. — Der Vicekönig von Ägypten. — Der Sultan. — Die feierliche Preisverteilung. — Besuch des Kaisers von Österreich. — Der Prozeß Beresowski.

Noch einmal sollte Paris in seiner alten Herrlichkeit wieder aufleben als Hauptstadt der Welt, als Metropole der Civilisation und, wie der Superlativ des überschwenglichen Viktor Hugo lautet, als „flambeau de l'Univers", und wir wollen ihr diese tönenden Titel auch gern noch einmal geben, denn die Zeit ist nicht mehr fern, wo sie derselben verlustig geht, wo ein dunkler Schleier das farbenprächtige Bild überzieht und schwere Gewitterwolken das sonnenheitere Himmelsblau auf lange verhüllen.

Politisch hatte das Kaiserreich, wie wir in den letzten Kapiteln nur allzu deutlich gesehen, gar viel eingebüßt, sowohl von seiner Größe, als auch von seinem Einfluß, aber die innere Lebenskraft der Nation war noch keineswegs erloschen, und das Herz derselben, Paris, pulsierte noch frisch und feurig wie in seinen glänzendsten Tagen.

Niemand, der auch nur oberflächlich den politischen Ereignissen der letzten Zeit gefolgt war, hatte sich der Überzeugung verschließen können, daß das Kaiserreich nach außen hin von der hochgebietenden Stellung, die es in den ersten zehn Jahren nach seiner Gründung in Europa unleugbar eingenommen, auf ein sehr bescheidenes Niveau herabgesunken war, und nach allen Anzeichen wohl auf immer; nun galt es, das Verlorene auf einem anderen Gebiete, soviel wie möglich wieder einzubringen, und deshalb wurde noch einmal der Zauberstab geschwungen, um die Welt in den Bannkreis dieses Zaubers hineinzuziehen.

Jetzt schien es wirklich, als sollte das von Napoleon III. beim Beginn seiner Laufbahn ausgesprochene Wort l'Empire c'est la Paix, das bis dahin nur in sehr zweifelhaftem Maße zur Wahrheit geworden war, in endliche Erfüllung gehen, denn nun schuf der Imperator ein Friedenswerk, das seine hellen Strahlen weit hinaussandte in die Welt, über die Meere hinüber bis in die entlegensten Länder der Erde, und zwar zu einem Wettbewerb auf allen Gebieten der Industrie, der Wissenschaften und der Künste, des Handels und der Gewerbthätigkeit, des Luxus und der täglichen Bedürfnisse, des Verkehrs und des gegenseitigen Austausches der Erzeugnisse, vom kleinsten bis zum größten, und aller Errungenschaften in dem unermeßlichen Reich der Erfindungen und Entdeckungen, kurz, eine Vereinigung des gesamten Kulturlebens aller Völker, von den primitivsten bis zu den am meisten bevorzugten und fortgeschrittenen — alles in einem einzigen ungeheueren Bilde vorgeführt, wie man etwas Ähnliches noch nie gesehen: **eine Weltausstellung.**

So wenigstens lautete das stolze Programm, das vom Staatsministerium, unter dem Vorsitz des Kaisers, entworfen und dann wieder Sr. Majestät zur Genehmigung vorgelegt wurde; genau genommen, ein kleines Gaukelspiel, denn der Kaiser selbst war die Seele des Ganzen; aber der Moniteur mußte doch eine Motivierung des betreffenden Dekretes bringen. Nun wußte Frankreich, daß ihm etwas Großes bevorstand, das noch einmal seinen Ruhm und seine Macht=

fülle nach allen Weltgegenden hin verkünden würde und die aufgeregten Gemüter beruhigten sich.

London hatte bereits im Jahre 1852 die Losung zu dieser Art von Ausstellungen gegeben, Paris, das mithin die Initiative dazu dem Nachbar hatte überlassen müssen, war im Jahre 1855 gefolgt*), und als London im Jahre 1862 seinen zweiten Völkermarkt eröffnete, faßte der Kaiser Napoleon sofort den Plan, auch seinerseits nicht zurückzubleiben und womöglich den Rivalen zu überflügeln.

Nun galt es zu zeigen, was das neue Paris zu leisten vermochte, das sich seit seiner letzten Ausstellung so großartig entwickelt hatte, daß alljährlich die vielen Tausend heimkehrenden Fremden nicht Wunderdinge genug davon erzählen konnten, Paris, das mit jedem Jahre an Pracht und Herrlichkeit zugenommen, wie wenn Zauberhände im Spiel gewesen.

Nahe an zwei Milliarden hatte die ungeheuere Umwandlung gekostet; aber dafür war Paris auch eine Stadt von Palästen geworden, die nur von reichen Leuten bewohnt zu sein schien.

Meilenlange Boulevards und Avenuen durchzogen sie nach allen Richtungen hin, sämtlich mit hohen Bäumen bepflanzt, durch deren Laub die vergoldeten

---

*) Siehe Band I, S. 347 u. ff.

Balkone und die blanken Spiegelscheiben der fünf- und
sechsstöckigen Häuser hindurchschimmerten. In den
breiten Fahrstraßen konnten sich bequem sechs bis acht
Wagen nebeneinander hin und her bewegen, Equipagen,
Fiaker, Omnibusse und sonstiges Fuhrwerk aller Art,
und auf den nicht minder breiten Trottoirs zu beiden
Seiten wogte von früh bis spät eine unermeßliche
Menschenmenge auf und ab, und, was namentlich den
Fremden auffiel, noch etwas kam hinzu, was keine
andere Hauptstadt Europas in gleichem Maße zeigte:
fast die ganze Bevölkerung war elegant gekleidet, wie
wenn jeder Tag ein Sonntag wäre und man einzig
und allein dem Vergnügen lebte.

Natürlich galt dies nur von den vornehmeren und
feineren Stadtvierteln, aber, seltsam genug, fast alle
Stadtviertel erschienen vornehm und fein, und man sah
sich vergebens nach den unteren Klassen, dem eigentlichen Volke, um.

Die Hunderttausende, die in diese Kategorie gehörten,
waren nämlich nach und nach aus dem neuen Paris
hinausgedrängt worden, das für sie keinen Platz mehr
hatte, und bewohnten die Vororte der Banmeile, von
denen einzelne, wie z. B. La Villette und Batignolles,
vollständige Arbeiterstädte bildeten, denn die zahlreichen
Fabriken groß und klein und alle dahin gehörenden
Etablissements waren fast sämtlich dorthin übergesiedelt.

Dann fragten wohl manchmal die neugierigen Fremden nach dem berüchtigten Pariser Pöbel, der nirgends zu sehen und doch im Auslande so berüchtigt war, weil er immer die Revolutionen gemacht hatte.

Freilich in den schönen Hotels der Boulevards und rue de Rivoli war diese schlimme Menschensorte nicht zu sehen, und auch nicht auf den prächtigen Promenaden der Elysäischen Felder und des Tuilerienparks; sie kamen überhaupt längst nicht mehr zum Vorschein, dank der unausgesetzten und strengen Überwachung durch Piétri und seine Legionen.

Was würden aber die vornehmen Herrschaften, die es sich an den reichbesetzten Gasttafeln jener Hotels so wohl sein ließen und nach Tische beim Mokka und der Havanna über die verschiedenen Episoden des Zweiten Kaiserreiches und über den Kaiser selbst gemütlich plauderten, wohl für Augen gemacht haben, wenn sie, vielleicht durch irgend einen unglücklichen Zufall an schneller Abreise verhindert, gezwungen gewesen, eine solche Revolution mitanzusehen. Sie würden alsdann das schöne, elegante Paris nicht wiedererkannt und sich weit weggewünscht haben, gleichviel wohin, nur fort aus diesem brodelnden Hexenkessel der wildesten politischen Leidenschaften und blutigen Excesse.

Unter dem Kaiserreich war dies übrigens nicht zu befürchten, denn alle schlimmen und gefährlichen Elemente, die auf den Umsturz des Bestehenden ausgingen, waren eingedämmt und unschädlich gemacht. Gänzlich vernichtet waren sie freilich nicht, das Feuer glimmte nur tief unter der Asche fort, und welchen Brand es anzufachen vermochte, haben wir wenige Jahre später nach dem Sturz des Kaiserreiches gesehen, wo die scheußlichste Ausgeburt einer Revolution, die Kommune, ihr höllisches Wesen trieb.

Doch genug dieser Abschweifung, die wir nur deshalb gemacht, um den Gegensatz des Pariser Bevölkerungselementes hervorzuheben, von welchem aber im Jahre 1867 nur die Glanzseite hervortrat.

* * *

Eine der Hauptfragen, vielleicht die wichtigste von allen, war die Platzfrage für die neue Weltausstellung.

Das sogenannte Palais de l'Industrie in den Elysäischen Feldern, wenn auch ein Kolossalbau, der in seinem Mittelschiffe und auf den rundum laufenden Galerien gegen 20 000 Personen fassen konnte, hatte sich im Jahre 1855 so vollständig ungenügend erwiesen, daß man, wie wir im ersten Bande bereits berichteten, genötigt war, allerlei Nebengebäude und lange Annexgalerien zu errichten, um alle Gegenstände unterzubringen, wodurch der Totaleindruck gestört und ein Gesamtüberblick unmöglich gemacht wurde; ganz ab=

gesehen von der Schwierigkeit, sich in den einzelnen Abteilungen zurechtzufinden.

Man spottete damals nach Herzenslust über die vielen Hundert und Tausend „Hände", die überall an den Wänden und Säulen angebracht waren und in drei, vier Sprachen die Besucher zurechtwiesen und fügte hinzu, daß außerdem auf jeden dritten Fremden ein Fremdenführer käme.

Also der Gedanke, auch diesmal wieder den Industriepalast zum Mittelpunkt der Ausstellung zu machen und durch ungeheure Nebenbauten zu vergrößern, kam gar nicht zur Diskussion, und auch anderweitige Vorschläge wurden, und zwar immer vom Kaiser selbst, für unannehmbar erklärt, so der Bau einer einzigen Glashalle auf dem Invalidenplatze, und dann den langen gegenüberliegenden Quai gleichfalls zu überdachen und direkt mit der Halle zu verbinden, und ähnliche Pläne, die mehr phantastisch als praktisch waren.

Plötzlich gab der Kaiser in einer der nächsten Sitzungen des Komitees den Ausschlag mit den kurzen Worten: „Meine Herren, wir nehmen das Marsfeld." Allgemeines Erstaunen. Das Marsfeld war von jeher, wie ja auch sein Name sagte, für militärische Zwecke bestimmt gewesen, für Revuen, Paraden und sogar für kleine Manöver, weil es bei seiner gewaltigen

Ausdehnung u. selbst großen Truppenmassen bis zu 80000 Mann freie Bewegung gestattete.

An das Marsfeld knüpften sich ferner die ruhmvollsten Erinnerungen aus der Zeit des Ersten Kaiserreiches und auch des Zweiten, denn dort hatte Napoleon III. gleich nach dem Staatsstreiche der Armee die kaiserlichen Adler zurückgegeben. Die glorreichen Siege, der ganze militärische Ruhm Frankreichs war mit dem Marsfelde innig verwachsen, so daß es gar nicht möglich schien, das eine von dem andern zu trennen.

Der betagte Marschall Vaillant wagte zuerst eine schüchterne Einrede, wenn auch nur in Bezug auf die Revuen, die auf dem Marsfelde immer am glänzendsten ausfielen. Dem alten Soldaten kam es hart an, die beinahe zweihundert preußische Morgen große Ebene, auf welcher er selbst so oft mit drei, vier Kavallerieregimentern wie auf einem Schlachtfelde manövriert hatte, für ein Jahrmarktsfest zu opfern, denn anders faßte er den Weltausstellungsplan nicht auf, und zwar auf mehrere Jahre, denn die Arbeiten begannen bereits im Jahre 1864.

Lächelnd beschwichtigte ihn der Kaiser: „Wir können unsere Friedenstendenzen nicht besser dokumentieren, als wenn wir unseren Soldatenplatz zu einem Friedenswerk hergeben." Und dabei blieb es. Die

Platzfrage war also durch ein kaiserliches Machtwort
entschieden, und nun beeilten sich auch sofort alle Zei=
tungen, das Marsfeld als das passendste Terrain
auszumalen, um auch hier wieder den richtigen Blick
des Herrn zu preisen.*)

Am 20. Oktober 1865 wurde unter großen Feier=
lichkeiten der Grundstein zu dem Hauptgebäude gelegt;
der Kaiser warf mit einer silbernen Kelle den ersten
Mörtel auf den Stein und reichte sie dann der Kaiserin;
der Staatsminister Rouher verlas noch einmal das
kaiserliche Dekret, legte es in einen silberbeschlagenen
Kasten von Ebenholz, der in die Öffnung versenkt
wurde, und rüstige Maurer in Sonntagstracht errich=
teten sofort aus zierlichen Quadersteinen eine kleine
Mauer ringsum — und nun konnte das Riesenwerk
beginnen.

Paris hatte unter dem Zweiten Kaiserreiche schon
alljährlich die großartigsten Bauten entstehen sehen,
aber einen solchen gigantischen Bau doch noch nicht,
und, was die Hauptsache war, die ans fabelhafte
grenzende Schnelligkeit des Aufbaues setzte alle Welt

---

*) Wie sehr sie übrigens diesmal recht hatten, beweist
schon der Umstand, daß für die folgenden Weltausstellungen
unter der Republik, in den Jahren 1878 und 1889, gleichfalls
das Marsfeld gewählt wurde und daß die bereits geplante
Weltausstellung „an der Schwelle des neuen Jahrhunderts"
auch dort stattfinden wird.

in Erstaunen. Sie erklärte sich auch nur dadurch, daß das gesamte Material (einzig und allein Glas und Eisen) bereits fix und fertig vorlag und nur an Ort und Stelle geschafft und aufgeschlagen zu werden brauchte.

In den Tuilerien stand im großen Empfangssalon der Kaiserin das Modell des Ausstellungsgebäudes mit allen Einzelheiten der verschiedenen Abteilungen, Galerien, Radialalleen und Sektoren, ein wahres Wunderwerk zierlicher Holzkonstruktion. Der Ober=Ingenieur Krantz, der den überaus sinnreichen und praktischen Plan entworfen hatte und die sämtlichen Arbeiten leitete — eine Riesenaufgabe, bei welcher er übrigens von zwanzig Ingenieuren und Technikern in ebensovielen Bureaus unterstützt wurde — fand sich fast an allen Donnerstagabenden dort ein und erklärte in Gegenwart der Majestäten und vor einem zahlreichen Auditorium von Herren und Damen des Hofes den ganzen Bau, und fügte auch eine Menge statistischer Notizen hinzu, die man ihm aufs Wort glauben mußte, so abenteuerlich und unglaublich sie auch oftmals klangen.

Hier redeten die Zahlen eine überzeugende Sprache. So schwebten z. B. weit über tausend Arbeiter monate=lang zwischen Himmel und Erde, um die großen und kleinen Eisenteile des unermeßlichen Glasdaches zu vernieten. Unten waren unzählige transportable Feldschmieden installiert, denn die Nägel mußten ja rotglühend vernietet werden, und so stiegen sie zu Tausenden und Abertausenden in feurigen Linien an Eisendrähten unaufhörlich in die Luft, vom Morgen bis zum Abend, denn über sechs Millionen Nägel wurden allein zu dieser Arbeit verwendet. Das war nur ein und in der unendlichen Gesamtheit des Ganzen nur ein kleines Bild. Als das Glasdach vollendet war, erschien es aus der Ferne und von einem erhöhten Standpunkt aus gesehen, wie ein großer, blitzender Teich, den eine Zauberhand mitten in das Marsfeld hineingeworfen hatte.

Noch ein anderes merkwürdiges Schauspiel gab es zu jener Zeit häufig zu sehen: wandelnde Wälder. Man saß ruhig in seinem Zimmer am Schreibtisch, es konnte selbst in der dritten Etage sein, als man plötzlich beim Aufblick gewaltige Baumkronen gewahrte, die langsam vorüberzogen. Das ungewohnte Schauspiel lockte in der betreffenden Straße alle Bewohner an die Fenster; im kleinen hatte man einen solchen Transport für die verschiedenen neuen Squares wohl schon gesehen, aber in diesem großartigen Umfange noch nicht. Ganze Alleen von Platanen und Kastanien- und Lindenbäumen zogen, von meterdicken Erdpolstern umhüllt, in sinnreich konstruierten Wagen durch die Stadt und über die Boulevards und hinaus auf das Marsfeld, wo sie in den bereits angelegten Gärten eingesenkt wurden und, dank einer sorgfältigen Pflege, auch prächtig gediehen.

An den heißen Sommertagen des Ausstellungsjahres, wenn man durch stundenlanges Umherwandeln in den Galerien des Hauptgebäudes ermüdet war, fand man in jenen Gärten, wo auch zahlreiche Kaskaden und Springbrunnen nicht fehlten, erquickenden Schatten, also an demselben Orte, der noch vor kaum anderthalb Jahren eine dürre Sandwüste gewesen.

Dem Marsfelde gegenüber am rechten Seineufer hatte sich ebenfalls seit dem Herbst 1866 ein großartiges Treiben entwickelt: dort wurde nämlich der Trocadero, eine stattliche, weitgedehnte Anhöhe, ein wirklicher kleiner Berg, abgetragen und in Blumen- und Laubterrassen verwandelt. Tausende von Arbeitern schafften auf einer eigens zu diesem Zweck angelegten Eisenbahn die Erdmassen fort und verteilten sie zu beiden Seiten auf die niedrig gelegenen Quais, dann wurden breite Treppen von Terrasse zu Terrasse angelegt, und endlich erschien der Gartenkünstler Alphand und ließ pflanzen und säen, und schon im März des folgenden Jahres prangte eine vielfarbige, duftende Flora auf dem einst so düsteren Terrain, so daß man auch hier wieder versucht war, an Zauberei zu glauben.

Zierliche Bäume und Ruhesitze, schattige Lauben, Kioske und Pavillons waren überallhin verteilt, und Paris war um einen neuen und prächtigen Lustgarten bereichert. Man brauchte von dort nur die Jenabrücke zu überschreiten — jene Brücke, die der böse Blücher im Jahre 1814, bloß wegen ihres ominösen Namens, in die Luft sprengen wollte — und man befand sich in der Flaggen- und Fahnenallee, die direkt auf das Hauptportal des Ausstellungsgebäudes führte und durch welche die Majestäten mit einem glänzenden Gefolge, am 1. April 1867, dem Eröffnungstage, ihren Einzug hielten.

Wie der Leser sieht, sind wir hier auf dem Papier schnell fortgeschritten, aber eine nähere Schilderung der Weltausstellung lag nicht in unserer Absicht; wir wollen nur noch einige der wichtigsten Episoden, die mit derselben verbunden waren, kurz berühren.*)

Unter diesen stand der Besuch der meisten europäischen Monarchen und unzähliger Fürstlichkeiten unstreitig in erster Reihe.

Dem Kaiser Napoleon erging es mit seiner Haupt- und Residenzstadt wie einem reichen, vornehmen Manne, der sich einen prächtigen Palast hat erbauen und auf

---

*) Diejenigen, welche sich näher dafür interessieren, darf ich wohl auf mein damals erschienenes größeres Werk „Die Wunder der Pariser Weltausstellung von 1867" verweisen.

das glänzendste hat einrichten lassen und der nun, wo alles vollendet ist, eine große Gesellschaft zusammenbittet, hochangesehene Leute von nah und fern, um ihnen sein Besitztum mit den kostbaren Schätzen zu zeigen und ihre Bewunderung hervorzurufen. Und um dies in noch höherem Grade zu erreichen, wählte er den günstigsten Moment, das Jahr der Weltausstellung, die zu einem Magneten wurde, der bis in die entlegensten Fernen wirkte und auch diejenigen anzog, die anfangs den Einladungsbrief beiseite gelegt und unschlüssig gewesen, ob sie demselben Folge leisten sollten. Als aber die ersten Besucher nicht allein befriedigt, sondern sogar begeistert zurückkamen, da folgten auch sie dem allgemeinen Zuge und hatten es gewiß nicht zu bereuen.

Denn das mußte man dem Kaiser lassen: er war nicht allein der aufmerksamste und liebenswürdigste, sondern auch der generöseste und nobelste Wirt, den man sich nur wünschen konnte, und der auch die verwöhntesten und anspruchsvollsten Gäste zu befriedigen wußte.

Der erste gekrönte Gast war der König der Belgier, der seine guten Gründe hatte, sobald wie möglich der Einladung zu folgen, um sich persönlich der Freundschaft des Kaisers zu versichern, denn diese Freundschaft war für den kleinen Nachbarstaat eine ebenso wichtige wie gefährliche. Das bereits erwähnte Wort Bismarcks — ob wirklich ausgesprochen, oder nicht, gilt hier gleich — Frankreich könne sich ja dort für die abgeschlagene Rheingrenze schadlos halten, wo man französisch spreche, war auch nach Brüssel gedrungen und hatte Leopold II. viel zu denken gegeben.

Außerdem war die Lösung der Luxemburger Frage noch in der Schwebe, denn der Beschluß der Londoner Konferenz bedurfte noch der Sanktion der verschiedenen Kabinette, die übrigens nicht ausblieb, kurz, der König hegte den sehr gerechtfertigten Wunsch, sich die freundschaftlichen Versicherungen des französischen Gesandten aus des Kaisers eigenem Munde bestätigen zu lassen. Und dies mußte in vollstem Maße geschehen sein, denn schon am Tage nach seiner Ankunft sah man beide Monarchen ungezwungen und in heiteren Gesprächen im belgischen Sektor über eine Stunde lang hin und her wandeln und vor den bedeutendsten Gegenständen stehen bleiben, speciell vor den Brüsseler Spitzen, vor der großen Tuchpyramide aus Verviers mit der Büste Cobdens, und vor den Gewehrkammern aus Lüttich.

Die besorgten Politiker, die überall „schwarze Punkte" sehen, auch wo gar keine sind, konnten also beruhigt sein. Dabei wollen wir aber nicht behaupten, daß der Kaiser nicht trotzdem seine Nebengedanken hatte, aber für die Gegenwart war die Entente zwischen dem Großen und Kleinen in recht erfreulicher Weise vorhanden.

Auf den König der Belgier folgten mächtigere Herren: der Kaiser von Rußland und der König von Preußen; beide von der Pariser Bevölkerung mit Ungeduld, die mit einer gewissen Aufregung vermischt war, erwartet.

Der Zar, der am 1. Juni, zwei Tage vor dem Könige von Preußen, ankam, wurde mit großem Ceremoniell empfangen; der Generaladjutant des Kaisers, der spätere Marschall Leboeuf, war ihm bis an die Grenzstation entgegengefahren, und der Kaiser Napoleon empfing seinen hohen Gast in Person am Ostbahnhofe. Die prächtigen Hundertgarden bildeten die übliche Ehrenkompagnie und setzten sich mit dem Zuge in Bewegung: der Kaiser mit dem Zaren in der ersten vierspännigen offenen Kalesche, in der zweiten Rouher mit dem Fürsten Gortschakoff. Der ganze Weg war mit gelbem Sande bestreut, aber man fuhr auf den Quais entlang, um nicht den Boulevard von Sebastopol zu passieren, der als reich geschmückte via triumphalis eigentlich für den Einzug der gekrönten Häupter bestimmt war. Man wollte den Zaren nicht gleich bei seiner Ankunft durch eine peinliche Erinnerung betrüben.

Die Pariser waren zu vielen Tausenden zusammengeströmt, um den Zug und den russischen Selbstherrscher zu sehen, aber der Empfang war kühl; durch das, übrigens auch nur vereinzelte vive l'Empereur klang wohl hier und da ein vive Alexandre hindurch, das war alles. Im Tuilerienhofe freilich, wo einige Garderegimenter aufgestellt waren, wurden beide Monarchen mit einer so brausenden Ovation begrüßt, daß die russische Nationalhymne fast ungehört verhallte. Der Zar hatte nämlich sofort den Wunsch ausgesprochen, vor allem der Kaiserin seine Aufwartung zu machen, und als dies geschehen war, fuhr er in einem zweispännigen Hofwagen ohne Eskorte und nur von Gortschakoff begleitet, nach dem Elyséepalast, der ihm zur Wohnung dienen sollte und den man auf das prächtigste zu seinem Empfang hergerichtet hatte. Er bezog dieselben Gemächer, die der Kaiser Napoleon als Prinz-Präsident inne gehabt und von wo aus er im Jahre 1851 den Staatsstreich ins Werk gesetzt hatte.

Als der Zar die stattlichen Räume betrat, ahnte er nicht, daß sein Besuch ihm so verhängnisvoll werden sollte.

Zwei Tage später traf der König von Preußen in Paris ein, von seinen treuen Paladinen, Bismarck und Moltke, begleitet. König Wilhelm wurde mit noch größere. Spannung erwartet als Kaiser Alexander. Der Sieger von Königgrätz-Sadowa und mit ihm die beiden Männer, die ihm zu dem Siege verholfen: Bismarck auf dem politischen und Moltke auf dem militärischen Gebiete. Dem König gebührte mit Recht die beflaggte und bewimpelte via triumphalis, die er, gleichfalls an der Seite des Kaisers, durchzog, freundlich die Grüße erwidernd, die ihm die Menschenmenge ehrerbietig zusandte, denn seine ritterliche Gestalt und sein wohlwollendes, männlich schönes Antlitz gewannen ihm sofort alle und besonders die weiblichen Herzen. Im zweiten Wagen, Bismarck und Moltke gegenüber, saßen Rouher und Niel, und Bismarck erregte fast noch mehr Aufsehen als König Wilhelm. Die preußischen Gäste wurden in den Tuilerien, und zwar im pavillon de Marsan einquartiert, eine Kompagnie der kaiserlichen Garde bezog dort die Wache, und mehrere Kammerherren und Ordonnanzoffiziere versahen den Ehrendienst. Man merkte deutlich, daß der Kaiser Napoleon den König Wilhelm ganz besonders bevorzugen wollte, mehr noch als den Zaren, und er mochte dazu seine guten Gründe haben.

Als der König am anderen Tage die Weltausstellung und zunächst natürlich den preußischen Sektor besuchte, bereitete man ihm eine begeisterte Huldigung, denn alles, was in Paris deutsch und speciell preußisch war, hatte sich eingefunden, um den Monarchen zu sehen und zu begrüßen.*)

Von da an konnte man den König Wilhelm fast täglich sehen und oft in Begleitung des Kaisers; zu ihnen gesellte sich dann auch noch der Zar — in mehr als einer Hinsicht wohl die bedeutendsten Persönlichkeiten der Gegenwart, vorzüglich wenn man Bismarck und Moltke hinzurechnete, die überall, wo sie erschienen, außerordentliche Bewegung hervorriefen. An einem Nachmittage standen die fünf hohen Herren

---

*) Dies hatte noch einen besonderen Grund, denn der König, oder vielmehr sein Reiterstandbild (dasselbe, welches seitdem auf der Rheinbrücke in Köln steht), war einige Wochen früher, als man es im Garten des preußischen Sektors aufrichtete, die Ursache zu einem Krawall zwischen deutschen und französischen Arbeitern gewesen. Die ersteren hatten nämlich den Helm des Königs mit einem Lorbeerkranze geschmückt, der auf einem schwarz-weißen Bande die ominöse Inschrift trug: dem Helden von Sadowa. Im Grunde eine immerhin erlaubte patriotische Huldigung, die aber die französischen Arbeiter nicht gelten lassen wollten, weil sie darin eine Provokation sahen. Es kam zwischen beiden Parteien zu einer Rauferei, die sich übrigens weit schlimmer ansah, als sie in Wirklichkeit war, weil viele Hundert Arbeiter aus den anderen Abteilungen hinzuströmten und dadurch den Lärm vergrößerten. Aber nach kaum zehn Minuten erschien ein Polizeikommissar mit einem ansehnlichen Gefolge von Blauröcken und stellte die Ruhe wieder her; zugleich wandte er sich an einen der deutschen Werkführer mit der freundlichen Bitte, den Kranz zu entfernen, was auch geschah, und der kleine Zwischenfall war damit erledigt.

in schlichter Civilkleidung vor der Kruppschen Riesen=
kanone, die von gut geschulten Arbeitern bedient
wurde, während der Vertreter der Firma die ver=
schiedenen Funktionen und Manipulationen eingehend
erklärte. Bei keinem Ausstellungsgegenstande, so erzählte
man sich wenigstens, sollen die Monarchen so lange
verweilt haben, wie bei dieser Kanone. Auch ein
Zeichen der Zeit, die dem Kriegsgotte Mars den Vor=
tritt vor den Göttern und Göttinnen des Friedens
und der Künste einräumte. *)

Oft nahm auch die Kaiserin an diesen Promenaden
durch die Ausstellung teil. Wir selbst sahen sie
einst am Arme des Königs von Preußen im Sektor
der Berliner Porzellanmanufaktur — ein stattliches
Paar! Bismarck und Moltke waren in ihrer Beglei=
tung, und nach einer Weile erschienen auch die beiden

---

*) Ein würdiges Seitenstück zu diesem Riesengeschütz bil=
dete eine kolossale Armstrongkanone, welche die Engländer
herübergeschickt hatten und die, wenn auch bei weitem nicht
so schwer wie die Kruppsche von mehr als 100 000 Pfund,
doch gegen dreihundert Zentner wog. Sie war erst wenige
Tage vor der Eröffnung angelangt, und um sie später in
den englischen Sektor zu bringen, hatte man sie provisorisch
in der Hauptallee abgeladen und seltsamerweise gerade dem
kaiserlichen Pavillon gegenüber, was fast wie eine Ironie
aussah. Die nötigen Vorrichtungen zur schleunigen Fort=
schaffung fehlten, und die Kanone mußte dort liegen bleiben.
Die Verlegenheit der Ausstellungskommission war groß,

Kaiser, Napoleon und Alexander. Nun konnte das herbeiströmende Publikum die drei deutschen Hünengestalten wieder nach Herzenslust bewundern, zu denen sich die hohe Figur des Zaren gesellte, gegen welche der kleine Franzosenkaiser auffallend zurücktrat; aber er durfte sich mit seinem großen Oheim trösten, der noch um einige Zoll kleiner und doch zehn Jahre lang der Gebieter von halb Europa gewesen.

Um so größer zeigte sich der Kaiser in seiner Gastfreundschaft zu Ehren der Monarchen und ihres Gefolges. Kein Tag verging, wo nicht eine Prunktafel, ein Hofball, ein glänzender Empfang in den Tuilerien stattfand; eine Festlichkeit drängte die andere, so daß die also Gefeierten kaum zu Atem kommen konnten.

---

denn sie verunzierte nicht allein die mit unzähligen Bannern, Flaggen und Wappenschildern reichgeschmückte Feststraße, sondern hätte auch unfehlbar zu allerlei Glossen Anlaß gegeben. Der Gartendirektor Alphand fand einen originellen und sehr hübschen Ausweg. Er ließ über der Kanone eine flache Holzverkleidung errichten und dann mit frischer Treibhauserde bedecken, und in den nächsten vierundzwanzig Stunden prangte dort ein prächtiger Hyazinthen- und Tulpenflor, mit einer breiten Einfassung von blühenden Veilchen, der Kaiserblume. Als die Kaiserin am Eröffnungstage das schöne Beet bemerkte, dankte sie den Herren von der Generalkommission sehr huldreich für die Aufmerksamkeit, von welcher die wenigsten etwas wußten, und als sie später den wahren Sachverhalt erfuhr, machte sie Herrn Alphand noch ein besonderes Kompliment für seine Findigkeit.

Im Mittelbau der Tuilerien hatte man nach der Parkseite einen großen, prächtig dekorierten Balkon geschaffen, und zwar in der Höhe des Marschallsaales, und von diesem Balkon führten zu beiden Seiten breite, mit kostbaren Teppichen belegte Treppen in den reservierten Garten, der in einen exotischen Blumen- und Pflanzenflor verwandelt war. Die hohen Herrschaften tranken mit der Hofgesellschaft den Kaffee unter wehenden Fächerpalmen und breitblätterigen Bananen. Die Alleen waren freigegeben, und in ihnen drängte sich bis an das Gitter hinan eine schaulustige Menge, die immer von neuem die fremden Monarchen und Bismarck und Moltke sehen wollte, und sich zugleich viel darauf einbildete, wenn der Kaiser Napoleon hier mit dem Zaren, dort mit dem König von Preußen Arm in Arm umherspazierte, und damit vor der Welt ein so schönes, friedliches Bild der entente cordiale boten. Das verstärkte Orchester der Großen Oper führte ein Gartenkonzert aus mit Solovorträgen der ersten Instrumentalkünstler, und die russische und preußische Nationalhymne wurden vom Publikum mit rauschendem Applaus begrüßt. Unter hochaufsteigenden Raketen und sprühenden Feuerrädern zogen sich endlich am späten Abend die Herrschaften mit ihrem Gefolge wieder in die inneren Gemächer des Palastes zurück, wo alle Spiegelscheiben in sonnenheller

Beleuchtung strahlten, denn ein großer Hofball beschloß das über alle Beschreibung glänzende Fest.*)

Bei all diesen Herrlichkeiten durfte selbstverständlich eine großartige Truppenschau nicht fehlen. Frankreich mußte doch den fremden Monarchen und Fürsten seine Soldaten vorführen, sowohl aus „courtoisie", denn das gehört einmal nach unsern modernen Begriffen zu jedem fürstlichen Besuche, als auch, um vor der Welt den Beweis zu liefern, daß es, trotz seiner Friedens= liebe und der immer von neuem wiederholten Friedens= versicherungen, doch stets seinen alten Ruf als erste Militärmacht Europas behauptete und keineswegs ge=

---

*) Fräulein Boubet erzählt in ihren „Souvenirs intimes" bei dieser Gelegenheit die folgende Scene: Sie hatte mit einem Kammerherrn den Cotillon „aufzuführen" und die einzelnen Touren zu leiten. Bei einer Blumentour kam ihr plötzlich in den Sinn, dem Grafen Bismarck, der dem Tanz auf der Estrade zuschaute, einen Strauß zu bringen und ihn dadurch zu einem Walzer aufzufordern. „Der Graf nahm den Strauß sehr freundlich an und walzte mit mir durch den Schwarm der tanzenden Paare durchaus regelrecht und vortrefflich. Die Souveräne und die ganze Ballgesellschaft sahen diesem eigentümlichen Schauspiele zu und schienen sich dabei sehr zu amüsieren, denn es entsprach doch eigentlich gar nicht der ernsten politischen Rolle, welche der Graf schon damals in der Welt spielte. Er führte mich alsdann auf meinen Platz zurück, löste eine kleine Rose aus seinem Knopfloch und überreichte sie mir mit den Worten: geruhen Sie, meine Gnädige, dies Andenken an den letzten Walzer meines Lebens anzunehmen, den ich niemals vergessen werde."

willt war, sich diesen Rang nehmen zu lassen, also immer gerüstet dastehe. Daß über diesen Punkt die Meinungen im Auslande längst nicht mehr so einhellig waren wie vor zehn Jahren, kam hierbei, wenigstens für die Franzosen selbst, nicht weiter in Betracht.

Die Revue sollte am 6. Juni stattfinden, aber schon mehrere Tage vorher trafen die in der Umgegend liegenden Regimenter in Paris ein und wurden in den verschiedenen Kasernen einquartiert, wodurch sich ein buntes militärisches Leben entfaltete, was viel dazu beitrug, das an sich schon so bewegte Treiben der Weltstadt zu erhöhen.

Am frühen Morgen des genannten Tages rückten unter klingendem Spiel die Truppen aus, fast nur Garderegimenter, Infanterie, Kavallerie und Artillerie, im ganzen gegen 60000 Mann. Sie standen unter dem Oberbefehl des Marschalls Canrobert und zogen in unabsehbaren Reihen durch die Elysäischen Felder nach der seitwärts vom Bois de Boulogne liegenden großen Ebene von Longchamps, wo noch bis auf den heutigen Tag alljährlich die berühmten Pferde= rennen stattfinden. Das Marsfeld, auf welchem ge= wöhnlich die Revuen abgehalten wurden, war ja in diesem Jahre in ein Friedensfeld verwandelt.*)

---

*) Auf derselben Ebene von Longchamps hielt nur wenige Jahre später, am 3. März 1871, der deutsche Kaiser

Die halbe Bevölkerung von Paris und vielleicht noch mehr war mit hinausgezogen, und die Menschenmenge zählte nach Hunderttausenden, welche die weiten Gelände rings um die Rennbahn wie Meeresfluten umwogte. Die Tribünen für den Hof und alle hohen Civilbeamten waren prächtig dekoriert, ein Damenflor, der demjenigen auf dem letzten Tuilerienballe nichts nachgab, und auf der mittelsten Tribüne saß unter einem vorgebauten Baldachin die Kaiserin mit ihrem Hofstaat. Blendende Frauenschönheiten!

Punkt 12 Uhr verkündeten die Kanonen der Invaliden den Aufbruch des Kaisers mit seinen Gästen, denen sich ein Generalstab anschloß, wie man in solcher Pracht an Uniformen und Ordenssternen kaum jemals einen ähnlichen in Paris gesehen. Dazu das herrliche Wetter, denn damals gab es auch in Paris ein „Kaiserwetter", das später bekanntlich die Prärogative des deutschen Kaisers wurde.

Auch dieser Zug ging durch die Avenue der Elysäischen Felder. Zuerst die farbenprächtigen Hundertgarden, dann der Kaiser, den Zaren zur Rechten, den König von Preußen zur Linken. Napoleon „strahlte", der Zar blickte ziemlich teilnamlos auf die wogenden

---

Wilhelm nach dem siegreichen Feldzuge gegen Frankreich, der mit der Kapitulation von Paris endigte, eine große Heerschau über die vereinigten deutschen Truppen.

Menschenmassen, König Wilhelm grüßte beständig mit herzgewinnender Leutseligkeit. Der Kaiser stach jetzt auch nicht allzusehr gegen die beiden Monarchen ab, denn er konnte es als ein vorzüglicher Reiter mit jedem aufnehmen.

Die Revue verlief brillant, nur dauerte sie sehr lange, einesteils wegen der großen Truppenmassen und andernteils wegen der Artillerie, die mehrfache und sehr komplizierte Evolutionen ausführen mußte, weil der Kaiser von jeher auf sie besonders stolz war. Die Monarchen ritten die Fronten entlang, von jedem Regiment mit brausenden Hochrufen empfangen, das sich später beim Defilé vor der Tribüne der Kaiserin wiederholte.

Auch das Aussehen der Truppen, alle in grande tenue, war vortrefflich und erregte allgemeine Bewunderung, speciell von seiten der fremden Monarchen und ihres Gefolges, wie der ‚Moniteur‘ am nächsten Morgen in seinem Berichte mit gesperrter Schrift hervorhob.

Gegen 4 Uhr war alles vorbei; Adjutanten und Ordonnanzen jagten hin und her, Hörner- und Trompetensignale ertönten, und die Truppen rüsteten sich zum Abmarsch.

Die zur Rückfahrt bestimmten vierspännigen offenen Kaleschen fuhren vor; der Kaiser bestieg mit dem

Zaren die erste; auf dem Rücksitz saßen der Großfürst Thronfolger und sein Bruder der Großfürst Wladimir. In der zweiten Kalesche saß die Kaiserin mit dem König von Preußen, und ihnen gegenüber Bismarck und Moltke. Dann kamen nach und nach die anderen Hofequipagen.

Der erste Wagen mit den beiden Kaisern war, und zwar wegen der ungeheueren Menschenmenge, in sehr langsamem Tempo bis an die große Kaskade im bois de Boulogne gelangt, wo er wegen des Gedränges buchstäblich nicht weiter konnte da fiel plötzlich ein Schuß.

Als sei ein Blitz vom Himmel unter sie gefahren, so stob die Menge auseinander, der Weg wurde frei, und im gestreckten Galopp jagte das Viergespann davon, wobei die Jockeys die scheugewordenen Pferde kaum bändigen konnten. Sie nahmen auch nicht den Weg durch die Elysäischen Felder, sondern bogen in eine wenig belebte Seitenavenue ein und gelangten nach einigen Minuten glücklich in den Hof des Elyséepalastes, den der Zar bewohnte. Wer die wilde Fahrt, wirklich eine Fahrt auf Leben und Tod, mit ansah, erschrak, obwohl er die Ursache nicht wußte, aber irgend etwas Bedeutsames, oder wohl gar Entsetzliches mußte passiert sein. Das sagte man sich gleich und man erfuhr es nur zu bald.

Bei dem oben erwähnten kurzen Halt der Kalesche war plötzlich ein junger Mann aus dem Gedränge herausgetreten, hatte einen Revolver aus der Brusttasche gezogen und denselben auf die beiden Kaiser abgefeuert. Der Schuß galt dem Zaren.

Der Stallmeister Raimbeaux, der neben dem Wagenschlag ritt, sah dies Manöver, spornte sein Pferd an und deckte die Insassen, dem Pferde ging die Kugel durch den Hals. Eine starke Blutwelle spritzte in den Wagen hinein und über die beiden Monarchen und die Großfürsten. Gleich darauf fiel ein zweiter Schuß, der aber in die Luft ging, denn der Revolver war geplatzt und hatte den Attentäter an der Hand verletzt. Der Zar fuhr mit einem Schrei in die Höhe und warf sich auf seine Söhne, um sie mit seinem Körper zu schützen; Napoleon, der sich sofort überzeugte, daß niemand verwundet war, richtete sich gleichfalls hastig auf, aber nur, um den Jockeys zuzurufen: „Ins Elysée! Jagt, was ihr könnt!" und that sein möglichstes, um den Zaren, der totenbleich wieder auf seinen Sitz zurückgesunken war, zu beschwichtigen. „Nicht meinetwegen", stöhnte der Zar, „aber meine Kinder!"

Der Stallmeister Raimbeaux galoppierte mit seinem keuchenden, blutenden Pferde neben dem Wagen weiter; vor dem Gitter des Palastes brach das schöne Tier zusammen und verendete bald darauf.

Das alles geschah natürlich viel schneller, als wir es hier geschildert haben. Gleich nach den Schüssen stürzte sich das Volk auf den Menschen, man riß ihm die Kleider vom Leibe und hätte ihn selbst zerrissen, wenn die berittenen Genbarmen und die Polizisten, die ja immer dem Kaiser auf Schritt und Tritt folgten, ihn nicht vor dem Volke geschützt hätten. Schon in der nächsten halben Stunde befand er sich in sicherem Gewahrsam auf der Polizeipräfektur. Dort nannte er auch seinen Namen: Beresowski (nach einer späteren amtlichen Ermittelung: Anton Berezewski) und sein Vaterland: Polen. Nun erst wußte man, daß die Kugel dem Zaren bestimmt gewesen, was übrigens der Attentäter auch sofort einräumte.*)

---

*) Der Moniteur hatte nämlich den Vorfall in der folgenden ziemlich unklaren Weise mitgeteilt:

„Ein Individuum, das sich für einen Polen ausgiebt, „hat gestern einen Schuß auf den Wagen abgefeuert, in „welchem Se. Majestät mit dem Kaiser von Rußland und „dessen beiden Söhnen von der großen Revue auf der „Ebene von Longchamps, unter einem nicht zu beschrei- „benden Jubel der Bevölkerung, zurückkehrte."

Nach dieser zweideutigen Fassung konnte man nicht wissen, welchem der beiden Kaiser der Schuß gegolten hatte. Man behauptete, dies sei deshalb geschehen, um nicht den Zaren allein als Opfer der Mordthat erscheinen zu lassen; aber im Publikum faßte man es sofort anders, und zwar von der richtigen Seite auf.

Als am Abend desselben Tages der Mordanfall in Paris bekannt wurde, bemächtigte sich der gesamten Bevölkerung eine unbeschreibliche Aufregung. Hier brach sich nämlich wieder einmal der gesunde Sinn des Volkes Bahn, denn abgesehen von der Entrüstung über das Attentat als solches, kam hier noch die tiefe Beschämung hinzu, daß dasselbe einem fremden Monarchen gegolten, der als ein Gast des Kaisers und gewissermaßen ganz Frankreichs ein doppeltes Anrecht auf Schutz hatte, gleichviel wie man sonst über den Zaren und seine politische Stellung in der Welt denken mochte.

Dabei war der Name des Stallmeisters Raimbeaux in aller Mund; man erzählte sich die Einzelheiten seines verhängnisvollen Rittes und sagte nicht zu viel, wenn man behauptete, er habe durch seine Geistesgegenwart dem Zaren das Leben gerettet. So wenigstens betrachtete der Monarch selbst die Sache, denn er hatte kaum den Wagen verlassen, als er den Stallmeister herzlich und wiederholt umarmte und zugleich den Stern des Alexander-Newskyordens von seiner eigenen Uniform abnahm und ihm überreichte. Und dabei war der ehrenwerte Stallmeister noch nicht einmal Ritter der Ehrenlegion. Aber dies Versäumnis wurde schon am folgenden Tage nachgeholt, und am Ende der Woche sah sich der Glückliche im Besitz noch verschiedener anderer Auszeichnungen von hoher Hand. Die

Kaiserin von Rußland schickte später seiner Gemahlin einen kostbaren Schmuck in Smaragden und Brillanten und lud beide nach Petersburg ein, um eine schöne Villa, gleichfalls ein Geschenk der Zarin, in Besitz zu nehmen.

Am Abend dieses verhängnisvollen Tages sollte ein großes Ballfest auf der russischen Botschaft stattfinden, doch der Graf Schuwaloff beabsichtigte, dasselbe noch in letzter Stunde absagen zu lassen. Es traf indes ein Gegenbefehl des Zaren ein, der auch in Begleitung seiner beiden Söhne auf dem Ball erschien und sofort der Kaiserin Eugenie den Arm bot und mit ihr die Polonaise eröffnete, eine Aufmerksamkeit dem Kaiser Napoleon gegenüber, welche dieser seinem Gaste hoch anrechnete.

Früh am anderen Morgen machte der Zar mit den Großfürsten und nur von einem Reitknecht begleitet, einen Spazierritt durch die Elysäischen Felder, wie wenn nichts vorgefallen wäre, was als ein Zeichen persönlichen Mutes von den Parisern hoch aufgenommen wurde. Sogar der „Siècle', sonst ein ausgesprochener Polenfreund und Russenfeind, machte bei dieser Gelegenheit seiner Entrüstung Luft: „Der Zar ist ein Gast Frankreichs; und wenn er mitten auf dem Eintrachtplatze unter Gottes freiem Himmel und ohne Schutz und Bewachung schliefe, so dürfte kein Mensch es wagen, ihm auch nur ein Haar zu krümmen."

Nach dem Spazierritt begab sich der Zar in die griechische Kapelle, wo ein feierlicher Dankgottesdienst mit Tedeum abgehalten wurde, zu welchem der gesamte kaiserliche Hof sich eingefunden hatte.

Trotzdem verhehlte der Zar seine innere Mißstimmung nicht und machte auch gegen seine Umgebung gar kein Hehl daraus. Hatten ihm doch die Seinigen, und besonders die Kaiserin, von einem Besuch in Paris abgeraten und ihn noch am Morgen seiner Abreise eindringlich gebeten, die Einladung unter irgend einem Vorwand abzulehnen. „Es könnte wie Furcht aussehen", soll der Zar darauf geantwortet haben. Auch hatte Graf Schuwaloff von Paris aus die beruhigendsten Versicherungen gegeben und hinzugefügt, Piétri bürge mit seinem Kopf dafür, „daß dem Zaren kein Haar gekrümmt werde" u. s. w. Und nun mußte das Attentat noch dazu von einem Polen ausgehen, und war vielleicht gar das Werk einer weitverbreiteten Verschwörung; denn die Sympathien für Polen waren in Frankreich noch immer dieselben.

Auch war der Zar gleich nach seiner Ankunft in Paris gewarnt worden, auf seiner Hut zu sein und zwar durch den folgenden Vorfall.

Er hatte sich in Begleitung eines Adjutanten und eines kaiserlichen Kammerherrn, gewissermaßen in cognito nach dem Justizpalast begeben, um die Con=

ciergerie mit der Gefängniszelle der Königin Marie
Antoinette, und mehr noch die berühmten Glasgemälde
der sainte chapelle zu besehen.

Der Besuch mußte schnell bekannt geworden sein,
denn als der Zar die große Galerie durchschritt, wo
sich die Advokaten zu versammeln pflegen, fand er
dort weit über hundert Herren anwesend, die ihn zu
erwarten schienen. Sie erwiderten seinen Gruß kaum,
wohl aber tönte ihm mehrfach der Ruf entgegen: „vive
la Pologne, Monsieur!" Dies „Monsieur" klang be=
sonders respektwidrig, und die traditionelle Pariser
Höflichkeit erhielt dadurch einen bösen Riß. Der
Selbstbeherrscher wußte sich übrigens sehr gut zu be=
herrschen und verließ freundlich grüßend die gefährlichen
Reihen. Aber diese nach Zeit, Ort und Umständen
jedenfalls höchst unpassende Demonstration war doch
eine deutliche Mahnung, wessen er sich von den Parisern
zu versehen hatte — und zwei Tage darauf geschah
der Mordanfall auf sein Leben, an welchem freilich
die Pariser nicht den geringsten Anteil hatten.

Als der Zar endlich abreiste, atmete man bei Hofe
erleichtert auf; der Kaiser Napoleon brachte ihn an
den Separatzug, und beide trennten sich unter den
herzlichsten Umarmungen.*)

---

*) Alexander II. dachte zu edel, um den Kaiser für die
ihm widerfahrene Unbill, oder gar für den Mordversuch

Am folgenden Tage verließ auch der König von Preußen Paris, das ihm, wie er mehrfach versicherte, ganz anders und viel schöner erschienen sei, als vor mehr denn fünfzig Jahren, wo er als sechzehnjähriger Lieutenant an der Seite seines Vaters mit den Verbündeten in die Weltstadt eingezogen war.

Trotz dieser, für den kaiserlichen Hof nicht gerade schmeichelhaften Erinnerungen, sah man ihn dort ungern scheiden, denn er hatte es verstanden, sich in der kurzen Zeit seines Aufenthaltes allgemeine Sympathie zu erwerben, und selbst der „schlimme Bismarck" schien nicht so schlimm zu sein, wie er aussah und wie man ihn sich vorgestellt hatte.

Nun folgten in fast ununterbrochener Reihenfolge eine Menge großer und kleiner Fürstlichkeiten und regierender Herren, deren Aufzählung selbst für die Pariser monoton wurde — und um so mehr ist dies für uns, in Bezug auf unsere Leser, der Fall, da ja jene Tage bereits ein Vierteljahrhundert hinter uns liegen.

Wir nennen deshalb nur noch einige der hervorragendsten Persönlichkeiten, unter ihnen den Prinzen

verantwortlich zu machen. Er bewies dies einige Jahre später beim deutsch=französischen Kriege, wo er nicht allein vollständig neutral blieb, sondern sogar, wenn auch vergeblich, nach der Gefangennahme Napoleons, im Verein mit England, wegen eines baldigen Friedensschlusses zu vermitteln suchte.

von Wales, der aber als Privatperson erschien und deshalb in der hübschen Cottage der englischen Abteilung seinen Wohnsitz nahm, und den Vicekönig von Ägypten, der gleichfalls den kleinen, aber prächtig ausgestatteten Palast des ägyptischen Sektors bezog.

Der Vicekönig entfaltete überall, wo er sich sehen ließ, einen außerordentlichen Luxus, und seine reichkostümierten schwarzen und braunen Nubier und Abessinier waren eine ganze Woche lang die Löwen der Ausstellung. Er wurde von unzähligen Abenteurern, Industrierittern und Projektenmachern unaufhörlich belagert; einer der reichsten jüdischen Banquiers von Paris gab ihm zu Ehren einen glänzenden Ball, der mit den Prunkfesten der Tuilerien wetteifern konnte, auf welchem aber die demi-monde sehr stark vertreten war. Die Tagesblätter zweiten Ranges feierten ihn als den Regenerator des Nillandes, und noch niemals hatte man so viele kostbare Brillantringe an den Händen der Journalisten gesehen.

Auf einmal und ganz unerwartet verschwand aber der Vicekönig von der Bildfläche, viel zu früh für diejenigen, die bis dahin leer ausgegangen waren, und man fragte vergebens nach der Ursache seiner plötzlichen Abreise. Die Eingeweihten kannten sie nur zu gut. Sein Herr und Gebieter, der Sultan, war in Sicht, und da der Vicekönig, oder richtiger der Chedive von Ägypten, im Grunde nichts weiter ist als ein tributpflichtiger Vasall der Pforte, allerdings der weitaus erste und bedeutendste, so zog Ismaïl-Pascha, der jetzt nicht mehr den Souverän spielen konnte, es vor, dem Größeren und Mächtigeren Platz zu machen.

Der Sultan! dies eine Wort elektrisierte ganz Paris und mehr noch, als es die Ankunft des Königs Wilhelm und des Zaren und Bismarcks und Moltkes gethan hatte.

Es war freilich immer die Rede davon gewesen, daß der Beherrscher der Gläubigen die Einladung des Kaisers Napoleon angenommen habe und zur Ausstellung kommen würde; man zweifelte aber trotzdem daran, und nicht ohne Grund.

Man wußte nämlich, daß sich in der Umgebung des Sultans eine mächtige Partei befand, welche gegen die Reise war. Sie stützte sich zunächst auf die uralte Vorschrift, daß der Großherr niemals sein eigenes Land verlassen und ein fremdes Land nur als Eroberer betreten dürfe, und in zweiter Reihe kam alsdann noch bei den Strenggläubigen der Abscheu vor den „Christenhunden", den Giauren, hinzu, in deren Mitte der Sultan sich begeben und eine Zeit lang mit ihnen leben wollte.

Die hochwichtige Frage wurde endlich dem Großmufti, dem Scheich ül Islam, vorgelegt, der nach langen und ernsten Beratungen mit den Ulemas sich für die Reise entschied, natürlich unter Beobachtung einer Menge Vorschriften, die der Sultan feierlich zu beobachten versprach.*)

---

*) Sie erregten allgemeine Heiterkeit, als sie im Publikum bekannt wurden. Zuerst Sensemwasser aus der heiligen Quelle zu Mekka für die täglichen Abwaschungen, alsdann zwei Mueddins, um die Gebetsstunden auszurufen, ferner die in einem reichvergoldeten Kasten eingeschlossene Prophetenfahne, als Betthimmel für das Lager des Sultans, damit er „in ihrem Schatten" ruhen könne; auch mehrere Köche für die Zubereitung der Speisen und ähnliche Sonderbarkeiten mehr. Man behauptete sogar, in allen Schuhen und Stiefeln des Sultans lägen Doppelsohlen und zwischen ihnen eine feine Schicht Gartenerde von den Blumenbeeten seines Lieblingskiosks, damit er auf diese Weise stets den Boden seines Landes unter den Füßen habe.

Auch sonst kursierten allerlei spaßhafte Geschichten auf Kosten des Padischah, von denen wir noch eine mitteilen wollen.

Gleich am zweiten Tage nach seiner Ankunft kam am Morgen ein Piqueur des Kaisers in den Hof des Elyséepalastes gesprengt, um die Tafelstunde in den Tuilerien zu melden. Der Mann war in grande tenue, grüne Uniform mit Goldstickerei, Federhut und glänzende Stulpen. Im Vorsaal hielt man ihn für einen General und führte ihn in das Kabinett des Sultans, wo er sich mit Hülfe eines Dolmetschers seines Auftrages entledigte. Der Sultan dankte mit gnädigem Kopfnicken und, gleichfalls über seine Persönlichkeit getäuscht, reichte ihm den Meschidieh-Orden. Der Piqueur, der gar nicht wußte, wie ihm zu Mute war, nahm den blitzenden Stern mit dem Halbmond darüber unter tiefen Verbeugungen an und jagte dann mit seinem Schatz nach den Tuilerien zurück. Die ganze Schloßdienerschaft geriet in

Der Einzug des Sultans glich dem der anderen Monarchen, aber ihm waren einige Tage darauf noch ganz besondere Ehren bestimmt.

Am 1. Juli fand nämlich im Industriepalaste die Preisverteilung an die Aussteller statt, eine denkwürdige Feierlichkeit, zu welcher man die großartigsten und glänzendsten Vorbereitungen getroffen hatte.

Das Mittelschiff des ungeheueren Gebäudes, des weitaus größten von Paris, war in einer seiner ganzen, 236 Meter betragenden Länge, bei einer Breite von 80 Metern, in einen einzigen Prachtsaal verwandelt, und um die blendenden Sonnenstrahlen abzuhalten, hatte man das gewölbte Glasdach mit halbdurchsichtigen weißen und hellgrünen Stoffen überspannt, wodurch eine sanfte, aber äußerst effektvolle Beleuchtung entstand. Von dem Glasdache hingen Hunderte von langen und breiten Fahnen herab, die meisten von ihnen in den Farben der auf der Ausstellung vertretenen Nationen.

Aufruhr, aber der Glückliche durfte den Orden behalten und tragen.

Auch einige Haremsdamen mit ihren Sklavinnen befanden sich im Gefolge des Sultans, aber so dicht verschleiert und so streng in ihren Gemächern gehalten, daß niemand sie zu Gesicht bekam, so sehr sich auch die Dandies der Boulevards durch häufiges Promenieren um den Park des Palastes herum abmühten.

Die ansteigenden Tribünen enthielten gegen 12000 numerierte Sitzplätze, und auf den oberen Galerien, deren Arkaden in zierliche Logen verwandelt waren, konnten fast ebensoviel Personen Platz finden. Alles war in Rot und Gold drapiert, mit reichen Goldstickereien und goldenen Trobdeln und Fransen. Der Baldachin des Thrones auf der Estrade reichte bis an das hohe Dach hinauf und war oben mit einer kolossalen goldenen Krone verziert.

Das freigebliebene Mittelschiff hatte man in einen prächtigen Blumengarten umgewandelt: blühende Rosen, Geranien und Azaleen in verschwenderischer Fülle; wirklich ein entzückend schöner Anblick. Dort standen auch die zehn Riesenpyramiden, welche die zehn Hauptgruppen der Weltausstellung veranschaulichten, alle Gegenstände, vom größten bis zum kleinsten, in äußerst sinnreicher und dabei sehr malerischer Anordnung. Hohe vergoldete Masten mit flatternden Wimpeln trugen die Wappen der einzelnen Länder, also fast sämtlicher Länder der Erde, wie man vielfach und mit gerechtem Stolz versichern hörte.

Auf der mit den kostbarsten Teppichen belegten Estrade waren zu beiden Seiten des Thrones in langen Reihen mehrere hundert rotsamtene goldene Sessel hingestellt für die fremden Fürstlichkeiten, für die Marschälle und Minister, die Großwürdenträger und

Senatoren, für die Botschafter und Gesandten, für die höchsten Magistratspersonen und sonstige angesehene Herren mit ihren Gemahlinnen. Die Damen sämtlich in Balltoilette, Blumenfrisur und blitzendem Juwelenschmuck. Ein Palmenwald mit blühenden Orangenbäumen bildete den Hintergrund.

Schon gegen zehn Uhr vormittags war der ungeheuere Raum fast ganz gefüllt, und um das Gebäude herum und in den Alleen drängten sich, gering geschätzt, wohl hunderttausend Menschen, welche die Auffahrten mitansehen wollten. Und hier war es, wo der Sultan zur Hauptperson des glänzenden Tages wurde.

Man hatte wieder einmal die schönste der antiken Königskarossen aus Versailles geholt, die wir bereits bei der Vermählung des Kaisers und bei der Taufe des prince impérial gesehen haben, und über und über neu vergoldet, sogar statt des Kreuzes auf der Krone einen silbernen Halbmond angebracht — der mohammedanische Orient dominierte an diesem Tage den christlichen Occident — alles zu Ehren der Insassen, nämlich des Sultans mit seinem Neffen, dem Thronfolger, und auf dem Rücksitz der Großvezier. So etwas hatte Paris, wo doch Gott weiß was alles für Schaustellungen stattgefunden, noch nicht erlebt, und die großen hellen Spiegelscheiben der Karosse erleichterten den wunderbaren Anblick.

Acht weiße Pferde, alle von gleicher Größe, die sauber gekämmten Mähnen mit Golddraht durchflochten, auf den Köpfen zierliche Büsche von weißen wallenden Straußenfedern, und an dem roten Saffiangeschirr alle Metallteile von blitzendem Silber, dazu jedes Pferd von einem kaiserlichen Piqueur in Galauniform an einem langen roten Riemen gehalten, hintenauf vier gepuderte, goldgestickte Lakaien, die sich einer an den anderen anklammerten, um nicht herabzurutschen, was große Heiterkeit erregte, aber die Etikette verlangte es

so bewegte sich der Zug, langsam, Schritt für Schritt, vom Elysée durch die große Avenue bis zum Hauptportal des Palastes, wo der Kaiser, von den höchsten Persönlichkeiten seines Hofes umgeben, er, der Ungläubige, den Beherrscher der Gläubigen mit seinen zwei Begleitern empfing.

Der Sultan trug wie immer mit dem schlichten roten Tarbusch die ebenso schlichte dunkelblaue Stambuline, und nur als einziges Abzeichen diesmal den grand cordon der Ehrenlegion; aber, aber der Thronfolger und der Großvezier! Beide von oben bis unten in eine einzige Goldstickerei gehüllt und mit Brillanten und farbigen Edelsteinen nur so übersäet, und der Thronfolger in dem traditionellen Reiherbusch mit einer handgroßen Brillantagraffe.

Die anderen vierspännigen Kaleschen mit dem Gefolge wurden kaum beachtet, obwohl die Paschas und Beys in den prächtigsten türkischen Uniformen erschienen; man hatte eben nur Augen für den Sultan und mehr noch für den Thronfolger und den Großvezier. Nur als der König von Bayern in einem sechsspännigen Prunkwagen vorfuhr, entstand eine neue Bewegung, und mehr noch, als der tags zuvor angekommene Kronprinz von Preußen sichtbar wurde; man meinte, den König Wilhelm noch einmal zu sehen, nur jugendlicher und schöner, aber dieselbe ritterliche und leutselige Erscheinung.

Die Feierlichkeit dauerte mehrere Stunden; sie wurde mit einer von Rossini eigens zu diesem Zweck komponierten Hymne eingeleitet; "eine Huldigung, welche alle Nationen des Erdballes dem großen Frankreich und seinem Kaiser als Friedensfürsten darbrachten." Der bejahrte Maestro, der schon seit einem Menschenalter nicht mehr künstlerisch thätig war, trat hier noch einmal, und zwar auf besonderen Wunsch der Kaiserin vor die Öffentlichkeit; es war zugleich sein Schwanengesang, denn er starb schon im Herbst des folgenden Jahres, aber sein Genius, der zu Anfang des Jahrhunderts den Barbier und den Tell geschaffen, war ihm auch hier treu geblieben. Der Applaus von mehr als 20,000 Anwesenden, der übrigens mehr seiner Person als seiner, wenn auch immerhin bedeutenden Kompo=

sition galt, war, wie er selbst geäußert haben soll, das letzte Blatt in seinem Lorbeerkranze.

Hierauf erhob sich der Kaiser. Er trat bis an den Rand der Estrade vor, grüßte wiederholt nach allen Seiten und verlas eine kurze Rede. Sie enthielt zunächst den Dank an die hohen Gäste für ihren Besuch und einen weiteren Dank an alle, welche von nah und fern die Ausstellung so glänzend beschickt hatten.

„Wir dürfen uns glücklich schätzen, so schloß er, daß so viele Monarchen und Fürsten unserer gastlichen Einladung gefolgt sind; sie haben sich mit eigenen Augen von der großen und segensreichen Entwickelung Frankreichs auf allen Gebieten des Friedens überzeugt, sie haben auch das stolze Gefühl unseres Vaterlandes für Ehre und Ruhm mitempfunden, und in dem Wettbewerb aller Nationen die beste Bürgschaft eines allgemeinen Friedens gesehen."

So selbstbewußt und zukunftssicher sprach der Mann des 2. Dezembers, wo doch sein Thron schon bedenklich schwankte und die Tage bis zu seinem Sturze bereits gezählt waren. Aber er mußte so sprechen, wenn er auch anders dachte, und der donnernde Applaus, der seinen Worten folgte, half ihm über die Täuschung hinweg.

Dann verlas der Staatsminister Rouher die unendlich lange Liste der gekrönten Aussteller, mehrere Tausend Namen aus aller Herren Ländern, und diejenigen, die zu Rittern der Ehrenlegion ernannt und gegenwärtig waren, begaben sich auf die Estrade und empfingen unter einem jedesmaligen rauschenden Tusch aus den Händen des Kaisers die Belohnung. Dasselbe galt von denen, welche die große goldene Medaille erhielten, die auf dem industriellen Gebiete den höchsten Preis ausmachte. Unter den also Ausgezeichneten nennen wir hier nur einen Aussteller, der es wohl verdient, besonders genannt zu werden, nämlich der Kaiser selbst.

„Sr. Majestät Napoleon, dem Kaiser der Franzosen", proklamierte Rouher mit lauter Stimme, „hat die Preisrichter-Kommission einstimmig die große goldene Medaille zuerkannt für die von Allerhöchstdemselben entworfenen und ausgestellten Arbeiterwohnungen."

Ein Tusch von vierhundert Instrumenten und ein Hochrufen aus zwanzigtausend Kehlen folgte diesen Worten; ein unbeschreiblicher Jubel brach los und wollte gar kein Ende nehmen.*)

---

*) Diese Arbeiterhäuser enthielten drei oder vier saubere und luftige Wohnräume, mit Küche, Keller, Mansarde und, wenn thunlich, auch mit einem kleinen Garten, und waren überaus praktisch eingerichtet. Ihre Herstellung sollte nicht mehr als zwölf bis fünfzehnhundert, und der Mietpreis hundert bis hundertundzwanzig Franken betragen. Auch konnten die Mieter durch jährliche größere oder kleinere Abzahlungen in sechs, acht oder zehn Jahren Besitzer der Häuschen werden. Sie fanden, besonders in der Umgegend von Paris, mehrfache Nachahmung; nur stellte sich der Preis etwas höher. Der Kaiser bezweckte damit, sich als Freund und Beschützer der arbeit.nden Klassen zu zeigen, und seine hübsch ausgeführten Modelle fanden allgemeine Anerkennung.

Inzwischen war der kleine prince impérial, der neben der Kaiserin saß, aufgestanden und überreichte unter tiefen Verbeugungen dem Herrn Papa das Etui mit der Medaille. „Es war eine rührende Scene", berichtete der Moniteur, „welche vielen anwesenden Damen Thränen entlockte." Auch der Sultan erhob sich und drückte dem Kaiser die Hand.

Damit war die Feierlichkeit beendet. Die Herrschaften verließen die Estrade und machten noch einen Rundgang, um die verschiedenen Pyramiden zu betrachten, aber die Tribünen lichteten sich schon; man drängte hinaus und nach dem Hauptportale hin, um die Abfahrt des Sultans nicht zu versäumen.

Ein Prunkmahl von fünfzehnhundert Gedecken im Dianensaal der Tuilerien bildete den offiziellen Schluß des großen Tages, der zugleich als eine Apotheose der Weltausstellung betrachtet werden konnte — ja, in mehr als einer Beziehung, auch wohl als eine Apotheose des napoleonischen Kaiserreiches selbst, denn etwas Ähnliches an Glanz und Bedeutung erlebte dasselbe nicht mehr. —

Nur noch einen Besuch dürfen wir nicht unerwähnt lassen, nämlich den des Kaisers Franz Joseph von Österreich, der erst im Oktober und ohne alles Aufsehen, gewissermaßen incognito, in Paris eintraf. Desto herzlicher war aber der ihm bereitete Empfang, und nicht allein von seiten des kaiserlichen Hofes, sondern auch, und fast mehr noch, von der gesamten Bevölkerung. Das war wirklich ein von Herzen kommendes vive François Joseph, das ihn überall stürmisch begrüßte, wenn er sich öffentlich zeigte, zumal in der Ausstellung, die freilich schon ziemlich verblaßt war, wo er aber trotzdem oft stundenlang verweilte und sich die bedeutendsten Gegenstände, gleichviel in welchem Sektor, erklären ließ. Der Monarch wohnte auch einem Monstrekonzert im Industriepalast bei, und als er bei seinem Erscheinen mit der herrlichen österreichischen Nationalhymne „Gott erhalte Franz den Kaiser" empfangen wurde, dankte er gerührt und unterhielt sich später auf das leutseligste mit seinen Landeskindern und war stolz auf die ihnen gewordenen Auszeichnungen, denn die Österreicher hatten viele erste Preise davongetragen.

Es war dem Kaiser gewiß nicht leicht gewesen, der Einladung Napoleons nachzukommen, die ihm dieser bei seinem Besuch in Salzburg im August dringend ans Herz gelegt hatte, denn er erschien nicht allein als ein besiegter Monarch, sondern auch in Trauer um seinen unglücklichen Bruder Maximilian, den er nicht hatte retten können. Und eben deshalb zeigten ihm die Pariser eine so große und aufrichtige Teilnahme, wie sie es bei keinem anderen Monarchen gethan und auch, nach der damaligen politischen Weltlage, von ihrem Standpunkte aus unmöglich thun konnten.*)

Der Kaiser Napoleon erschöpfte sich in Aufmerksamkeiten für seinen Gast; er stand mit ihm während der wenigen Tage in sehr intimem Verkehr, und „der Mann mit dem belasteten Gewissen" mag ihm gewiß

---

*) Übrigens war dieser Enthusiasmus doch nicht so allgemein, denn die republikanische Partei, die immer bedrohlicher anwuchs und die bei dem in Italien wieder ausgebrochenen Kriege neue Hoffnung schöpfte, die weltliche Macht des Papstes endlich ganz beseitigt zu sehen, empfing beide Kaiser auf dem Wege nach dem großen Bankett im Stadthause mit dem lauten Zuruf: vive l'Italie! vive Garibaldi! Und bei diesem Bankett war es, wo Franz Joseph auf den von Napoleon ihm zu Ehren ausgebrachten Toast die folgenden Worte erwiderte, die später so vielfach kommentiert wurden, weil man darin den Beweis für ein in Salzburg abgeschlossenes geheimes Schutz- und Trutzbündnis zwischen Frankreich und Österreich zu sehen glaubte:

„Auf meiner Reise hierher habe ich in Nancy die alten Grabdenkmäler der Herzoge von Lothringen, meiner Vorfahren, besucht. Bei dieser Gelegenheit stieg ein Wunsch in mir auf. Könnten wir doch, sagte ich zu mir, in diesen Gräbern, welche der Obhut einer hochherzigen Nation anvertraut sind, alle Zwietracht begraben, welche zwei Länder so oft getrennt hat, die doch berufen sind, vereinigt auf der Bahn des Fortschrittes und der Civilisation zu wandeln, um dadurch der Welt eine neue Bürgschaft für jenen Frieden zu bieten, ohne welchen kein Volk zu bestehen vermag."

sein Unrecht abgebeten und versöhnende Worte gesprochen
haben, denn ihm lag, im Hinblick auf die nächste Zu=
kunft, wohl viel mehr an der österreichischen Freundschaft, als dem Kaiser Franz Joseph an der französischen.

Die Hoffnungen freilich, die Napoleon für sich
und Frankreich auf diese Freundschaft baute, sollten
sich nicht erfüllen. Das Verderben, das bereits in
mehrfachen Anzeichen seine dunklen Schatten in das
glänzende, freudenhelle Pariser Ausstellungsjahr hinein=
warf, ging als unerbittliches Fatum seinen Gang.

* * *

Gegen Ende des Monats Juli erschien Beresowski vor
den Geschworenen, denn man hatte von einem anfangs be=
absichtigten außerordentlichen Gerichtshofe Abstand genommen
Der Zudrang zu den Assisen war begreiflich ein außerordentlicher; man wurde jedoch nur gegen Einlaßkarten zugelassen.

Die Brücken und Quais in der Nähe des Justizpalastes
waren mit dichten Menschenmassen bedeckt, einige Regimenter
hielten, mit einer großen Polizeimannschaft, die Ordnung
aufrecht, denn man hatte Demonstrationen zu Gunsten Polens
erwartet. Die Befürchtung war aber unnötig; die Menge
verhielt sich vollkommen ruhig. Der Verkauf des Porträts
Beresowskis wurde übrigens nicht verhindert; Tausende davon
gingen reißend ab, das Stück für zwei Sous; für denselben
Preis wurde damals auch das Bildnis des Sultans, gleich
nach seiner Ankunft, ausgerufen.

Die Verhandlungen boten nichts von Bedeutung, denn

von einer Verschwörung oder auch nur von einer Mitwissen=
schaft anderer Polen war nicht die Rede. Das Hauptinteresse
vereinigte sich eigentlich nur auf den Angeklagten, der all=
gemeine Teilnahme erregte.

Ein siebenzehnjähriger junger Mann, bartlos, kaum dem
Knabenalter entwachsen, von bleichen, aber einnehmenden
Gesichtszügen und freundlichen blauen Augen, anständig, wenn
auch höchst einfach gekleidet, schüchtern in seinem Auftreten,
bescheiden in seinen Antworten, den rechten Arm in einer
schwarzen Binde — so stand der schreckliche Kaisermörder
vor der Versammlung.

Als Motiv seiner That gab er einfach an, er sei ein
Pole, sein unglückliches Vaterland sei geknechtet und seine
Familie sei durch die Ungerechtigkeit der Beamten ins Elend
gestürzt worden. Deshalb habe er sich an dem Zaren rächen
wollen. Er habe keine Mitschuldigen, denn niemand habe
um seine That gewußt. Das war alles.

Als Entlastungszeugen traten mehrere unbescholtene
Bürger auf, bei denen der Angeklagte als Mechaniker ge=
wohnt hatte; alle, auch sein Brotherr, gaben ihm das
Zeugnis eines ehrbaren, fleißigen und sparsamen jungen
Mannes, von überaus friedfertiger Gesinnung.

Unter solchen Auspicien wurde dem Verteidiger die Auf=
gabe sehr leicht gemacht, die der bekannte Advokat Emanuel
Arago übernommen hatte, ein Sohn des berühmten Physikers
und Astronomen François Arago und, wie sein Vater, ein
strenger Republikaner, aber trotzdem, oder vielleicht eben
deshalb, in der juristischen Welt hoch angesehen.

Er plaidierte auch gar nicht auf Geisteskrankheit des
Angeklagten, sondern nannte die That einfach das Resultat

einer übertriebenen Vaterlands- und Kindesliebe. „Meine Herren Geschworenen", rief er zum Schluß mit seiner gewaltigen Stimme, „Sie werden, ich möchte fast sagen, ein unschuldiges Kind nicht zum Tode verurteilen; Sie würden nach einem solchen Verdikt ja keine Nacht mehr ruhig schlafen können. Ich verlange, so sehr es auch meiner Überzeugung entspräche, keine gänzliche Freisprechung, aber jedenfalls, und zwar im Namen der ewigen Gerechtigkeit, die größtmöglichen Milderungsgründe."

Der Eindruck der Rede war ein außerordentlicher; im Auditorium herrschte große Bewegung, und die Damen weinten.

Nach einer kurzen Beratung erklärten die Geschworenen den Angeklagten des Mordversuches auf den Zaren für schuldig, aber unter Zubilligung mildernder Umstände. Der Gerichtshof verurteilte darauf Beresowski zu zehnjähriger Deportation, empfahl ihn aber zugleich der Gnade des Kaisers. Dieser hätte ihn gewiß gern begnadigt, denn auch die Kaiserin soll für ihn gebeten haben, aber er mußte Rücksicht, nicht allein auf den Zaren selbst, sondern mehr noch auf die Stimmung in Petersburg und in ganz Rußland nehmen. Er bestätigte mithin das Urteil, machte sich also persönlich von aller Verantwortlichkeit für dasselbe frei.

Man wählte die am wenigsten harte Strafkolonie bei Oran in Algerien, und es hieß auch, man habe dem dortigen Anstaltsdirektor einige vertrauliche Weisungen zu Gunsten des Verurteilten zugehen lassen. Eine in aller Stille veranstaltete Sammlung ergab gleich in den ersten Tagen eine namhafte Summe, die Beresowski seinen Eltern zuwandte, welche damit nach Amerika gegangen sein sollen.

Er selbst erlangte nach dem Sturz des Kaiserreiches, wie alle politischen Verbrecher, seine Freiheit wieder und ging gleichfalls nach Amerika. Man hörte nie mehr etwas von ihm.

Der Minister des Innern, de Lavalette, hatte sofort nach dem Attentat durch ein Cirkular alle Präfekten Frankreichs aufgefordert, Glückwunschadressen an den Zaren zu sammeln und nach Paris zu schicken; sie lieferten aber, mit wenigen Ausnahmen, ein so kärgliches Resultat, daß man sich veranlaßt sah, sowohl von einer Veröffentlichung derselben durch den Moniteur, als auch von einer Übersendung nach Petersburg Abstand zu nehmen.

Neuntes Kapitel.

Der Herzog von Morny. Seine erste Jugend und sein Vorleben bis zum Staatsstreich. — Präsident des Gesetzgebenden Körpers. — Botschafter in Petersburg bei der Krönung Alexanders II. Sein unerhörter Luxus und seine Vermählung. — Rückkehr nach Paris. — La niche à fidèle. — Sein plötzlicher Tod. — Graf Walewski, Präsident der Legislative. — Stürmische Sitzungen im März 1867. — Rouher im Kampf mit der Opposition — Walewskis Rücktritt und Tod. —

Seit dem Tode der Herzogin von Alba, dessen wir in einem früheren Kapitel gedachten, hatte kein Sterbefall das kaiserliche Haus so schmerzlich betroffen, als das plötzliche und unerwartete Hinscheiden des Herzogs von Morny.

War es dort die Kaiserin, die ihre Schwester betrauerte, so war es jetzt der Kaiser, der einen Bruder verlor. Freilich nur einen Bruder von seiten seiner

Mutter, denn der Verstorbene war ein illegitimer Sohn der Königin Hortense, und für den Vater galt allgemein ihr Großstallmeister Graf Flahaut. Gleich nach der Geburt des Kindes, im Jahre 1811, erschienen mehrere Pamphlete, die den Kaiser Napoleon als den Vater bezeichneten, ähnlich wie bei der Geburt des Königs von Rom behauptet wurde, derselbe sei ein untergeschobenes Kind. Bekanntlich wurde auch die Herkunft des kaiserlichen Prinzen in gleicher Weise verdächtigt. Wie aber die Verdächtigung in Bezug auf die Söhne der beiden Kaiser sich als völlig grundlos herausstellte, so gilt dies gleichfalls von der noch gehässigeren Verleumdung eines geheimen Umganges des ersten Napoleon mit seiner Stieftochter Hortense. Ein Graf Morny, nach anderen soll es nur ein simpler Monsieur Morny gewesen sein, adoptierte diesen außerehelichen Sohn der Königin und gab ihm seinen Namen, dann wurde das Kind der Mutter des Grafen Flahaut, einer Gräfin Souza, zur ersten Erziehung übergeben.

Der junge Morny trat früh in die Armee ein und nahm als Kavallerieoffizier nicht ohne Auszeichnung an den Feldzügen in Algerien teil. Er gab aber bald seine Entlassung und kehrte nach Paris zurück, wo er sich mit industriellen Unternehmungen beschäftigte, die unter Ludwig-Philipp in ganz Frankreich florierten, und die ihm viel Geld einbrachten, das er aber in Paris leichtfertig verschwendete. Schon damals, gegen Ende des Julikönigtums, galt er in der höheren Pariser Gesellschaft, die zumeist aus Finanzleuten und Industriellen bestand, für das, was man einen eleganten Roué nennt, der jedoch wegen seines liebenswürdigen Wesens überall gern gesehen wurde.

Erst nach der Februarrevolution trat er mehr in die Öffentlichkeit, und nach der Wahl Louis Napoleons zum Präsidenten der Republik, schlug er sich sofort und entschieden zur Partei seines „Bruders."

Wie weit er früher mit demselben in Beziehung gestanden, ist nie recht bekannt geworden; man behauptete allerdings später, als er längst eine bedeutende Persönlichkeit geworden war, daß er um die Handstreiche von Straßburg und Boulogne gewußt, auch mit dem „Gefangenen von Ham" lebhaft korrespondiert und die Verbindung mit demselben in London fortgesetzt habe; aber sicheres und bestimmtes weiß man darüber nicht, und es ist im Grunde auch ohne Belang, wie überhaupt das Thun und Treiben Mornys vor der Präsidentschaft des Kaisers. Von jener Epoche an wird er eine hervorragende Figur, und unter dem Kaiserreiche selbst eine der ersten.

Er wußte um den geplanten Staatsstreich früher als die anderen Mithelfer und er war es auch, der mit dem Prinz-Präsidenten die Listen derjenigen aufgesetzt hatte, die in der Nacht vom 1. auf den 2. Dezember 1851 gefangen genommen werden sollten.

Dabei spielte er mehrere Monate lang vor der Katastrophe den heiteren und sorglosen Lebemann wie immer, besuchte die Theater und Bälle, machte den schönen Frauen den Hof, und wenn in den Salons die Rede auf die Politik kam, und man ihn um seine Meinung, oder gar um die nächste Zukunft fragte, die er, doch bei seinen intimen Beziehungen zum Elysée genau kennen müsse, so antwortete er wohl mit einem Scherzwort und setzte sich an das Klavier und spielte eine Arie aus der neuesten Oper.

„Von dem haben wir nichts zu fürchten", sagten die Republikaner der Kammer, „den nehmen seine Liebschaften und der Jockeyklub zu sehr in Anspruch." Und doch war er einer der Hauptleiter des Ganzen, er blieb aber mehr im Hintergrunde und überließ die eigentliche Aktion den Generälen.

Daß er den schrecklichen Rat des Abwartens und dann des energischen Losschlagens gegeben, hat er später, als alles geglückt war, stets in Abrede gestellt; es entsprach auch wenig seinem humanen Charakter.*) Möglich ist es aber doch, denn auch er spielte in jenen verhängnisvollen Tagen ein verzweifeltes va banque.

---
*) Vergl. Bd. I, S. 169.

Eine große Schuldenlast erdrückte ihn, und verfehlte Börsenspekulationen hatten ihn gänzlich ruiniert.

Dem sei übrigens wie ihm wolle, die Absolution, die dem Prinz-Präsidenten durch die Volksabstimmung ward, kam auch ihm zu gute, und Gewissensbisse mögen ihn schwerlich gedrückt haben.

Er erzählte dagegen in seiner leichtfertigen Weise gern, daß er in der einen Woche des Staatsstreiches seine Finanzen wieder geregelt habe. Er hatte nämlich vor dem Monatsschluß des Novembers für einige Millionen französische Staatspapiere durch Vermittler aufkaufen lassen, weil sie um mehr als die Hälfte gefallen waren, aber nach dem glücklichen Ausgang sofort wieder bedeutend stiegen, und damit einen glänzenden Gewinn erzielt. Später brachten ihm, wie wir bereits erzählten, großartige Terrainspekulationen weitere Millionen.

Der Kaiser, der nach der neuen, von ihm selbst gegebenen Verfassung, den Präsidenten des Gesetzgebenden Körpers eigenmächtig ernennen konnte, bestimmte den Grafen Morny, in Anerkennung seiner geleisteten Dienste, als Minister des Innern, und im Vertrauen auf seinen stets bewährten Patriotismus, wie es in dem Dekret hieß, zu diesem hohen Posten, den derselbe auch mit einer kurzen Unterbrechung bis zu seinem Tode bekleidete.

In den ersten Jahren seiner Amtsführung wurde ihm dieselbe durch die servile Kammer, die zu allem ja sagte, sehr leicht gemacht, aber auch später, als er mit der Opposition zu kämpfen hatte, gelang es ihm, durch eine sich stets gleichbleibende Ruhe und Höflichkeit, sich das nötige Ansehen zu verschaffen. Ein großer Redner ist er nie gewesen und noch weit weniger ein großer Staatsmann; auch auf dem Präsidentenstuhl war er der elegante Lebemann von früher geblieben, und wenn die Diskussionen allzu hitzig wurden, so verstand er es, durch irgend eine geistreiche, oder auch nur witzige Bemerkung die Gemüter zu beschwichtigen.

Morny war eben der echte Typus höheren Stils eines Parvenus des Zweiten Kaiserreiches, mithin nichts mehr und nichts weniger als sein Herr und Bruder selbst, obwohl er einmal in einem Salon auf eine derartige Anspielung sehr schlagfertig geantwortet haben soll: „nous ne sommes pas des parvenus, nous sommes des arrivés", eine Sprachfinesse, die sich deutsch nicht gut wiedergeben läßt.

Im Jahre 1856 überließ Morny die Präsidentschaft der Legislative dem Vicepräsidenten Schneider, und ging als außerordentlicher Botschafter des Kaisers nach Petersburg zur Krönung des Zaren. Dort sowohl wie in Moskau, wo am 7. September die feierliche dreifache Krönung mit unerhörtem Pomp stattfand, trat er mit niegesehenem Glanz und Luxus auf und verdunkelte durch seine prächtigen Karossen und Gespanne, durch das Heer seiner Lakaien und die von ihm zu Ehren des Zaren veranstalteten Festlichkeiten sogar den russischen Hof. Er war während der ganzen Krönungswoche der Löwe des Tages, und wo er sich zeigte, erregte er größeres Aufsehen, als der neu gekrönte Kaiser selbst.

Er befand sich mithin so recht in seinem Element und setzte auch in Petersburg, wo er den Winter über blieb, das extravagante und verschwenderische Leben eines echten grand seigneur fort. Er konnte dies um so leichter thun, als er auf Staatskosten dort war, und später erfuhr man, daß er als Repräsentant des Kaisers über 400000 Franken verausgabt hatte. Jedenfalls eine kostspielige Repräsentation!

Dabei verfolgte er aber auch als praktischer Geschäftsmann, der endlich gut rechnen gelernt hatte, noch einen besonderen Zweck: er suchte nämlich eine reiche Heirat zu machen, und auch das glückte ihm über Erwarten.

Unter den vielen hohen Familien, die in der Residenz an der Newa ein großes Haus machten, stand die des Fürsten Trubetzkoy in erster Reihe, sowohl in Bezug auf ihren alten Adel, als auch auf ihren Reichtum. Über den ersten Punkt würde im negativen

Falle, der illegitime Sohn der Königin Hortense wohl
leicht hinweggegangen sein, aber der zweite Punkt
wurde zu einem starken Magnet, der ihn in den fürst=
lichen Kreis zog, wo er eine sehr entgegenkommende
Aufnahme fand. War doch der Bewerber ein Bruder
des mächtigen Franzosenkaisers, allerdings nur ein so=
genannter frère d'occasion, wie man den Grafen oft
in Paris ironisch benannte, aber er war doch immerhin
der Sohn einer Königin.

Die Vermählung fand, wie sich das übrigens von
selbst verstand, mit großem Glanze statt, der durch die
Gegenwart des Zaren, welcher als Trauzeuge das
Protokoll obenan unterzeichnete, noch wesentlich erhöht
wurde; dann überreichte der Botschafter sein Ab=
berufungsschreiben und reiste mit seiner jungen Ge=
mahlin nach Paris zurück.

Hier erwarteten aber den glücklichen Gatten allerlei
Fatalitäten, die bittere Tropfen in den Kelch seiner
Flitterwochen gossen. Er hatte nämlich bis zu seiner
Abreise nach Petersburg mit einer Dame hohen Ranges
(sie war die Gattin eines am Tuilerienhofe beglau=
bigten fremden Gesandten, der aber getrennt von ihr
lebte) in einem sehr intimen Verhältnis gestanden, und
zwar in einem doppelten: einem zärtlichen und einem
geschäftlichen. Auch dies ist wieder sehr bezeichnend
für die sittlichen Zustände unter dem Zweiten Kaiser=

reich. Die Liebe ging mit der Börsenspekulation Hand
in Hand, und die letztere, als die wichtigere, kam
vielfach vor der ersteren in Betracht.

Über ihren Herzensverlust konnte nun die schöne
Dame leicht hinwegsehen, denn der ließ sich schon
ersetzen, aber nicht über die finanzielle Einbuße, denn
dafür war ein Ersatzmann schwer zu finden, der so
wie der untreu gewordene Galan einen sicheren Einblick
in die politische Lage des Landes, mit anderen Worten
in die Hausse und Baisse besaß. Morny ging ja im
Kabinett des Kaisers ein und aus und erfuhr alle
wichtigen Ereignisse, die den Geldmarkt beeinflussen
konnten, vierundzwanzig Stunden früher als jeder
andere, den „großen Baron" nicht ausgenommen, der
doch auch seine „Fühlungen" hatte und manchen freundlichen Wink von oben erhielt.

Um es kurz zu machen: die Dame war mit der
letzten Bilanz nicht zufrieden; sie glaubte sich um
wenigstens eine halbe Million übervorteilt und drohte
mit einer Klage, oder wenn das nicht, so doch mit
vertraulichen Briefen, deren Kenntnis den Grafen in
gewissen hohen Kreisen arg bloßgestellt haben würde.
Einzelne Pariser Zeitungen hatten in ihren faits divers,
die sofort jede pikante Geschichte ausbeuteten, bereits
einige sehr durchsichtige Andeutungen gebracht, also
periculum in mora. In seiner Bedrängnis wandte

sich der Graf an Rouher zur Vermittelung und Regulierung der Differenzen, und man erlebte das mehr als sonderbare Schauspiel, daß ein Staatsminister, unter Assistenz zweier Staatsräte, den Streit eines der höchsten Beamten des Kaiserreichs mit seiner Maitresse durch eine für die Klägerin günstigere Bilanz schlichteten.

Nun hatte der arme Graf Ruhe, aber die hellen Spiegelscheiben des kleinen eleganten Häuschens in den Elysäischen Feldern, das unter dem hübschen Titel „la niche à fidèle" in ganz Paris bekannt und das durch eine Glasgalerie mit dem Palais der Dame verbunden war, blieben von jener Zeit an neidisch verhängt. Eines Tages war sogar die Glasgalerie verschwunden, und man las am Fenster der Portierloge des Häuschens den ominösen Zettel „maison à vendre", und wieder nach einem Monat hatte es ein alter, mürrischer Junggeselle gekauft, der nun mit seinen Grillen und einem unhöflichen Diener dieselben schönen Räume bewohnte, die einst so manche zärtliche Schäferstunde gesehen.

Graf Morny, der einige Jahre später den Herzogstitel erhielt, nahm wieder seinen Präsidentenfessel im Gesetzgebenden Körper ein und versah sein Amt mit gewohnter Eleganz und blieb auch sonst seinen früheren Liebhabereien und Gewohnheiten treu. Er machte ein großes Haus mit fürstlichem Aufwand, gab glänzende Konzerte und Bälle, welche die Majestäten oft mit ihrer Gegenwart beehrten, vergrößerte seine Gemäldegalerie durch Kauf und Tausch, wobei er immer gute Geschäfte machte, hielt Rennpferde, die ihm gleichfalls viel Geld einbrachten, spielte auch gelegentlich den Mäcen und half manchem strebsamen jungen Künstler zu einer gesicherten Existenz. Auch die Theater und Coulissen frequentierte er nach wie vor und schrieb sogar selbst kleine Einakter, die er dann in seinem eigenen Theatersaal, vor einer auserlesenen Gesellschaft aufführen ließ und worin er gewöhnlich die Hauptrolle übernahm. Die Stücke waren ganz unverfänglicher Natur, aber man applaudierte doch, dem galanten und splendiden Wirt zuliebe.*)

So verflossen die Tage des Herzogs, der mit stets neuen Ehren überhäuft wurde und dessen Reichtümer

---

*) Ungefähr um dieselbe Zeit wollte der Kaiser auch den Senatspräsidenten Troplong zum Herzog erheben, aber dieser, übrigens einer der bedeutendsten Juristen des Zweiten Kaiserreiches, lehnte die ihm zugedachte hohe Auszeichnung dankend ab. Als der Kaiser ihn nach dem Grunde fragte, soll er ganz ungeniert geantwortet haben: „Sire, ein duc trop long klingt doch gar zu drollig; Sie kennen ja die Pariser." Der Kaiser mußte ihm recht geben und dachte dabei vielleicht an den seligen Dupin, der auch wegen seines zweideutigen Namens aber mehr noch wegen seiner wetterwendischen Gesinnung, so viel von den Spottversen der Pariser zu leiden hatte. (Vergl. Bd. I, S. 106).

sich mit jedem Jahre mehrten, heiter und ungetrübt, als plötzlich ein ungebetener Gast anklopfte, an den niemand und derjenige, dem es galt, wohl am wenigsten gedacht hatte: der Tod. Ohne eigentlich krank zu sein, hatte der Herzog, der sich nur sehr ermattet fühlte, eines Morgens sein Bett nicht verlassen, aber die Ärzte fanden keine beunruhigenden Symptome. Dies dauerte einige Tage, als eine heftige Lungenentzündung hinzutrat, die das Schlimmste befürchten ließ. Man hatte kaum Zeit, den Kaiser zu benachrichtigen, der sofort mit der Kaiserin erschien und auch schon den Erzbischof von Paris vorfand, der dem Herzog die Sterbesakramente reichte. Man erzählte später, der Kaiser habe sich über den Sterbenden geneigt und einige leise Worte, wie zum Abschied, mit ihm gewechselt, von denen die Anwesenden nur den Namen der Königin Hortense verstanden hätten.

Der Herzog starb am 10. März 1865 im vierundfünfzigsten Jahre und wurde mit großem Gepränge auf Staatskosten begraben. Der Staatsminister Rouher hielt die Leichenrede, was allgemein auffiel, aber es hieß, kein Priester habe sich dazu verstehen wollen, sogar der Pfarrer der Madeleinekirche, Deguerry, nicht, der doch in den Tuilerien als Günstling der Kaiserin viel verkehrte, und von dem man deshalb mit Recht diese Konzession erwarten durfte.

Zu Mornys Nachfolger als Präsident der Legislative ernannte der Kaiser den Grafen und späteren Herzog von Walewski, den wir bereits vom Pariser Kongreß her kennen. Auf den Bruder folgte mithin ein Vetter des Kaisers, und wie sie verwandtschaftlich zusammengehörten, so glichen sie einander auch sehr in Charakter und Wesen, ja sogar in der äußeren Erscheinung, denn auch Walewski war vornehm, gewandt, verbindlich und von eleganten, gewinnenden Manieren, was alles die Franzosen so gern haben.

Auch sonstige Parallelen zwischen beiden Männern waren leicht zu finden. Dem zarten Verhältnis Mornys zu der obenerwähnten Dame entsprach dasjenige Walewskis zu der berühmten Schauspielerin Rachel. Es ist unsererseits keine Indiskretion, den vollen Namen auszusprechen, weil ihn ganz Paris erfuhr, als nämlich der Moniteur das kaiserliche Dekret mitteilte, durch welches die beiden aus diesem Verhältnis hervorgegangenen Söhne in den Grafenstand erhoben wurden. Wieder ein sehr charakteristischer Beitrag zur Sittengeschichte des Zweiten Kaiserreichs, der aber selbst den frivolen Parisern ein Kopfschütteln abzwang, vollends als man erfuhr, daß der älteste der beiden Söhne den Grafen Morny zum Vater haben sollte.

In diesem Punkte gab also Walewski seinem Vorgänger nichts nach; als Kammerpräsident jedoch stand er weit hinter ihm zurück Ihm fehlte, so gescheut er auch sonst war, die Geistesgegenwart zu einer sofortigen drastischen, oder witzigen Replik, die Morny in hohem Grade besaß und wodurch er fast immer die Lacher auf seiner Seite hatte. Auch verstand er nicht wie Morny, die langen und oft sehr langweiligen Reden durch ein kurzes Résumé abzuschließen und dann die Kammer ironisch zu befragen, ob sie eine Fortsetzung der Diskussion wünsche. Aber besonders bei aufregenden Zwischenfällen fehlte dem Grafen Walewski völlig die nötige Energie.

Dies zeigte sich sehr deutlich in den stürmischen Sitzungen vom 14. bis 18. März 1867, wo namentlich Thiers und Jules Favre der Regierung die bittersten Dinge sagten.

Es handelte sich um den Gesetzesvorschlag, das stehende Heer von 800 000 auf 1 200 000 Mann zu erhöhen und zwar zur Sicherheit der öffentlichen Wohlfahrt Frankreichs. Die Linke bekämpfte den Vorschlag aufs äußerste und fand unter den Konservativen, wegen der hohen Kosten, starke Unterstützung.

„Die Regierung hat keine Verbündeten mehr, sie hat alle verscherzt!" rief Thiers.

„Wir brauchen auch keine", antwortete Rouher, „denn wir haben keine Feinde. Preußen hat uns die nötige Bürgschaft für seine Mäßigung gegeben,

Rußland protestiert gegen alle ihm angedichteten Eroberungspläne, Österreich denkt ähnlich, die kleineren Staaten entwickeln sich friedlich in ihren Grenzen, und Frankreich selbst baut in ruhiger Zufriedenheit die neuen ihm zu teil gewordenen Freiheiten aus. Weshalb also Allianzen? Unter dem starken und ruhmvollen Scepter eines Napoleon sind sie unnötig."

„Wie", ruft Jules Favre, „das wagen Sie zu behaupten? Und dabei verlangen Sie eine Erhöhung des Effektivstandes unserer Armee und verleugnen die patriotische Beängstigung, die in ganz Frankreich herrscht und die täglich zunimmt. Und wenn der Kaiser uns noch so laut und oft versichern läßt, der Geist seines großen Vorfahren breite vom Felsen Sankt Helena seine schützenden Flügel über unser Vaterland aus, wir glauben nicht daran!"

Bei dieser letzten Phrase rührt Walewski die Glocke und droht, dem Redner das Wort zu entziehen. Aber Jules Favre läßt sich dadurch nicht beirren, sondern fährt, zu Rouher gewendet, unter wachsendem Tumult fort: „Sie sind blind, wenn Sie die Gefahren nicht sehen, die uns von Deutschland drohen, und führen eine kindische Sprache. Sie und die kaiserliche Regierung mögen befriedigt sein, das Land ist es nicht. Mehr als zwei Milliarden liegen unthätig in der Bank, ein schlagender Beweis, mit welcher Besorgnis die gesamte Geschäftswelt Frankreichs in die nächste Zukunft blickt. Denken Sie ferner an die unglückliche mexikanische Expedition Neue und noch heftigere Unterbrechung durch die Glocke des Präsidenten, der jetzt dem Redner das Wort entzieht, aber trotzdem findet Jules Favre noch Zeit, hinzuzufügen: „Der Despotismus des Ersten Kaiserreiches hat Deutschland gegen Frankreich bewaffnet, die antiliberale Reaktion des Zweiten, wo die Volksvertretung illusorisch wird vor dem Willen des Kaisers, hat die Union Deutschlands hervorgerufen, und gerade unsere leeren Drohungen haben diese Union beschleunigt."

Rouher, blaß vor Zorn, schien im ersten Moment keine Worte zu finden; da sprang der imperialistische Klopffechter Cassagnac auf und begann einen phrasenhaften Panegyricus auf die neue Ära und natürlich auch auf den Kaiser, der dem französischen Volke das Recht der Selbstbestimmung gegeben. — Thiers unterbrach ihn: „Dies Selbstbestimmungsrecht ist praktisch nichts als eine Reihe der tollsten Widersprüche. Seit 1789 ist das französische Volk fünf, sechsmal vor die Frage einer neuen Regierungsform gestellt worden und hat sich jedesmal mit seiner Antwort das kläglichste Armutszeugnis gegeben: Ludwig XVI, die Republik, das Direktorium, das Konsulat, das Kaisertum, die Restauration, dann wieder die Republik, und jetzt wieder das Kaisertum — es hat alles gutgeheißen und alles über den Haufen geworfen!" Das waren bittere, aber unumstößliche Wahrheiten.

Jetzt richtete Rouher sich auf: „Wer wagt es, das freie Volksvotum anzutasten? Von den anderen Regierungen rede ich nicht, aber Napoleon I. wurde nicht von den Franzosen, sondern von der Koalition niedergeworfen, und was auf ihn folgte, war illegitim, bis Napoleon III. erschien, der Erwählte des Volkes, das ihn mit Millionen Stimmen nach dem 2. Dezember als Retter Frankreichs begrüßt hat."

Kaum hatte Rouher das ominöse Datum, das man längst, selbst bei Hofe, gern vermied, ausgesprochen, als sich ein unbeschreiblicher Tumult erhob. „Reden Sie nicht vom 2. Dezember!" schrie Jules Favre... „Reden Sie nicht vom 2. Dezember vor denjenigen, die Sie damals proskribiert haben!" schrie Thiers, der ja zu den Proskribierten gehört hatte — mehr verstand man nicht, denn alles ging unter in dem allgemeinen Lärm. „Herr Rouher", rief Carnot dem Minister zu, „als Sie nach der Februarrevolution in den Klubs die Republik auf den Schild erhoben, leckten Sie mir die Stiefeln ab!"

Nun sprangen die Mitglieder der Rechten wütend von ihren Sitzen auf und drängten sich um die Tribüne, als wollten sie „ihrem Rouher", der noch immer oben stand, eine Schutzwehr bilden gegen mögliche Handgreiflichkeiten, zu denen es gottlob nicht kam.

Walewski rief rechts und links zur Ordnung, man hörte ihn nicht; er läutete förmlich Sturm mit seiner Glocke, aber er vergrößerte dadurch nur den Lärm, endlich bedeckte er sein Haupt und erklärte die Sitzung für aufgehoben und bis übermorgen vertagt.

Rouher wollte aber doch das letzte Wort behalten und benutzte die nach und nach eingetretene Stille, um sich noch einmal hören zu lassen: „Ich verstehe die Aufregung nicht, ich habe ja nur die Wahrheit konstatieren wollen, daß der 2. Dezember Frankreich von der Anarchie gerettet hat." Das Geschrei und Gebrüll begann von neuem, jedoch Rouher hatte sich auffallend schnell in das hinter der Tribüne liegende Zimmer der Minister zurückgezogen.

Der Sitzungssaal leerte sich in wildem Gedränge, aber draußen bildeten sich noch animierte Gruppen, die von den Stadtsergeanten sehr höflich gebeten wurden, auseinander zu gehen.

Das große Publikum erfuhr wenig oder nichts von den Einzelheiten dieser stürmischen Sitzung, die, wie Taxile Delord behauptet, an maßloser Heftigkeit den leidenschaftlichsten und wildesten Sitzungen aus der Revolutionszeit nichts nachgab, und an sämtliche Zeitungen war der strenge Befehl ergangen, sich in ihren

Berichten genau an den Moniteur zu halten. Erst als dieser nach einigen Tagen einen Brief des Kaisers an Rouher veröffentlichte, ging vielen ein Licht auf.

In diesem Briefe erkannte sein „Kaiser und Freund" von neuem die großen Verdienste des Ministers nach allen Seiten hin dankbar an, auch seinen unentwegten Mut, den gegnerischen Parteien standzuhalten und die Sache der Ordnung und des Rechts so mannhaft zu vertreten, und deshalb übersende er ihm den Stern zum Großkreuz der Ehrenlegion in Brillanten. „Damit steht Rouher vor Mit- und Nachwelt glänzend gerechtfertigt da", rief das Pays, journal de l'Empire, pathetisch aus, und der Minister selbst sagte in seinem Dankschreiben gerührt: „Die Gnade meines Herrn läßt mich jede Unbill verschmerzen."

Als Gegenbild zu dieser eklatanten Auszeichnung brachte der Moniteur, wieder einige Tage später, die kurze Notiz, der Graf Walewski habe „aus Gesundheitsrücksichten" sein Amt als Präsident der Legislative niedergelegt und eine Erholungsreise in die Schweiz angetreten. Er war von Anfang an der schwierigen Stellung nicht gewachsen gewesen; sein Nachfolger, der Vicepräsident Schneider, der große Industrielle des Creuzot, wußte sich besser zu behaupten. Er war ein praktischer Geschäftsmann von umfassenden Kenntnissen, dabei energisch, und was die Hauptsache war, streng

unparteiisch), wirklich ein Mann, von dem man mit
Recht sagen konnte: er stand über den Parteien. Dies
wurde selbst von der immer mehr anwachsenden Linken,
die jetzt schon über 27 Mitglieder zählte, anerkannt.

Walewski trat ganz aus dem politischen Leben
zurück, denn sein reich dotierter Sitz im Geheimen Rat
war, wie wir wissen, nicht viel mehr als eine einträg-
liche Sinekure und jedenfalls ein bequemerer und ruhi-
gerer Fauteuil als im palais Bourbon — wir
gebrauchen hier einmal den damals sehr verpönten
Ausdruck für palais du Corps législatif.

Auch Walewski starb, wie Morny, in den besten
Mannesjahren, und zwar auf einer Reise nach dem
südlichen Frankreich, am 27. September 1868. Er
wollte in Straßburg übernachten, aber kaum im Gast-
hofe angekommen, fühlte er ein plötzliches Schwinden
seiner Kräfte, so daß er nur bis in den Speisesaal
gelangte. Dort sank er auf einen Stuhl und verlangte
ein Glas Wasser, aber bevor man es ihm gereicht
hatte, war er verschieden. Ein jäher Schlagfluß hatte
seinem Leben ein Ende gemacht. Als eine sofortige
Depesche dem Kaiser die Trauerkunde überbrachte, soll
er hastig zur Kaiserin hinübergeeilt sein: „Eugenie,
Walewski ist tot! Auch das noch!"

Der Kaiser sollte in den letzten Jahren seiner Regierung, wo er sich mehr und mehr vom Glück ver-

laſſen ſah, daß er in unbegreiflicher Kurzſichtigkeit für immer an ſeine Ferſen gebannt wähnte, noch oft Gelegenheit haben, jene drei Worte auszurufen, bis endlich die zürnende Welt, die er in übermütiger Verblendung herausgefordert hatte, ihm und ſeinem eigenen, ſchwer verſchuldeten Schickſal dieſelben wieder zurückgab.

Zehntes Kapitel.

Schluß der Weltausstellung. — Die Kehrseite der Medaille. Das Deficit. — Das Marsfeld, ein Bild der Zerstörung. — Die stets trüber werdende innere Lage. — Wachsende Unzufriedenheit und wachsende Opposition. — Das Leben Cäsars von Napoleon III. — Die Kritik. — Lamartine. — Kurze Charakteristik seines Lebens. — Ehrengabe von einer halben Million als Nationalbelohnung. — Sein Tod. — Polemik gegen das Buch des Kaisers. —

Der Schluß der Weltausstellung, am 3. November, war im Vergleich zu den vielen Festlichkeiten während derselben ziemlich nüchtern. Der Rapport der Centralkommission war allerdings sehr schmeichelhaft für Frankreich, das vor den Augen Europas die ganze Fülle seines industriellen, kommerziellen und künstlerischen Reichtums entfaltet hatte, so großartig und vielseitig, wie noch nie zuvor, was zu den glänzendsten

Hoffnungen für die Zukunft vollauf berechtigte. Von dem bedeutenden Deficit war natürlich nicht die Rede, und genaue Einzelheiten darüber sind niemals bekannt geworden. Man sprach von 15 bis 20 Millionen.

Schon wenige Wochen darauf bot der Ausstellungs= platz ein Bild der Verödung und nach einigen weiteren Wochen der vollständigen Zerstörung. Erstaunte man damals über die wunderbar schnelle Entstehung und Vollendung der einzelnen großen und kleinen Gebäude, besonders des riesenhaften Glaspalastes selbst, so konnte man jetzt noch mehr erstaunen über das wirklich fabel= haft schnelle Verschwinden aller jener Herrlichkeiten, die so viele Millionen Besucher angezogen und erfreut hatten.

Schon im nächsten Frühling 1868 waren große Flächen des Marsfeldes wieder geebnet; einzelne schöne Platanen und andere Bäume, die wider alles Erwarten sich üppig entwickelt hatten, waren, man möchte sagen, aus Mitleid, stehen geblieben, und weiter hinaus ragten noch die toten Eisengerippe der zahlreichen Kuppeln und Pavillons, die vor kaum sechs Monaten noch soviel Sehenswertes und Schönes umschlossen, in die blaue Luft. An Sonntagen, bei gutem Wetter, zogen die Pariser noch immer zu Tausenden hinaus, um das stets fortschreitende Werk der Zerstörung zu sehen, und gar manche mögen wohl bei diesem Anblick ihre eigenen Gedanken gehabt haben.

Jedenfalls hatte auch der Kaiser seine eigenen Gedanken, aber wohl weniger in Bezug auf die Weltausstellung, die ja ihren Zweck, ihm neuen Ruhm und neues Ansehen zu geben, glänzend erfüllt hatte, als auf ganz anderen und weit wichtigeren Gebieten.

Er selbst wußte nämlich nur zu gut, daß trotz all der äußerlichen Erfolge des „Großen Jahres", und trotz der Komplimente und Freundschaftsversicherungen der fremden Monarchen, die sich doch für die brillante Gastlichkeit des Tuilerienhofes herzlich bedanken mußten, gar vieles, vieles „faul war im Staate Dänemark." Man konnte dabei an den Apfel in der bekannten Parabel Krummachers denken: „Er lag auf einer silbernen Schale und war köstlich anzusehen in seinem schönen goldenen Kleide, aber in seinem Innern war ein Wurm."

Ein solcher Wurm nagte am Herzen des Kaisers, und um so schmerzlicher und unerbittlicher, je mehr er sich den Anschein gab und geben mußte, ihn nicht zu fühlen. Es war die Unzufriedenheit mit seiner Regierung, mit dem von der kaiserlichen Partei so verherrlichten selfgovernment, das in den letzten Jahren, besonders nach der unglücklichen mexikanischen Expedition, so manchen harten Stoß erlitten hatte und nun völlig in die Brüche zu gehen drohte. Das bekannte „laissez-moi faire", das im ersten Jahrzehnt so vertrauensvoll von den großen Massen angenommen und zu einem geflügelten Wort geworden war, hatte längst seine Bedeutung verloren und sich schließlich in ein spöttisches Citat verwandelt; man hatte Ihn ja gewähren lassen und alles gut geheißen, und was die Folge dieser Vertrauensseligkeit gewesen, lag jetzt auf der Hand und trat mit jedem Tage klarer hervor.

Die unteren Volksklassen waren weniger schwierig; es gab noch immer Arbeit in Hülle und Fülle und panem et circenses dazu, aber die gebildete Mittelklasse, die große und kleine bourgeoisie, hatte Einsicht gewonnen und rührte sich. Die letzten Wahlen, speciell in Paris, aber auch in anderen großen Städten, wie Lyon, Marseille, Bordeaux, hatten dies zur Genüge bewiesen. Die Opposition in der Kammer war gewachsen und wuchs zusehends, und einzelne im Drange des Augenblicks gegebene Konzessionen und Reformen fruchteten nichts mehr — man verlangte eine Änderung des ganzen Systems. Der Kaiser konnte den Gegenstrom nicht mehr eindämmen; er mußte endlich nachgeben, wie wir bald sehen werden. Aber wir werden dann auch sehen, daß es zu spät war.

In jener Zeit war auch des Kaisers eigenes Werk, an welchem er jahrelang gearbeitet hatte, „Das Leben Cäsars" erschienen, das, schon seines hohen Verfassers wegen, überall großes Aufsehen erregte und bald in mehrere Sprachen übersetzt wurde. Die Kritiken aller Länder, in erster Reihe natürlich die französischen, bemächtigten sich desselben sofort, und sprachen sich, je nach ihrem politischen Standpunkt, günstig oder ungünstig darüber aus, ganz abgesehen von der selbstverständlichen Verherrlichung des Autors und seines Werkes durch die bonapartistische Presse.

Hier ist nicht der Ort, näher darauf einzugehen, wir bemerken nur noch, daß es eine sehr fleißige Arbeit war, deren Verdienst aber weit mehr den verschiedenen Mitarbeitern als dem Kaiser selbst zugeschrieben werden mußte.

Er hatte namhafte Gelehrte durch ganz Frankreich und über Frankreich hinaus abgeschickt, die in den verschiedenen Archiven und in den Bibliotheken der alten Klöster Nachforschungen halten und das Material sammeln mußten für die Eroberungszüge Cäsars nach Gallien bis zu den Pyrenäen und dem Atlantischen Ocean, damals die Grenze der bekannten Welt. Man nannte speciell den Akademiker Maury, der als Bibliothekar der Tuilerien mit dem Kaiser täglich verkehrte und bei ihm in großer Gunst stand. Maury, ein Mann von vielumfassenden Kenntnissen, stellte dieselben bereitwillig seinem Herrn zu Gebot und soll einige Kapitel des Werkes sogar selbständig geschrieben haben. Gleichviel, das Leben Cäsars von Napoleon III. war ein litterarisches Ereignis von großer Bedeutung, und der Verfasser fühlte sich durch die Zustimmung ausländischer Geschichtsforscher, unter denen auch die ersten Historiker Deutschlands waren, sehr geschmeichelt. Er wollte es Friedrich dem Großen gleich thun, von dem er oft sagte, er schätze ihn als Schriftsteller höher denn als Feldherrn — jedenfalls ein sehr verkehrtes Urteil — und dessen Werke er viel und gern las, schon weil sie sämtlich in französischer Sprache geschrieben waren.

Eine günstige Besprechung des kaiserlichen Werkes erschien auch aus der Feder Lamartines, die nicht geringes Aufsehen erregte. Dies veranlaßt uns, über Lamartine einige Worte zu sagen.

Der große Poet und Historiker war bekanntlich längst vom politischen Schauplatz abgetreten, wo er gleich nach der Februarrevolution eine so bedeutende und versöhnende Rolle gespielt hatte. Er war ein Privatmann geworden, nur mit litterarischen Arbeiten beschäftigt; aber kein stiller Privatmann, denn er machte viel von sich reden. Er befand sich nämlich beständig in Finanzkalamitäten, jedoch, wie man scherzhafterweise sagte, nicht en détail, sondern en gros.

Lamartine hätte als Fürst geboren werden müssen, denn seine Sinnesart, seine Neigungen und Gewohnheiten waren fürstlich, freilich auch sein Wohlthun und seine an Verschwendung grenzende Generosität.

Man denke nur an seine Orientreise im Jahre 1832, die er in so blendender Sprache geschildert und auf welcher er in einem eigenen, prachtvoll ausgerüsteten Schiffe völlig als Souverän auftrat und auch als solcher empfangen und behandelt wurde. Diesen Ausgaben war sein anfangs sehr bedeutendes Vermögen nicht gewachsen, seine Güter und Ländereien wurden immer mehr belastet, sogar sein Stammschloß Milly „mit dem Kamin, an welchem er als Kind gesessen und seine ersten Gebete gelernt hatte", sollte ihm genommen werden.

Zu seiner Ehre dürfen wir nicht verschweigen, daß er während seiner viermonatlichen Diktatur (denn er hielt thatsächlich i. J. 1848 die Geschicke Frankreichs in seinen Händen) es verschmäht hatte, sich zu bereichern, was ihm doch wie so vielen anderen ein leichtes gewesen wäre. Seiner politischen Popularität ging er auch bald durch den Umschwung der Dinge verlustig, nicht aber seiner schriftstellerischen, obwohl er später zu allerlei seltsamen und nicht immer sehr delikaten Mitteln griff, seine stets erschöpften Kassen zu füllen.

Er gründete sogar eine Aktiengesellschaft zur Vertreibung seiner Werke, und die damit verbundenen Prämien hatten ganz den Anschein einer Lotterie. Auf seiner Orientreise hatte ihm der Sultan, der ihn wie einen Emir, ja fast wie seinesgleichen behandelte, und ihm eine Bedeckung von glänzenden Kawassen mitgab, vier oder sechs Quadratmeilen in Syrien geschenkt, deren Nutznießung durch Kolonisation Lamartine gleichfalls einer Gesellschaft übertrug, die aber durch ihre Erfolglosigkeit einen fast komischen Anstrich erhielt und wobei er wieder große Summen einbüßte.

Um den Verlust einzubringen, produzierte er unausgesetzt, ähnlich wie Walter Scott, als dieser sein Vermögen verloren hatte, aber mit weit geringerem Erfolge. Zuletzt war er in eine Art von Vielschreiberei geraten, die seinem Ruhm großen Eintrag that. Trotzdem verehrte Frankreich in ihm nach wie vor seinen größten lyrischen Dichter, und viele Stimmen wurden laut, welche das französische Volk der Gleichgültigkeit und Herzlosigkeit gegen ihn anklagten.

Als darauf sogar eine Nationalsubskription, infolge ihrer verkehrten Leitung, mißglückte, legte sich endlich die Regierung ins Mittel, d. h. der Kaiser selbst, und zwar, wie man behauptete, auf wiederholtes Drängen der Kaiserin. Dieser Zug sprach sehr für das gute Herz der Monarchin, denn Lamartine war niemals an den kaiserlichen Hof gekommen und hatte sogar manchen darauf bezüglichen wohlwollenden Fingerzeig schroff abgelehnt. Er war aber von jeher der Lieblingsdichter der Kaiserin gewesen, wie Lamartine überhaupt in der weiblichen Lesewelt wohl immer die meiste Verehrung

gefunden hat. Sehr oft wurden an ihren Donnerstags=
abenden Gedichte aus den „Meditationen" und aus
den „Harmonien" vorgelesen, und man bedauerte, den
Dichter selbst nicht gegenwärtig zu sehen.

Der Abgeordnete Emil Ollivier, der bald darauf
eine so bedeutsame und zugleich so verhängnisvolle
politische Rolle spielen sollte, brachte den Gesetzvorschlag
zu einer Nationalbelohnung Lamartines vor die Kammer
und begründete denselben in einer pathetischen Rede,
in welcher er, wie er sagte, nur sein Herz sprechen ließ,
aber dieses Herz sei das Herz Frankreichs. Gewaltiger
Applaus belohnte ihn, und die Volksvertreter votierten
fast einstimmig eine halbe Million als Ehrengabe der
Nation an ihren unsterblichen Dichter.

„Es lebe der Kaiser!" rief man von allen Bänken,
und Belmontet setzte hinzu: „Den großen Männern
das dankbare Vaterland!" eine Anspielung auf die
Inschrift am Frontispiz des Pantheons: „aux grands
hommes la patrie reconnaissante."

Der damals schon hochbetagte Dichter begab sich
in die Tuilerien, wo er einst selbst im März des
Jahres 1848 als Chef der provisorischen Regierung
manchem Ministerrat präsidiert hatte, um den Majestäten
zu danken; es war das erste Mal, wo er die bekannten
Räume wieder betrat, und auch das letzte.

Der Pariser Stadtrat wollte der Regierung an

Generosität nicht nachstehen und fügte dem Geldgeschenk eine hübsche Villa in Passy hinzu, die Lamartine sofort bezog, freilich nur, um dort einige Jahre später zu sterben.*)

*   *   *

Wir kommen schließlich noch einmal auf das „Leben Cäsars" zurück, weil wir eine charakteristische Besprechung nicht unerwähnt lassen dürfen. Sie machte bedeutendes Aufsehen, aber diesmal in antibonapartistischen Kreisen, und ging auch in englische und belgische Blätter über. Sie war einfach mit . F. unterzeichnet, und der eigentliche Zweck des Verfassers sprang sofort in die Augen.

*) In diesem kleinen Tuskulum verbrachte er seine letzten Lebenstage in friedlicher Ruhe. Die trübenden Schatten seiner sonst so ruhmvollen Laufbahn waren gewichen und vergessen, und am Tage nach seinem Tode, am 1. März 1869, war bei der Ausstellung der Leiche, zu welcher man wie zu einem Gnadenbilde wallfahrte, der Sarg vor Kränzen und Blumen nicht zu sehen. In seinem sorgfältig gepflegten Garten saß er, so oft es die Witterung erlaubte, vorzugsweise gern unter einem großen cypressenartigen Lebensbaum und ließ sich noch wenige Tage vor seinem Tode in einer sonnenwarmen Stunde hinausführen. Dort schenkte er den Besuchenden, die er stets mit milder Freundlichkeit empfing, auf ihre Bitten, seine Photographie mit den bekannten Versen aus den „Harmonien": „Endors-toi dans l'espérance, pour te réveiller dans ton Dieu." Auch wir bewahren dies Bild als ein liebes Andenken.

Das Leben Cäsars als solches diente ihm nämlich nur als Vorwand, obwohl die Ernennung zum Imperator durch den Senat besonders betont wurde, um daran die weiteren geschichtlichen Episoden des Weltreiches unter den Kaisern zu knüpfen. Der Artikel enthielt auch nichts Neues, aber er verweilte mit Vorliebe auf der langen Reihe von schlechten Kaisern, mit Übergehung der wenigen guten, wie Titus, Vespasian, Antoninus und Marc Aurel, und suchte den Beweis zu liefern, daß unumschränkte Allein- und Selbstherrschaft ein Volk nur ins Verderben stürzen könne etwas, das, nebenbei bemerkt, jeder gebildete Mensch wußte. Dazu kamen die Ausdrücke feiler Senat, Prätorianer, Vergötterung des Imperators, Dekadenz und ähnliche so auffallend häufig im Text vor, und der Dolchstoß des Brutus wurde als eine erlösende That gepriesen, daß man den eigentlichen Zweck, den der Verfasser gehabt, leicht durchschaute.

So machte jeder gegen Ende der sechziger Jahre nach seiner Art Opposition und schürte das Feuer, und der Kaiser war ohnmächtig dagegen und mußte es geschehen lassen, denn er war schon längst ein kranker Mann, dem die geschicktesten Ärzte ebensowenig helfen, wie die geschicktesten Minister sein Staatsgebäude halten konnten.

Elftes Kapitel.

Allerseelentag 1868. — Stürmische Scenen am Grabe Baudins. — Aufruf der Oppositionsblätter zu einem Denkmal für Baudin. — Berryer. — Die Redakteure vor dem Polizeigericht. — Die Verteidigungsreden der Advokaten Crémieux, Arago und Gambetta. — Charakteristik des Letzteren. — Große Aufregung in Paris. — Revolution in Spanien. — Die flüchtige Königin Isabella mit ihrer Familie am kaiserlichen Hofe. — Marfori. — Jahrestag des Staatsstreiches. — Militärische Vorkehrungen der Regierung. — Vollständige Ruhe in Paris. — Unfähige Minister. — Initiative des Kaisers. — Der Mann der rettenden That. —

Die unerhört stürmischen Sitzungen der Legislative im März 1867, die wir im vorhergehenden Kapitel geschildert, waren, wie wir wissen, nur bruchstückweise in das große Publikum gedrungen, dank der strengen über alle Zeitungen verhängten Censur. Man erfuhr erst später die Einzelheiten aus englischen Blättern und speciell aus der belgischen Indépendance; aber diese Blätter kamen doch verhältnismäßig in nur wenige Hände, und die letztere durfte in den Kaffeehäusern nicht aufgelegt werden. Von einem neuen allgemeinen Verbot sah die Regierung diesmal klüglich ab, denn die Erfahrung hatte gezeigt, daß das Blatt dadurch nur noch weit mehr verbreitet wurde.

Im folgenden Jahre, 1868, trat aber wieder ein schlimmes Ereignis ein, das weniger vertuscht und unterdrückt werden konnte, und das deshalb in ganz Frankreich ein lautes und nachhallendes Echo fand. Dies Echo zeigte noch viel deutlicher die Volksstimmung als jene Kammersitzungen, und zugleich der kaiserlichen Regierung den Abgrund, an welchem sie bereits geraten war.

Der Leser erinnert sich wohl des Volksvertreters Baudin*), der beim Staatsstreich 1851 auf einer Barrikade fiel und dessen Andenken seitdem von der gesamten republikanischen Partei in hohen Ehren gehalten wurde. Er war allerdings im letzten Jahrzehnt etwas in Vergessenheit geraten, wenigstens insofern, als man keine Demonstration zu seinem Gedächtnis, aus Furcht vor der wachsamen Polizei, unternommen hatte. Jetzt, wo man schon mehr wagen durfte, wurde

---

*) Vergl. Bd. I, S. 110 und S. 256.

sein Name wieder häufiger genannt und ging wie ein Losungswort als „Märtyrer des Staatsstreichs" durch alle Kreise der Opposition. Man wartete nur auf eine passende Gelegenheit, dies durch eine öffentliche Kundgebung zu bethätigen, und zu einer solchen schien der Allerseelentag sehr günstig zu sein.

Das radikale Blatt „Le Réveil" nahm die Sache in die Hand, und zwar zunächst durch die Mitteilung, daß die Gesinnungsgenossen und Freunde des „ermordeten Baudin" beabsichtigten, sein Grab an jenem Tage zu bekränzen. Gleich darauf hieß es, die Regierung würde die Friedhöfe am Allerseelentage schließen lassen, ein geradezu albernes Gerücht, dessen Verwirklichung leicht zu einer Revolution hätte führen können, denn am 2. November pilgert alljährlich wenigstens eine halbe Million Menschen nach den verschiedenen Friedhöfen hinaus zum Besuch der Gräber ihrer Angehörigen. Das Gerücht war auch nur verbreitet worden, um die Aufmerksamkeit der großen Massen zu wecken und dem Réveil Gelegenheit zu einem geharnischten Protest zu bieten:

„An dem Gerücht von der Schließung der Friedhöfe ist kein wahres Wort. Wer würde es auch wagen, ein ganzes Volk zu verhindern, das Gedächtnis derjenigen zu feiern, die, wie Cabaignac, ihr Leben im Kampf für die Freiheit eingesetzt haben, oder die wie Baudin, als Märtyrer dafür gefallen sind."

Trotzdem war der Zudrang auf dem Montmartre-Friedhofe nicht sehr bedeutend. Man legte zuerst einige Kränze auf Cavaignacs Grab und zog dann zu demjenigen Baudins. Aber — es klingt wie Ironie — man konnte sein Grab nicht finden. Man fragte die Wärter, die vermutlich den Märtyrer gar nicht kannten, denn sie wiesen auf das Grabmal des Admirals Baudin in der Nähe. Endlich hatten die Herren vom Réveil den schlichten Stein gefunden, an welchem schon etwa hundert Menschen zu warten schienen. Der Chefredakteur des Réveil sprach einige Worte und rief dann mit lauter Stimme: „Es lebe die Freiheit! Es lebe die Republik! Nieder mit den Tyrannen!" Jetzt wuchs die Menge mit jeder Minute, und alle wiederholten den Ruf. Plötzlich trat ein unbekannter junger Mann, der auch, trotz aller Nachforschungen, unbekannt geblieben ist, dicht an das Grab:

„Bürger! Man fragt mich von allen Seiten, wer denn der Tote ist, dessen Andenken wir heute feiern. Ich will es Euch sagen. Wir stehen hier mit gepreßtem Herzen, um das Gedächtnis Baudins zu ehren, der am 3. Dezember 1851 von denjenigen ermordet wurde, die noch heute die Gewalt in Händen haben. Noch ist sein Tod nicht gerächt. Aber die Rache wird nicht ausbleiben, und Ihr dürft es mir glauben, sie wird schrecklich sein und das bald.

Sollte sich ein Mouchard unter uns befinden und

mich nach meinem Namen fragen, so antworte ich: Ich heiße Volk und bin die französische Jugend. Und wenn er meine Visitenkarte zu sehen verlangt, so würde ich sie ihm unter die Nase halten: Hier ist sie!"

Und damit zog er einen Revolver aus der Tasche und hielt ihn hoch in die Luft. Dann trug ein anderer ein Gedicht in gleichem Sinne vor, das mit tausendstimmigem vive la République aufgenommen wurde. Endlich trieb die Polizei die Menge auseinander, nahm aber keine Verhaftungen vor.

Schon am nächsten Morgen brachte der Réveil einen Aufruf zu einem würdigen Grabdenkmal Baudins. Ein kleiner unsauberer Leichenstein wie der jetzige, sei schimpflich für einen solchen glorreichen Toten. Drei, vier andere Oppositionsblätter druckten den Aufruf nach, und die Sammlungen begannen. Sie hatten zuerst nicht den erwünschten Erfolg, bis man die Namen Victor Hugo, Louis Blanc, Quinet, Jules Favre und ähnliche auf der Liste fand. Schließlich veröffentlichte der „Electeur" noch den folgenden Brief des fast achtzigjährigen Berryer, der große Sensation hervorrief:

„Herr Redakteur, am 2. Dezember 1851 habe ich in der Nationalversammlung ein Dekret vorgelesen und zur Annahme gebracht, welches den Präsidenten der Republik für abgesetzt und vogelfrei erklärte, und das zugleich alle Bürger zum Widerstand aufrief gegen diese schwere Gesetzverletzung, deren der Präsident sich schuldig gemacht hatte. Dies Dekret wurde, soviel man irgend konnte, in ganz Paris verbreitet.

Mein Kollege, der Bürger Baudin, hat diesem Befehl sofort Folge geleistet und ist als Opfer seines Gehorsams gefallen; ich halte mich deshalb für verpflichtet, an der Subskription zur Errichtung eines Denkmals auf seinem Grabe teilzunehmen und sende Ihnen hiermit meinen Beitrag."*)

Infolge dieses Briefes öffneten gleichfalls die großen freisinnigen Zeitungen ihre Spalten für die Sammlung, aber nun war auch die Langmut der Regierung, die bis dahin ein Auge zugedrückt hatte, zu Ende.

Zunächst wurden die Zeitungen, welche die ganze

---

*) „Das Pays, journal de l'Empire", sagt Taxile Delord bei dieser Gelegenheit, „hatte den traurigen Mut, angesichts dieses noblen Briefes, die Frage aufzuwerfen, ob die Einwohner der Balearen nicht vollkommen recht hätten, die angesehenen Greise frühzeitig zu töten, damit ihre physische und moralische Gebrechlichkeit nicht ihrem Ruhm, den sie sich in einer früheren glänzenden Laufbahn erworben, Eintrag thäte." Das Pays und Berryer! . . . . und nebenbei Unsinn.

Berryer starb übrigens schon am 29. November desselben Jahres, und bewahrte bis zum letzten Augenblick seine völlige Geistesklarheit. Er verfolgte den Prozeß mit großer Aufmerksamkeit und ließ sich die Reden der Verteidiger wiederholt vorlesen. Am Morgen seines Todestages schrieb er dann noch den bekannten rührenden Brief an den Grafen Chambord „ô Monseigneur, ô mon Roi!" in welchem er seine Königstreue bis zum letzten Atemzuge beteuerte. Das Facsimile dieses Briefes wurde sofort in vielen Hunderttausend Exemplaren als fliegendes Blatt verbreitet und vermehrte noch erheblich die durch den Prozeß hervorgerufene Aufregung.

Bewegung angestiftet hatten, konfisziert und die Redakteure vor das Zuchtpolizeigericht geladen, und zwar unter der Anklage der öffentlichen Ruhestörung und der Beleidigung der Regierung. Derartige Prozesse waren im Grunde nichts Seltenes in Paris; der vorliegende gewann nur durch die darin auftretenden Personen und durch den politischen Hintergrund eine größere Bedeutung. Auch ist es sehr bezeichnend, daß die meisten der Angeklagten wenige Jahre später zu den wildesten Mitgliedern der berüchtigten Kommune gehörten.

Die Verhandlungen begannen am 13. November und waren öffentlich, wie alle Verhandlungen vor dem Zuchtpolizeigericht, wenn nicht sittliche Bedenken vorlagen. Bei verschlossenen Thüren hätte man wahrscheinlich einen Aufruhr hervorgerufen.

Der Staatsanwalt hatte von seinem Standpunkte aus ein leichtes Spiel und brachte auch nichts Neues vor. Der 2. Dezember war nach ihm die rettende That, der Verfassungsbruch des Prinz-Präsidenten wurde durch das Plebiscit mit beinahe sechs Millionen Stimmen gerechtfertigt, und die Gründung des Kaisertums durch sieben und eine halbe Million. Das souveräne französische Volk habe sich mithin die neue Regierungsform und den Kaiser Napoleon als Staatsoberhaupt aus eigener Machtvollkommenheit gegeben;

diejenigen, die damit nicht zufrieden seien, bildeten eine so verschwindend kleine Minderzahl, daß sie sich dem Gesamtwillen unterordnen müßten. Es war eben die bekannte imperialistische Logik, die zehn Jahre früher noch allenfalls gelten konnte, die sich jetzt aber vollständig überlebt hatte.

Dies Requisitorium erregte daher kein weiteres Interesse, um so mehr dagegen die Reden der Verteidiger. Die Angeklagten hatten sich nämlich die berühmtesten unter den liberalen Advokaten von Paris gewählt, die gern die Gelegenheit benützten, ihrem Groll gegen das Kaisertum und gegen den Kaiser Luft zu machen.

Zuerst trat der gefürchtete Crémieux auf. Er stellte den Besuch des Baudinschen Grabes als durchaus berechtigt hin und ebenso die Sammlung zu einem würdigen Monument. Die dort gehaltenen Reden seien unkontrolliert, denn ihr Wortlaut liege nicht vor. Er selbst und viele seiner Kollegen müßten gleichfalls verfolgt werden, denn sie hätten sämtlich einen Beitrag gezeichnet. Crémieux hatte augenscheinlich Eile auf den Staatsstreich zu kommen, denn das war ja der eigentliche Angelpunkt des ganzen Prozesses:

"Wir haben in der Geschichte Frankreichs zwei Staatsstreiche: den 18. Brumaire und den 2. Dezember, aber zwischen ihren Urhebern ist kein Vergleich möglich. Der erstere war der siegreiche General im italienischen und im ägyptischen Feldzuge; er schuf die ruhmvolle Epoche des Konsulats und dann das Erste Kaiserreich, wo der Emporkömmling aus niederem Stande eine österreichische Erzherzogin als Gemahlin heimführte. Jedoch all dieser Glanz und all diese Größe haben ihn nicht von dem Verbrechen des 18. Brumaire reinwaschen können; das größte Verbrechen ist aber, wenn die Faust des Soldaten sich an den Volksvertretern vergreift. Und Sie verlangen Absolution für den 2. Dezember? Hören Sie nur weiter: Der General des 18. Brumaire hatte im Jahre 1799 die Volksvertreter auseinandergejagt, und fünfzehn Jahre später jagten die Volksvertreter den zum Kaiser gewordenen General nach Sankt Helena.

Der 2. Dezember hat uns hinterlistig in unseren Betten überrascht, und als einige Volksvertreter trotzdem noch zusammenkamen und den Prinz-Präsidenten für abgesetzt und des Hochverrats schuldig erklärten und die Bürger zum Widerstand aufforderten, waren sie in ihrem vollen Recht. Baudin folgte diesem Ruf; es war seine Pflicht. Er fiel, aber sein Andenken ist unvergänglich. Auch das zweimalige Plebiscit konnte das Verbrechen des 2. Dezembers als solches nicht sühnen. Nach dem 2. Dezember sollte doch wenigstens die Republik noch bestehen bleiben. Es war eitel Spiegelfechterei. Und bedenken Sie wohl: auf den 18. Brumaire folgten keine blutigen, fluchwürdigen Tage, wie auf den 2. Dezember."

So scharf und unerbittlich hatte noch niemand den Staatsstreich öffentlich gerichtet und verurteilt. Am Abend war die Rede Crémieux' als fliegendes Blatt

in hunderttausend Händen; die Aufregung in Paris
war unbeschreiblich, und am folgenden Tage war der
Zudrang des Publikums zu der Sitzung noch gewal=
tiger als am ersten. Der kleine Gerichtssaal war
gepreßt voll, und viele Hundert Menschen, Herren und
Damen und auch zahlreiche Arbeiter in Blousen,
standen auf den Gängen und Treppen. Diesmal hatte
Arago zuerst das Wort. Auch er begann mit einer
juristischen Einleitung, um die Nichtigkeit der Anklage
zu begründen. Er sagte so ziemlich dasselbe wie
Crémieux, dann fuhr er fort:

„Ich kenne nichts Größeres und Schöneres als den Tod
des Republikaners Baudin, meines teuren Kollegen, denn
er starb, weil er die Verfassung verteidigte. Ich citiere
von jener Verfassung hier nur den Artikel 48: Bevor
der Präsident der Republik sein Amt antritt, leistet er
den folgenden feierlichen Schwur: Vor dem allgegenwär=
tigen Gott und vor dem französischen Volke, das durch
die Nationalversammlung vertreten ist, schwöre ich, der
demokratischen und unteilbaren Republik treu zu bleiben
und alle mir von der Verfassung auferlegten Pflichten zu
erfüllen.

Siebenzehn Jahre sind verflossen, ohne daß man das
Grab eines Märtyrers bekränzen konnte, denn die Ge=
mordeten des 3. und 4. Dezembers bekamen kein Leichen=
begängnis. Endlich entdeckt man das unscheinbare Grab,
das einen Namen trägt, den wir unseren Kindern und
Kindeskindern als ein heiliges Vermächtnis hinterlassen.

Und jetzt, wo die Freunde und Gesinnungsgenossen dem Toten ein würdiges Denkmal setzen wollen, werden sie als Störer der öffentlichen Ordnung und als Aufwiegler angeklagt.

Im Moniteur vom 14. März 1866 finden Sie eine lange Verherrlichung der Verdienste Mornys aus dem Munde des Staatsministers. Morny und Baudin! Stellen Sie diese beiden Männer nebeneinander und erschrecken Sie dann vor dem Kontrast. Mag das Zweite Kaiserreich immerhin seinen Helfershelfern Bildsäulen und Monumente setzen; wir verlangen ein Grabdenkmal für Baudin, d. h. für die Tugenden und die edlen Charaktereigenschaften eines guten Bürgers."

Der lärmende Beifall, der am Schluß dieser Rede losbrach und den der Präsident vergebens zu unterdrücken suchte, sprach hinlänglich für die Gesinnungen des Auditoriums.

Dann trat eine plötzliche Stille ein, und zwar eine Stille der äußersten Spannung: der letzte Redner erhob sich, um den am meisten gravierten Angeklagten, Delecluze, zu verteidigen: Gambetta.

Die Advokaten, die bis dahin gesprochen hatten, waren alle bewährte Mitglieder ihres Standes, deren Namen ganz Frankreich kannte. Gambetta, ein kaum dreißigjähriger junger Anwalt, war im großen Publikum noch so gut wie unbekannt, aber unter seinen Kollegen stand er bereits in großem Ansehen wegen seiner eminenten Rednergabe und seiner tüchtigen juristischen Bildung. Seine äußere Erscheinung sprach auf den ersten Blick nicht sonderlich zu seinen Gunsten. Er war von untersetzter, gedrungener Figur, nichts weniger als elegant, auch ziemlich nachlässig in seiner Kleidung und dabei einäugig. Die schwarze seidene Binde, die er trug, verschob sich leicht bei seinen lebhaften Gesten, und eine unschöne Narbe kam dann zum Vorschein, die das an sich geistreiche Gesicht entstellte, und das dichte schwarze Haar hing ihm wild um die Schläfen. Man verglich ihn wohl mit dem blatternarbigen, häßlichen Mirabeau, dem größten Redner der Revolutionszeit, dem er auch in der Rednergabe nicht nachstand.... nur mit dem Unterschiede, daß der sterbende Mirabeau sagte, er nehme die Monarchie mit ins Grab, und daß Gambetta einer der wildesten und leidenschaftlichsten Republikaner war, der ihr das Grab grub, als er am 4. September 1871 im Verein mit Jules Favre die Absetzung Napoleons III. und zugleich die Republik proklamierte.

Seltsam! Die wenigsten unter den Anwesenden hatten ihn vielleicht schon einmal reden gehört, und doch ging ein unbewußtes Etwas, fast wie ein Zittern, durch alle Gemüter, als er begann.

Eine sonore, aber sehr wohlklingende Stimme, die aller Modulationen fähig war, vom Schmeichelton bis zum anschwellenden Sturm, dabei klar und verständ=

sich, wenn auch im höchsten Affekt nicht immer Herr seiner selbst, aber nichts Gemachtes oder Einstudiertes, alles Natur, und zwar eine reiche, hochbegabte Natur, die wunderbar zu fesseln und, im Klimax der Rede, hinzureißen weiß und die, ohne Stolz und Überschätzung, ihres Sieges im voraus sicher ist — ein echter Volkstribun, ein Demagog im edleren antiken Sinne, wie Frankreich kaum jemals seinesgleichen gehabt — so stand Gambetta vor dem Publikum.

Er befaßte sich auch gar nicht, wie doch die Vorredner, wenn auch nur der Form wegen, gethan hatten, mit der eigentlichen Anklage, sondern er packte sofort den Stier bei den Hörnern, d. h. er ging direkt auf sein Ziel los. Dies Ziel war der 2. Dezember:

„Das Volksgewissen und das allgemeine Rechtsbewußtsein haben an jenem unheilvollen Tage einen heftigen Stoß, einen unheilbaren Riß erhalten. Man sehe sich doch nur die Leute an, die damals den Prätendenten umgaben, und seine Genossen und Helfershelfer waren: unfähige und nicht allein talent-, sondern auch ehrlose Männer, mit Schulden und sogar mit Verbrechen überhäuft, Männer von jenem Schlage, die zu allen Zeiten den Gewaltthaten ihren Arm leihen, Männer wie die Verschworenen des Catilina, die Sallust als Abschaum bezeichnet, und die selbst Cäsar verachtete, wenn er sich ihrer bediente — der ewige Auswurf der menschlichen Gesellschaft. Mit solchen Leuten wirft man seit Jahrhunderten Gesetze und Staatseinrichtungen über den

Haufen, und wenn Sokrates, Thraseas, oder Cato warnend vorüberwandeln, begrüßt sie der Fußtritt eines Soldaten."

Der Staatsanwalt erhebt sich: er könne den Ausdruck „mit Schulden und Verbrechen überhäuft" nicht dulden und müsse den Präsidenten ersuchen, dem Redner das Wort zu entziehen.

Gambetta hat nur eine verächtliche Handbewegung und fährt unbeirrt und heftiger fort:

„Man sagt, der Staatsstreich habe Frankreich gerettet. Ich verstehe es nicht. Wo waren denn die Ehrenmänner, die sich zunächst an der Rettung beteiligen mußten? Thiers, Rémusat, Dupont de l'Eure, Lamoricière, Cavaignac und die vielen anderen Patrioten? Wo sie waren? Sie alle wissen es. Sie saßen gefangen in Mazas, Vincennes, in Ham und waren auf dem Wege nach Cayenne und Lambessa — die beklagenswerten Opfer eines wahnsinnigen Ehrgeizes."

Jetzt unterbricht der Präsident den Redner:

„Mäßigen Sie sich, Herr Gambetta, denn ich darf Sie unmöglich in diesem Tone fortfahren lassen. Sie wollen sagen, daß die Urheber des Staatsstreiches ein großes Verbrechen begangen haben; können Sie denn das nicht mit einfachen Worten, ohne Leidenschaft aussprechen?"

Man sah sich erstaunt an. Hatte schon eben vorher der Staatsanwalt die schlimme Äußerung von Schulden und Verbrechen wiederholt und durch diese Un-

geschicklichkeit die Aufmerksamkeit der Zuhörer erst recht
darauf hingelenkt, so war die Bemerkung des Präsi=
denten noch ungeschickter. Man sagte später, er sei
ein heimlicher Anhänger der Orleans.

Gambetta sprach jetzt wirklich in gemäßigterem Ton,
aber nach wenigen Minuten riß ihn die Leidenschaft
wieder fort, und seine Stentorstimme erschütterte von
neuem den Gerichtssaal.

„Man behauptet, das Land habe den Staatsstreich
gutgeheißen Ja, aber wie? Der Dampf und die Elek=
tricität trugen die Lüge durch ganz Frankreich. Paris
wurde mit der Provinz und die Provinz mit Paris be=
logen. Paris ist ruhig und hat sich unterworfen, meldeten
die Depeschen, während man Paris hinmordete und
zusammenschoß!"

Bei diesen Worten bricht ein gewaltiger Sturm
los, denn Gambetta begleitete sie mit wilden, drohen=
den Gebärden. Sein Gesicht ist dunkelrot, die weiten
Ärmel seiner Robe flattern hin und her, die schwarze
Binde verschiebt sich, aber das gesunde Auge schießt
Blitze. Er hatte in diesem Moment wirklich etwas
Dämonisches, und der Gerichtshof selbst schien unter
diesem Banne zu stehen und versuchte nicht einmal,
dem Redner Schweigen zu gebieten.

„Seit siebenzehn Jahren thut man alles mögliche,
um die Besprechung dieser Thatsachen zu unterdrücken.
Vergebens! Das beweist der heutige Prozeß, und dieser

Prozeß wird sich so lange wiederholen, bis das schwerbeleidigte Gewissen der Nation seine Genugthuung erhalten hat.

Seit siebenzehn Jahren sind Sie die Herren im Lande, und bis jetzt haben Sie noch nicht gewagt, den 2. Dezember als einen nationalen Gedenktag zu feiern und werden es auch nicht wagen. Wir aber werden es thun. Sie drohen uns; wir verachten Ihre Drohungen. Sie können Gewaltmaßregeln gegen uns ergreifen, aber Sie können uns nicht entehren und noch weniger vernichten!"

Die letzten Worte gingen unter in dem allgemeinen Beifallssturm, den weder der Präsident, noch die beisitzenden Richter, noch auch die Gerichtsdiener verhindern konnten und der sich über die Gänge und Treppen bis hinaus auf die Straße fortpflanzte. Gambetta wurde von den Umarmungen der Angeklagten und seiner Kollegen fast erdrückt. Am nächsten Tage ging sein Name und auch seine Rede auf Windesflügeln durch ganz Frankreich: er war mit einem Schlage ein berühmter Mann geworden. —

Der Gerichtshof ließ augenscheinlich Milde walten, denn er verurteilte die Angeklagten nur zu namhaften Geldstrafen und die Hauptführer zu einer kurzen Gefängnishaft, die bei Delecluse wegen seiner Vorstrafen verschärft wurde.

* * *

An jenem denkwürdigen Tage, den man wohl als den ersten Ton der Glocke bezeichnen konnte, die anderthalb Jahre später das napoleonische Kaisertum zu Grabe läutete, herrschte eine schwere, beängstigende Luft in den Tuilerien. Abends an der Hoftafel, zu welcher nur eine kleine Anzahl Gäste geladen war, wurde wenig gesprochen und auch nur leise, als fürchtete man, die Stille zu unterbrechen, und dadurch wurde diese Stille nur um so peinlicher.

„Mit sinnendem Haupte saß der Kaiser da", aber nicht wie der große, edle Rudolf von Habsburg in der Erinnerung an eine schöne That, sondern mit dem bösen Gewissen seiner schweren Verschuldung. Er hatte bereits eine Stunde vorher einen genauen Rapport über die Gerichtssitzung erhalten, den zwei geheime Hofstenographen Wort für Wort mit allen Invektiven gegen die Person des Kaisers und mit der unerbittlichen Kritik des Staatsstreiches und der dabei thätig gewesenen Persönlichkeiten niedergeschrieben hatten. Gambetta stieg vor ihm auf, wie der Geist des gemordeten Banquo.

Nur die Kaiserin, die noch nicht wußte, was geschehen war, versuchte einiges Leben in die Unterhaltung zu bringen, denn sie hatte einen hohen Gast zu Tische, der Berücksichtigung verdiente. Dieser Gast war niemand anders, als die flüchtige Königin Isabella von Spanien, die man — es klingt hart und nicht sonderlich respektvoll, aber leider nur zu wahr — aus ihrem eigenen Lande fortgejagt hatte. Bei dieser Gelegenheit konnte der Kaiser wieder jene drei Worte ausrufen, die wir im vorhergehenden Kapitel citierten: „Auch das noch!"

Wir dürfen uns hier nur auf einige kurze Notizen beschränken.

Die kaum vierzehnjährige Königin Isabella, eine Tochter der vertriebenen Königin Christine, hatte im Herbst 1843 den spanischen Thron bestiegen, und mit Narvaëz, einem Gegner Esparteros, gelangte die Reaktion wieder zur Herrschaft. Die Vermählung der jungen Königin bot die erste Gelegenheit zu allerlei Hofintriguen, die auch während der ganzen Regierungszeit Isabellas den unheilvollsten Einfluß ausübten.

Der Plan Ludwig Philipps, sie mit dem Herzog von Montpensier zu vermählen, um seinen Sohn dadurch auf den spanischen Thron zu bringen, scheiterte, aber er wußte es doch durchzusetzen, daß sie ihren körperlich und geistig schwachen Vetter, den Infanten Franz von Assisi, heiratete, nachdem der Herzog der Gemahl der jüngeren Schwester Isabellas geworden.

Die Königin, die den aufgedrungenen Gatten verachtete, wandte ihre Gunst anderen Männern zu und war darin so wenig wählerisch, daß sie von Serrano schließlich bis zu Marfori herabsank. Sie hatte leider an ihrer Mutter, der Königin Maria Christina, kein würdiges Beispiel gehabt. Es widerstrebt uns, die Sittenlosigkeit und die Mißwirtschaft der Günstlinge, die nicht allein den königlichen Hof um alles Ansehen brachten, sondern auch dem ganzen Lande zum Verderben gereichten, näher zu beleuchten; es war eben die gänzliche Verkommenheit auf allen Gebieten des öffentlichen Lebens. Die Preß- und Vereinsfreiheit wurde nach und nach vollständig unterdrückt, der Klerus in jeder Weise begünstigt, die Liberalen, die sogenannten Progressisten, überall verfolgt und ihre früheren Führer verhaftet oder zur Flucht ins Ausland getrieben.

Als Narvaez, der mit unleugbarem Geschick den stets mehr ins Wanken geratenen Thron zu stützen gewußt hatte, plötzlich im April 1868 starb, brach der Aufruhr fast in allen Provinzen des Königreiches zugleich aus; die verbannten Generäle wurden von den kanarischen Inseln im Triumph zurückgeholt und in Cadix von den Volksmassen auf den Schild erhoben, und der Admiral Topete, im Verein mit Prim, proklamierte am 18. September 1868 die Absetzung der Königin Isabella.

Diese verließ bei dem herannahenden Gewitter schleunigst Madrid und begab sich mit ihrer Familie und wenigen Treugebliebenen nach San Sebastian, dicht an der französischen Grenze, und als der einzige, nicht abgefallene General Pavia von den Insurgenten geschlagen war, eilte sie nach Paris, um die Hülfe Napoleons nachzusuchen. Als wenn der Kaiser, der selbst hülflos war, ihr hätte helfen können! Eine militärische Expedition Frankreichs, um die vertriebene Königin wieder einzusetzen! Selbst die Kaffeehauspolitiker lächelten über diese Illusion. Der Kaiser hatte Feuer genug im eigenen Lande, um noch den Brand im Nachbarlande zu löschen.

Hier mag er gleichfalls, wie schon so oft in den letzten Jahren, schwer genug seine Ohnmacht gefühlt haben; hatte er ja auch die verzweifelnde Kaiserin Charlotte, wo doch sein fürstliches Wort verpfändet war, mit einem mitleidigen Achselzucken abweisen müssen und sogar den armen Maximilian nicht retten können. Auch die Thränen seiner Gemahlin, die ihrer früheren Monarchin und jetzt ihrer „Schwester" so gern unter dem Schutz einer tüchtigen Armee wieder auf den verlorenen Thron geholfen hätte, waren vergeblich. Gegen eine eiserne Notwendigkeit war eben nicht anzukämpfen. Als der Marschall Niel, der damals noch lebte, dies hörte, hatte er nur die kurze Antwort: châteaux en Espagne, mit welchem Ausdruck man auf französisch Luftschlösser bezeichnet. Die tüchtigen, schlagfertigen Armeen (nicht auf dem Papier, sondern in Wirklichkeit) waren zu jener Zeit in Frankreich schon sehr selten geworden.

Und diese entthronte Königin saß an jenem Abend an der kaiserlichen Tafel zwischen dem Kaiser und der Kaiserin, und den Majestäten gegenüber saß der gleichfalls entthronte König Franz, der aber niemals ein wahrer König gewesen. Dieser mattherzige, blasierte und vor der Zeit zum Greise gewordene Mann schaute fast stumpfsinnig darein, und schien sich der folgenschweren politischen Gegenwart gar nicht bewußt zu sein. Seine neueste Liebhaberei war das Fischen, und in San Sebastian, wo mit jeder Stunde die Unglücksdepeschen den Abfall eines Generals nach dem anderen meldeten, saß er am Ufer und angelte, und freute sich kindisch, wenn er einen recht großen Fisch gefangen hatte.

Die Pariser lachten über ihn und bewiesen auch der Königin keine Teilnahme, und als sie gar erfuhren, daß auch Marfori mitgekommen, umdrängten sie das Hotel an der rue de Rivoli, wo die Flüchtlinge provisorisch abgestiegen waren, um den berüchtigten Patron zu sehen. Aber Marfori zeigte sich nicht und verließ auch, infolge eines nicht mißzuverstehenden Winkes von oben, an einem der nächsten Tage Paris und ging auf Reisen.

Aber der Straßenpoesie hatte er doch einen Dienst geleistet, denn bald darauf sangen die Drehorgelspieler

zu ihren harmonischen Klängen ein sehr anzügliches
Lied, das reißend abging, das wir hier aber anstands=
halber nicht wiedergeben dürfen.

Dagegen konnte man fast täglich den elfjährigen
Prinzen Alfons, den präsumtiven spanischen Thronerben,
in Gesellschaft des nur um ein Jahr älteren kaiserlichen
Prinzen sehen, wenn beide in dem reservierten Garten
des Tuilerienparkes auf ihren Velocipeden hin und
her fuhren. Zwei nette, lebenslustige Knaben. „Warte
nur, Alfons", soll einmal der kleine Napoleon seinen
Vetter getröstet haben, „wenn ich Kaiser von Frankreich
geworden bin, sollst Du auch König von Spanien
werden." Gleichfalls, wie Niël sagte, châteaux en
Espagne.

Diese kurzen Mitteilungen mögen genügen, aber
wir mußten in unserem Werke die spanische Episode
schon deshalb berühren, weil bekanntlich aus ihren
Folgen, nämlich aus der Wahl eines neuen Königs
für den vakanten Thron, der große französisch=deutsche
Krieg entstand. Das konnten freilich die klugen, weit=
sehenden Auguren der Tuilerien damals noch nicht vor=
hersagen. Kehren wir noch einmal zu Baudin zurück.

„Wir aber werden es thun!" hatte Gambetta in
seiner Verteidigungsrede ausgerufen, nämlich den
3. Dezember feiern und zwar durch eine noch groß=
artigere Kundgebung an seinem Grabe. Dieses, der kaiser=

lichen Regierung ins Angesicht geschleuderte Wort glich einer Herausforderung. Wir haben nicht umsonst die Macht und werden sie gebrauchen, sagte man im Ministerrat und traf die nötigen Vorkehrungen. Man wollte sich wenigstens nicht überraschen lassen; mochte dann kommen, was da wollte.

Zugleich tauchte wieder einmal das Gerücht von einer Verschwörung gegen das Leben des Kaisers auf, die man glücklicherweise noch frühzeitig genug entdeckt hatte. Wieder einmal und man sah sich gegenseitig lachend an, denn das Manöver hatte schon zu oft gespielt, um noch Glauben zu finden. Man wollte sogar eine Pulvermine im Keller der Tuilerien gefunden haben, gerade unter den Gemächern der kaiserlichen Familie; aber wie gesagt, kein Mensch glaubte daran. Man hat auch niemals etwas Näheres darüber erfahren.

Trotzdem gab es in den letzten Novembertagen viel militärische Bewegung in Paris. In den inneren Höfen der Kasernen standen die Regimenter unter Waffen, aber nur, wie es hieß, weil der Kriegsminister eine allgemeine Inspektion angeordnet hatte; Stabsoffiziere und Ordonnanzen jagten unaufhörlich hin und her und meldeten, Gott weiß was, denn es war im Grunde gar nichts zu melden. Die Bevölkerung von Paris blieb vollkommen ruhig und sah dem Schauspiel neugierig zu.

Der 2. Dezember kam, und kein Mensch rührte sich; dennoch wurde in der Nacht vom 2. auf den 3. die Pariser Garde, gegen 16000 Mann, mobil gemacht. Sie rückte am frühen Morgen aus und besetzte die äußeren Boulevards, die nach dem Montmartre-Friedhofe führten.

Auf dem Friedhofe selbst standen 1500 Polizisten in Uniform und in Civil, eine ganze Armee; am Grabe Baudins allein einige Hundert. Verschiedene Leichenbegängnisse, von Leidtragenden gefolgt, zogen still vorüber; sonst waren nicht viel Menschen zu sehen, und vollends keine verdächtigen Gruppen. Gegen Mittag erschienen zwanzig bis dreißig Männer mit Kränzen und näherten sich dem Grabe. Die Polizisten stießen sie barsch zurück, aber ein Kommissar mit der trikoloren Schärpe trat hinzu und verwies die Übereifrigen; die Männer legten ruhig ihre Kränze auf den schlichten Denkstein. Keiner von ihnen sprach ein Wort, einige Frauen, die wohl zu ihnen gehörten, knieten nieder und beteten. Weshalb sind wir denn eigentlich hier? mochten sich die Hüter der öffentlichen Sicherheit ärgerlich fragen, es ist ja nichts los, es giebt ja nichts zu arretieren. Ja, weshalb? Das Volk hatte gute „Witterung", ob nach einer geheim ausgegebenen Parole, oder aus eigenem Instinkt — gleichviel, es rührte sich nicht und gab auch nicht die geringste Veranlassung zum Einschreiten.

Es hieß auch, mehrere Tausend Blusenmänner würden nach dem Elysée ziehen, jenem unheilvollen Palaste, von wo der Staatsstreich ausgeführt worden war, und man wolle das große Gebäude an allen vier Ecken anzünden und dem Erdboden gleichmachen. Ein ganzes Jägerregiment stand auch richtig im Schloßhof, Gewehr bei Fuß und jedenfalls scharf geladen, denn kurz vorher waren über 12000 neue Chassepots verteilt worden. Glücklicherweise brauchten sie an diesem Tage keine „Wunder" zu thun, denn auch am Elyséepalast zeigte sich niemand, außer einem halben Hundert Polizisten, die an den hohen Gitterthoren standen, oder geschäftig aus und ein gingen und scharfen Blickes umherspähten, nach dem französischen Volksliede: „Anne, ma soeur, ne vois-tu rien venir?" — aber es gab nichts zu sehen, denn es kam nichts.

Hier und da bemerkte man wohl verschiedene Individuen von sehr zweifelhaftem Aussehen, die vive Baudin! und vive la République! in die Menge hineinriefen, aber keine Antwort erhielten. Denn auch diese Polizeifinten kannte man längst: für zwei Franken war diese Sorte von Menschen massenhaft zu haben. Ein elendes Metier! An der Barriere Clichy kampierte ein Regiment in einem regelrechten Bivouac, und in den Seitenalleen hielten einige Schwadronen „in Schlachtordnung." Man wurde fast an den 2 Dezember erinnert, nur

gottlob mit dem Unterschiede, daß die Soldaten dies=
mal nichts zu thun hatten. Aber selbst diese böse Er=
innerung ließ die Bevölkerung gleichgültig. Die
schmucken Marketenderinnen hatten in dem impro=
visierten Feldlager am meisten zu thun.

Gegen Mitternacht wurden wirklich ein paar Dutzend
halbwüchsiger Burschen arretiert und im Triumph
nach der Polizeipräfektur geschafft: sie hatten, und
zwar ohne Bezahlung, vive Baudin! geschrieen. Die
Herren auf der Präfektur hätten gern gelacht, aber sie
nahmen eine ernsthafte Miene an und schickten die Hoch=
verräter ins Depot, wo sie die Nacht über blieben und
am anderen Morgen mit einer ernsten Vermahnung,
„in Rücksicht auf ihre irregeleitete Jugend", wieder
entlassen wurden.

Das war die ganze Ausbeute des großen Tages.
Der neue Minister des Innern, Monsieur Pinard,
hatte sich gründlich blamiert und wurde dadurch zu
einer komischen Figur. Er war es nämlich einzig und
allein gewesen, der den gewaltigen kriegerischen Apparat
verlangt und durchgesetzt hatte, um seine Gesinnungs=
treue sofort recht augenscheinlich zu bethätigen, und der
Kaiser hatte ihn gewähren lassen. Man erfuhr später,
daß Pinard sogar an die Kommandeure der Garnisonen
von Versailles, Melun und Compiègne telegraphiert
hatte, sich auf den ersten Wink bereit zu halten.

Der arme Minister wurde schnell seines Postens enthoben, dem er nicht gewachsen war und den er auch nur einer Hofintrigue verdankte, und durch Forcade ersetzt, der sich in der schwierigen Lage besser zu behaupten wußte.

Der Kaiser hatte übrigens in den letzten Jahren kein Glück mehr mit seinen Ministern und schaute vergebens aus nach einem Manne der rettenden That. Auch am Abend jenes Tages saß er wieder mit sinnendem Haupte in seinem Kabinett und grübelte und sorgte; endlich ließ er seinen Sohn kommen, er war ja doch auch Vater, wie jeder andere Mensch, und der junge Prinz war noch der einzige, der es verstand, mit seinen vielen Fragen und Plaudereien die lastende Gegenwart momentan zu verdrängen.

Noch lange nach Mitternacht ging der Kaiser unruhig in seinem Kabinett auf und ab; er sann und sann, und die Lampen beleuchteten sein blasses, sorgenschweres Antlitz vielleicht mag er, wie König Philipp im Don Carlos, gedacht haben: „Jetzt gieb mir einen Menschen, gute Vorsicht!"

Da tauchte plötzlich vor seinem Geiste ein Mann auf, den er bereits kannte, von liberaler Gesinnung, aber doch, wie es schien, ihm, und mehr noch dem Kaiserreich, offen und ohne Rückhalt ergeben. Wenn er es mit dem wagte, denn zu der Einsicht war er endlich gekommen: ein großer Schritt mußte gethan, ein starker Entschluß gefaßt werden, um eine versöhnende Brücke über die immer größer werdende Kluft zu schlagen.

Dieser Mann war Emil Ollivier.

Die Stunden drängten, und die nächste konnte schon wieder eine neue und noch schlimmere Komplikation bringen.

Zwölftes Kapitel.

Wachsende Dekadenz. — Emil Ollivier. — Sein erstes liberales Auftreten im Gesetzgebenden Körper im Jahre 1857. — Seine Umkehr im Jahre 1867 und sein Programm vom Jahre 1869: ein konstitutionelles Kaisertum. — Sein Verhältnis zur Kaiserin. — Rouher und Haußmann entlassen. — Geheime Zusammenkunft Olliviers mit dem Kaiser in Compiègne am 29. Oktober 1869. — Endliche Entscheidung des Kaisers. — Das neue Ministerium vom 2. Januar 1870. — Ollivier Ministerpräsident. — Rochefort und die Laterne. Ihr ungeheurer Erfolg. — Der Laternenmann vor Gericht. Seine Verurteilung und Flucht. — Seine Rückkehr als Deputierter von Paris und sein Fiasko in der Kammer. —

Das Zweite Kaiserreich kränkelte schon seit Jahren. Wir haben im vorhergehenden Kapitel einige der bedeutendsten Krankheitssymptome näher geschildert und diese Schilderungen einem allgemeinen objektiven Raisonnement vorgezogen, indem wir glaubten, den Leser gerade dadurch am besten auf den richtigen Standpunkt zur Beurteilung der Lage zu stellen. Diese Lage war ernst und verhängnisvoll, und eine schleunige durchgreifende Abhülfe that not.

Man konnte recht gut den Zustand des Reiches mit demjenigen des Kaisers selbst vergleichen: auch er kränkelte seit mehreren Jahren, und die geschicktesten und erfahrensten Ärzte wußten ihm wohl Palliativ= mittel, aber kein Radikalrezept zu verschreiben. Das Land verlangte jedoch dies letztere gebieterisch, und je länger man es hinausschob, desto gefährlicher und verderbendrohender wurde die Zögerung.

Die politischen Doktoren hatten nicht helfen können; sogar der erste unter ihnen, der staats= und redekundige Rouher, hatte in letzter Zeit so starke Niederlagen er= litten, daß er trotz des Brillantsterns seine Ohnmacht, wenn auch nicht offen eingestehen, so doch indirekt bekennen mußte.

Wir nannten bereits den Einzigen, der möglicher= weise noch helfen konnte und auch helfen wollte, wenn man ihm freie Bahn ließ und ihm plein pouvoir gab: Emil Ollivier.

Dieser Mann spielte im letzten Jahre des Kaiser= reiches eine zu bedeutende Rolle, um hier nicht einige

Worte über seine Person und seine Vergangenheit vorauszuschicken.

Er war, wie er oft sagte, der liberale Sohn eines liberalen Vaters. Dieser, Demosthenes Ollivier, war zur Zeit des Staatsstreiches ein angesehener und vermögender Kauf= und Handelsherr in Marseille und hatte schon unter Ludwig=Philipp aus seiner demokratischen, oder richtiger republikanischen Gesinnung kein Hehl gemacht. Er begrüßte deshalb die Februar= revolution und die darauf proklamierte Republik als eine Erlösung, zeigte sich indes der Kandidatur Louis Napoleons für die Präsidentschaft abgeneigt. Den 2. Dezember bezeichnete er in einer großen Volksver= sammlung als Hochverrat und als die erste Stufe zum Kaiserthron; war aber nach dem absolvierenden Plebiscit auf seine persönliche Sicherheit bedacht und begab sich nach Florenz, wo er sich dauernd niederließ. Er kehrte erst im Jahre 1860 bei Gelegenheit der allgemeinen Amnestie nach Frankreich zurück.

Sein Sohn Emil (geboren im Jahre 1825), der die Gesinnungen seines Vaters, wenn auch nicht in so schroffer Weise, teilte, war nach Vollendung seiner juristischen Studien in Paris geblieben und schon als ganz junger Advokat in den letzten Jahren des Juli= königtums mit Erfolg aufgetreten. Er nahm gleichfalls die Februarrevolution mit großer Begeisterung auf.

Ledru-Rollin schickte ihn als Regierungskommissar nach Marseille, und Cavaignac ernannte ihn zum dortigen Präfekten, aber er ging doch bald darauf nach Paris zurück, um sich seiner Praxis wieder zu widmen.

Erst durch seine Wahl zum Gesetzgebenden Körper, im Jahre 1857, wurde er allgemeiner bekannt und erregte namentlich durch sein glänzendes Rednertalent Aufsehen. Er gehörte zur Opposition, die damals nur aus fünf Mitgliedern bestand (le groupe des cinq), war mithin ein erklärter Gegner der kaiserlichen Regierung. Mit Rouher bestand er mehr als einen harten Strauß, besonders in der mexikanischen Frage, und als ihn eines Tages der durch seine scharfe Dialektik in die Enge getriebene Minister kurzweg fragte: „Was wollen Sie eigentlich?" antwortete er dreist: „Eine konstitutionelle Monarchie und kein parlamentarisches Scheinbild" (pas une phantasmagorie parlementaire).

Dieses Wort rief einen gewaltigen Sturm bei den Bonapartisten und Konservativen hervor, aus denen, mit Ausnahme der fünf, die ganze Kammer bestand, und es wäre beinahe zu Thätlichkeiten gekommen. Und doch war Olliviers Opposition keine systematische, weshalb er auch den Titel der „Unversöhnlichen" energisch ablehnte. Er trat ferner für die weltliche Macht des Papstes ein, wodurch er sich bei der Kaiserin sehr

beliebt machte. Dies war wohl auch der Hauptgrund,
weshalb ihn die Monarchin, während der Abwesenheit
des Kaisers in Algerien, im Jahre 1865, als Regentin,
oft in die Tuilerien beschied und in schwierigen Fragen
seinen Rat in Anspruch nahm. Schon damals wagte
Ollivier manch freies Wort zu Gunsten seines Lieblings-
themas; die Kaiserin schrieb dann wohl verschiedene
seiner Äußerungen nieder und soll einmal bei einer
solchen Gelegenheit gesagt haben: „Natürlich müßten
Sie dann Minister werden." — „Ich denke nicht im
entferntesten daran, Majestät", sei Olliviers Antwort
gewesen.*)

*) Fräulein Bouvet berichtet in ihren „Souvenirs" noch
die folgende Scene: „Die Kommission zu einer Reorgani-
sation der Gefängnisse für jugendliche Verbrecher hatte ihre
Sitzung beendigt, die Vorschläge der Kaiserin in Bezug auf
die Abschaffung der Einzelhaft angenommen und sich alsdann
zurückgezogen. Nur Ollivier war auf einen Wink der Monarchin geblieben. Man besprach noch verschiedene Dinge,
als plötzlich bei dem schlechten Wetter ein Windstoß einen
Fensterflügel des Saales aufriß und dichten Staubregen
hineintrieb. Ollivier beeilte sich, das Fenster wieder zu
schließen, und als ihm dies nur mit großer Mühe gelang,
half ihm die Kaiserin dabei. „Gott gebe", sagte er darauf,
„daß es uns gelingen möge, auch die politischen Stürme,
die uns bedrohen, so glücklich zu bewältigen."

Auch von der zweiten Gattin Olliviers weiß Fräulein
Bouvet viel zu erzählen. Sie war eine überaus einfache
junge Dame, aber gescheit und kenntnisreich. Auf Luxus
und Eleganz legte sie keinen Wert und zeichnete sich sogar
durch eine übertriebene Einfachheit ihrer Toiletten aus.

Genau genommen, datiert seine Umkehr, oder Rückkehr, wie man will, zum konstitutionellen Régime vom Januar 1867, wo der Moniteur einen Brief des Kaisers an Rouher veröffentlichte, der freiere Institutionen in Aussicht stellte, ohne die Macht, welche der Kaiser von der Nation erhalten hatte, zu beeinträchtigen.

„Meine Regierung will auf einem festen Boden weiterschreiten, denn sie kann neben der Macht auch die Freiheit ertragen. Fünfzehn Jahre einer stets wachsenden Ruhe und Wohlfahrt im Innern bürgen mir dafür, daß ich auf dem richtigen Wege bin und beide nur noch mehr befestige, wenn ich zu den großen Staatskörpern des Landes in immer nähere Beziehungen trete. Ich biete dadurch den Bürgern neue gesetzmäßige Garantien, um endlich die Krönung des Gebäudes herbeizuführen, das der Wille der Nation errichtet hat."

Der Minister Rouher, den der Kaiser noch immer nicht entlassen wollte, war bestimmt, dies ziemlich

Dabei war sie hübsch und anmutig, und gefiel namentlich den Herren sehr. Bei Hofe, wo sie als Gattin des Premierministers oft erschien, trug sie immer geschlossene Roben; man hatte sie nie dekolletiert gesehen. Auch keinen Schmuck, sondern höchstens Blumen im Haar, und die Roben selbst von schlichten und nichts weniger als kostbaren Stoffen. „Wir haben ja jetzt ein demokratisches Ministerium", sagte sie, wenn man ihr deswegen Vorwürfe machte, und verbat sich auch den Titel Excellenz. „Nennen Sie mich Madame Ollivier, wie Sie mich früher immer genannt haben." Auch Ollivier selbst ließ sich nie Excellenz titulieren.

vage Programm zu verwirklichen. Zunächst war es das Interpellationsrecht, das dem Senat und dem Gesetzgebenden Körper zugestanden wurde, allerdings auf Kosten der Adresse, die in Wegfall kam. Dies war schon ein schlimmer Mißgriff, weil die Adresse die beste Gelegenheit zu einer Diskussion über die innere und äußere Lage des Landes bot, und eine beschwichtigende Note des Moniteur war nötig, um die Adreßfrage einer Interpellation zu unterwerfen. Am wichtigsten war unstreitig die Wiederherstellung der Rednerbühne, die gleich nach dem Staatsstreich unterdrückt wurde und nun wieder zu Ehren kam*)

Wie weit Ollivier an dieser kaiserlichen Kundgebung beteiligt war, ist nie bekannt geworden; man wußte nur, daß er schon damals viel mit Napoleon verkehrte und ihm auf dessen Wunsch mehr als ein Memorandum eingeschickt hatte.

Aber erst zu Anfang des Jahres 1869 trat er bei den Neuwahlen zum Gesetzgebenden Körper mit einem Programm hervor, und zwar in Form eines offenen Briefes an den Kaiser und jedenfalls nach vorher eingeholter Zustimmung desselben. In diesem Briefe entwickelte Ollivier in offener und klarer Sprache seine Ansichten über ein konstitutionelles Kaiserreich

---

*) Vergl. Bd. I, S. 119.

im liberalen Sinne und fand damit auch bei den Bonapartisten und Konservativen großen Anklang. Von der eigentlichen Opposition und überhaupt von der Linken, hatte er sich längst getrennt.

Trotzdem vergingen noch Frühling und Sommer, bis es von seiten des Kaisers zu einer endlichen Entscheidung kam. Einesteils war daran die stete Unentschlossenheit Napoleons schuld, die durch seine zunehmende Krankheit vermehrt wurde und ihn in die bitterste Laune versetzte, die man früher gar nicht an ihm gekannt hatte, und von welcher seine Umgebung viel leiden mußte — andernteils war Rouher der Stein des Anstoßes, denn Ollivier stand mit ihm seit Jahr und Tag auf gespanntem Fuße. Aber Rouher entlassen, den getreuesten unter den Getreuen, ging dem Kaiser ans Herz, und doch mußte er sich endlich dazu verstehen.

Glücklicherweise — es klingt fast ironisch — war Troplong im März 1869 gestorben, und der Präsidentenstuhl im Senat wurde dadurch erledigt, eine der höchsten Würden des Kaiserreiches, wenn auch ohne direkten politischen Einfluß. Rouher wurde damit abgefunden, immerhin mit Ehren, aber doch abgefunden. Auch Haußmann kam später daran, also Vice- und Stadtkaiser beseitigt und damit für die konstitutionellen Neuerungen eine freiere Bahn.

Im Oktober hatte sich der Kaiser wieder nach Compiègne begeben, aber nur mit einem wenig zahlreichen Gefolge, weil diesmal dort kein eigentliches Hoflager, wie in früheren Jahren mit Bällen, Banketten, Konzerten u. s. w. gehalten werden sollte. Für den November waren deshalb auch nur Einladungen an die vornehme Pariser Herrenwelt zu den großen Jagden ergangen, an welchen der Kaiser aus Rücksicht auf seine Gesundheit nicht einmal immer teilnehmen konnte.

Der Hauptgrund dieser Änderung lag übrigens in der Abwesenheit der Kaiserin, die bereits ihre Orientreise angetreten hatte, von der wir weiter unten sprechen werden.

Es war das erste Mal, daß sich die Monarchin an ihrem Namenstage, dem 15. November, nicht in Compiègne befand, der immer zu großen Festlichkeiten Anlaß gab und zu dessen Feier ganze Waggonladungen von Blumen und kostbaren Geschenken aus Paris eintrafen. Niemand ahnte freilich, daß sie diesen Tag überhaupt nicht mehr, weder in Compiègne noch sonstwo in Frankreich feiern würde. —

Am 29. Oktober saß der Kaiser abends allein in seinem Kabinett, als sein neuer Geheimsekretär Piétri, ein Sohn des Polizeipräfekten, die Ankunft eines Herrn meldete, den der Kaiser augenscheinlich erwartet hatte, denn er erhob sich rasch und ging dem Eintretenden entgegen. Es war Emil Ollivier, mit dem er noch einmal, Satz für Satz und Note für Note, das neue Regierungsprogramm besprechen wollte. Als wäre nicht alles schon längst und auf das eingehendste mündlich und schriftlich zwischen beiden besprochen worden. Aber gleichviel — der ewige Cunctator, wie Ollivier selbst in einem Briefe an Duvernois den Kaiser nannte, hatte noch immer allerlei Bedenken.

Ihm fehlte offenbar die Kaiserin, die schon früher einmal bei einer ähnlichen Unterredung mit Ollivier, den schwankenden Gemahl zu bestimmen gewußt hatte, die Verhandlungen nicht abzubrechen, sondern diesem Manne zu vertrauen, als demjenigen, der allein noch Rettung bringen konnte. Man möchte dabei fast an die Gräfin Terzki in Schillers Wallenstein denken, die gleichfalls den unschlüssigen Feldherrn durch ihre scharfe Dialektik zu überreden wußte, obwohl der Vergleich insofern nicht paßt, denn Wallenstein wurde durch seine Schwester zu einem Verbrechen überredet, und die Kaiserin, wenn es überhaupt wahr ist, bestimmte den Kaiser zu etwas Gutem. Denn gut war entschieden diese Umkehr, nur daß sie leider zu spät kam.

Wie oft haben wir schon Gelegenheit gehabt, in der Geschichte des Zweiten Kaiserreiches dies „trop tard" zu betonen. Und doch wäre es vielleicht noch möglich gewesen, das sinkende Staatsschiff über die Sandbänke und durch die Klippen wieder auf die hohe See zu bringen, wenn nicht ganz besondere, unheilvolle Komplikationen eingetreten wären. Denn Ollivier meinte es wirklich ehrlich mit dem Kaiser und mit Frankreich; nur hatte er seine eigene Kraft und auch wohl seine politische Befähigung ü b e r schätzt und in noch höherem Grade die Hemmnisse, die sich ihm entgegenstellten, u n t e r schätzt, wodurch eine Verständigung und gar eine Versöhnung mit denen unmöglich wurde, die sich eben nicht verständigen und noch weniger versöhnen lassen wollten.

So war denn das neue Jahr (1870) gekommen, und mit ihm die neue Zeit. Die Gratulationscour am 1. Januar war stark besucht, aber die bekannte Januarrede, die früher immer ganz Europa in Spannung hielt, fiel sehr nüchtern aus. Das neue Programm hatte der Kaiser bereits bei Eröffnung der Kammern am 28. November, vier Wochen nach dem Besuch Olliviers in Compiègne, verkündigt, und erst der 2. Januar brachte die Liste des neuen „freisinnigen und v e r a n t w o r t l i c h e n Ministeriums": Ollivier als Justizminister (Großsiegelbewahrer) und zugleich Ministerpräsident, Daru als Minister des Auswärtigen, der aber bald dem Herzog von Gramont Platz machte, Chevandier als Minister des Innern und Buffet als

Finanzminister. Das waren die Hauptpersonen des neuen Kabinettes, zu denen noch Ségris als Unterrichtsminister hinzukam, denn auch Duruy, der einst so hochgefeierte, war geopfert worden. Unleugbar tüchtige und erprobte Männer und, soweit dies überhaupt ein Minister unter Bonaparte sein konnte, von liberaler Gesinnung. Es war ihnen nur nicht vergönnt, eine gedeihliche Wirksamkeit zu entfalten und die Wege für die neuen Institutionen zu ebenen, denn das Unglück, dem das volle Verderben folgte, brach zu schnell herein.

Den schlimmsten Kampf hatten die Minister gleich von vornherein mit der Pariser Tagespresse zu bestehen, und zwar mit den am meisten gelesenen Oppositionsblättern. Und hier war es besonders ein Journalist, der ihnen mehr als alle übrigen zusammen von früh bis spät zu schaffen machte: Henri Rochefort. Man hatte ihn anfänglich, im Jahre 1868, wo er als Mitarbeiter am Charivari fast täglich kleine pikante Artikel schrieb, nicht ernst genommen; als er aber bald darauf in die Redaktion des Figaro eintrat, und dadurch für seine satirische Feder einen größeren Spielraum und auch ein größeres Publikum fand, wurde man aufmerksam auf ihn, und die Regierung war genötigt, einzuschreiten. Sie that es zuerst in diskretionärer Weise, indem sie dem allzeit gefügigen Leiter des Figaro, Villemessant, unter der Hand die

Entfernung des unliebsamen Mitarbeiters empfahl. Dies geschah auch sofort, diente aber auch zugleich dazu, den Entlassenen erst recht bekannt zu machen. Rochefort trat jetzt als selbständiger Autor auf, und zwar in einer kleinen Wochenschrift unter dem Titel „Die Laterne", für welche seine Freunde und Anhänger monatelang vorher die lärmendste Reklame ins Werk gesetzt hatten.

Die erste Nummer der Laterne erschien am 1. Mai 1868 und war nach wenig Stunden bereits in hunderttausend Händen, und selbst die erklärtesten Gegner der kaiserlichen Regierung und der längst zu Tage getretenen Mißwirtschaft sahen sich in ihren kühnsten Erwartungen übertroffen.

So rücksichtslos und unverfroren und zugleich mit einer so bitteren, beißenden Satire hatte noch niemand das Kaisertum und den Kaiser selbst angegriffen und verhöhnt, in so derber Weise noch niemand die begangenen Fehler und die Schäden aufgedeckt, wie dieses kleine orangengelbe Heft, das wirklich schon auf hundert Schritt wie eine Laterne funkelte, wenn es sich unvorsichtig an das Tageslicht wagte.

Trotzdem ließ man unbegreiflicher Weise die beiden ersten Nummern und auch den Verfasser unbehelligt; wie man sagte, nach einer besonderen Weisung des Kaisers, welcher der Meinung war, daß ein derartiges extravagantes Gebaren sich von selbst richten würde. Jedenfalls ein großer Irrtum.

Erst bei der dritten Nummer schritt auf höheren Befehl die Polizei ein und fahndete nun auf das schreckliche corpus delicti mit um so größerer Hast und mit unermüdlicher Ausdauer; manches Hundert wurde auch glücklich konfisziert, aber es ging damit wie mit den Köpfen der Hydra: wenn ein Kopf abgeschlagen war, wuchsen gleich zehn neue nach. Noch nie hatte in Paris eine Schrift solches Aufsehn gemacht und die Neugier derer, die sie noch nicht gelesen hatten, so aufgestachelt, wie die Laterne, deren scheinbar kleines Lämpchen zu einer Riesenfackel wurde, die in die entlegensten Regierungs- und Verwaltungswinkel dreist hineinleuchtete, und auch das letzte dunkelste Eckchen nicht vergaß. Sogar bis auf den Schreibtisch des Kaisers wagte sich das unverschämte Ding, denn dort lag immer die neueste Nummer, gleich nach ihrem Erscheinen, und kein Mensch wußte, wie sie dahin gekommen war.

Lange dauerte natürlich die Herrlichkeit nicht, aber Rochefort hatte doch die Genugthuung, daß wegen seiner Laterne ein außerordentlicher Ministerrat unter dem Vorsitz des Kaisers abgehalten wurde, der die Vernichtung des Pamphlets und die Anklage gegen den Urheber beschloß.

Die dritte Nummer war nämlich, wenn möglich, noch schärfer und bissiger und — jeder halbwegs anständige Mensch, gleichviel welcher politischen Partei, mußte dies einräumen — noch gemeiner als die beiden vorhergehenden, denn in dieser wurde auch die Person der Kaiserin und sogar der kleine Prinz auf cynische Weise geschmäht und in den Kot gezogen. Wir verzichten hier auf Citate, denn das hieße dem Verfasser wirklich zu viel Ehre anthun.

Der Prozeß war ein kurzer; Rochefort verteidigte sich selbst, aber nur schwach, denn er war kein Redner, auch im übrigen kein Mann von hervorragendem Geist und bedeutenden Kenntnissen, sondern einfach ein Pamphletist „gros grain", wie der Franzose sagt, d. h. von der derbsten Sorte. Seine Losung, die er sehr gut als Motto seinen Heften hätte voransetzen können, war das eine Wort: Skandal. Und das hatte er vollkommen erreicht, vielleicht in weit größerem Maße, als er selbst gehofft.

Daß er dabei vielfach das Richtige traf und seine Pfeile nicht blind in die Luft verschoß, darf nicht geleugnet werden, aber die höhere Satire, etwa im Sinne eines Juvenal, war ihm völlig fremd. Er griff immer nur die Persönlichkeiten an, verspottete sie und machte sie lächerlich, verschmähte auch Verleumdungen und Entstellungen nicht und warf vielfach geradezu mit

Schmutz um sich. Leider war aber dies der richtige Weg, sich bei den großen Massen beliebt und populär zu machen; die Zeit war eben danach angethan, denn das absolute kaiserliche Regiment hatte zu viel Schuld auf sich geladen, um nicht dafür büßen zu müssen.

Rochefort wurde zu 13 Monaten Gefängnis und zu einer Geldstrafe von 10000 Franken verurteilt; er appellierte auch nicht, sondern zog es vor, schleunigst Paris und Frankreich zu verlassen.

Er ging nach Brüssel, wo er seine Laterne weiter schrieb, denn sie war ein sehr lukratives Geschäft geworden, und von dort aus auf allerlei Schleichwegen, besonders über Holland, nach Frankreich hineinschmuggelte, was oft ergötzliche Scenen hervorrief. So konfiscierte die Polizei einmal in einer der bedeutendsten Käsehandlungen, deren Besitzer noch dazu Hoflieferant war, ein volles Dutzend von jenen holländischen Käsen, die an Dimension kaum den Mühlsteinen etwas nachgeben: diese Käse waren hohl, und jeder enthielt einige Hundert orangegelbe Exemplare. Am nächsten Morgen war natürlich das schön vergoldete Kaiserwappen über der Thür des Käsehändlers verschwunden, aber ihm selbst konnte man nichts anhaben, denn er wußte von nichts, und die Käse waren zur Versendung in die Provinz bestimmt. Er schickte darauf viele Tausend Zirkulare umher, in welchen er seine „reine und unver=

fälschte holländische Waare" empfahl und hatte großen Zuspruch.

Die Laterne brannte dann noch eine ganze Weile fort, aber mit matterem Licht, denn sie war nun „etwas Altes" geworden, und selbst das ewige Nergeln und Schimpfen wird langweilig auf die Dauer. Zudem kam bald darauf die neue liberale Ära, die alle Gemüter in Anspruch nahm.

Der praktische Erfolg Rocheforts war übrigens ein großer, denn bei den Neuwahlen zum Gesetzgebenden Körper wurde er in der ersten „Circonscription" von Paris zu ihrem Vertreter gewählt und was sehr charakteristisch war, mit einem Siege über den Gegenkandidaten Carnot. Zu solchen Fortschritten waren also die Pariser bereits gekommen: es war der wild überfließende Strom, der aller Schleusen und Wehren spottete, und um so wilder dahinschoß, je strenger man ihn bis dahin eingedämmt. Ganz Paris hatte republikanisch und demokratisch gewählt und sich damit ein eigentümliches Zeugnis politischer Reife ausgestellt.

Die Unverletzlichkeit als Deputierter gestattete Rochefort die Rückkehr nach Paris, und sein bloßes Erscheinen in den verschiedenen Volksversammlungen rief mehrfache Ausschreitungen hervor, zu deren Unterdrückung sogar das Militär herbeigezogen werden mußte.

Am 3. Dezember 1869 hielt Rochefort in der

Legislative seine Jungfernrede. Alle Welt war gespannt, schon wegen des ominösen Datums, und man erwartete etwas Eklatantes, Außergewöhnliches. Als aber der Laternenmann, der persönliche Feind des Kaisers, auf der Tribüne erschien, machte seine hagere, unschöne Erscheinung schon von vornherein einen sehr ungünstigen Eindruck, der durch eine gewisse Verlegenheit, die man ihm ansah, noch erhöht wurde. Und die fulminante Rede? Sie blieb vollständig aus.

In lautloser, erwartungsvoller Stille begründete Rochefort mit kurzen, kaum verständlichen Worten den Vorschlag, in Zukunft die Wache des Sitzungsgebäudes nicht mehr von dem regulären Militär, sondern von der Nationalgarde beziehen zu lassen. Das war alles, und man fragte sich noch gegenseitig, ob man auch recht gehört habe, als der Redner bereits die Tribüne verlassen und wieder seinen Eckplatz auf der äußersten Linken eingenommen hatte. Die Rechte brach in ein schallendes Gelächter aus, das der Präsident streng rügte, aber das Fiasko war nicht wegzuleugnen. In der Legislative konnte mithin der Volksmann nicht gefährlich werden.

Als die Heiterkeit gar nicht aufhören wollte, rief Rochefort von seinem Sitze aus mit lauter Stimme: „Lachen Sie nur; so lächerlich habe ich mich aber jedenfalls nicht gemacht, als derjenige, der mit einem zahmen Adler auf der Schulter und mit einem Stück Speck im Hut Frankreich erobern wollte."*)

Dieser schlechte Witz, der wohl in einer republikanischen Arbeiterversammlung vor den Barrieren am Platz gewesen wäre, aber entschieden nicht in die Legislative gehörte, ging in den unteren Klassen von Mund zu Mund und versöhnte sie mit dem rhetorischen Fiasko ihres Lieblings.

Wir werden dem Laternenmanne noch einmal begegnen, wo er ein weit schlimmeres Fiasko erlitt, das ihn zugleich für die kurze Frist, die dem Kaiserreiche überhaupt noch vergönnt war, unschädlich machte.

---

*) Eine Anspielung auf den Handstreich Louis Napoleons in Bologne, im Jahre 1840, wo wirklich ein gezähmter Adler an Bord gewesen sein soll. Das Speck war dann eine rhetorische Zugabe Rocheforts.

Dreizehntes Kapitel.

Stimmungsbilder am kaiserlichen Hofe. — Adelina Patti, Marquise de Caux. — Testament des Kaisers. — Orientreise der Kaiserin. — Besuch in Konstantinopel und Aufenthalt in Ägypten. — Viertausend Gäste. — Nilfahrt. Kairo und Ismaïlia. — Einweihung des Suezkanals. — Ferdinand von Lesseps. — Großartige Festlichkeiten. — Prunk und Verschwendung des Vicekönigs. — Rückkehr der Kaiserin nach Frankreich. —

Der ehemalige Glanz des napoleonischen Kaiserhauses war, wie wir gesehen haben, wenn auch noch nicht ganz erloschen, so doch im Vergleich zu früher matt geworden, jedenfalls in den Augen derjenigen, welche den stets zunehmenden politischen Verfall nach außen hin und die sociale Lage im Innern aufmerksam beobachtet hatten.

Dies war besonders im Winter 1868/69 auffallend zu Tage getreten und konnte weder übertüncht,

noch weggeleugnet werden. Wie der Hof für alle
gesellschaftlichen Verhältnisse der Hauptstadt von jeher
den Ton angegeben hatte, so war er auch jetzt zum
Barometer geworden, das, wie es sonst das gute
Wetter, in den letzten Jahren das schlechte anzeigte.

Eine allgemeine Mißstimmung hatte sich längst der
Gemüter bemächtigt und mit ihr eine eigentümliche
Unruhe beim Gedanken an die nächste Zukunft. In
den Tuilerien war es auffallend still geworden, was
allerdings in der zunehmenden Krankheit des Kaisers
seinen Hauptgrund hatte, aber auch in den intimeren
Kreisen der Kaiserin herrschte nicht mehr der sorglose
Frohsinn der früheren Zeit.

Die traditionellen großen Bälle und Konzerte dauer=
ten freilich fort, schon aus Rücksicht auf die Pariser
Luxusindustrie, und die prächtigen Säle füllten sich
wie sonst mit jener glänzenden Menge, die sich kein
Vergnügen entgehen läßt. Aber selbst das Bild von
dem „Vulkan" paßte nicht mehr, denn es wurde auf
jenen Bällen außerordentlich wenig getanzt, und der
Marquis de Caux*), der glückliche Gemahl der Patti,

---

*) Adelina Patti stand schon als Spanierin, und mehr
noch als die erste Sängerin Frankreichs, in hoher Gunst bei
der Kaiserin. Sie vermählte sich im Jahre 1868 mit dem
kaiserlichen Oberstallmeister, Marquis de Caux. Der Marquis
mußte deshalb sein Amt niederlegen, und der Kaiser ernannte
ihn pro forma zum Kammerherrn, um ihm dadurch seine

und seit Jahren der gewandteste Cotillonführer bei Hofe, hatte Mühe, die Paare zusammenzubringen, die ihm sonst von allen Seiten tanzlustig zuflogen. Die gesamte Herrenwelt zog nämlich die reichbesetzten Buffets vor und that sich dort gütlich; an den alten war nicht viel gelegen, aber daß auch die jungen abtrünnig geworden, war ein böses Zeichen der Zeit.

Sie hatten sogar die Damen hinübergezogen, was bis dahin noch nicht geschehen war. So viele Gänseleberpasteten und feine Galantinen und Mayonnaisen waren auf den Hofbällen noch niemals verzehrt und so viele Flaschen Champagner und feine Weine noch niemals geleert worden, als in den letzten zwei Wintern, speciell was die Getränke betraf, so daß man wirklich versucht war, zu glauben, die Gäste wollten Kummer und Sorgen durch volle Gläser verscheuchen. Auch an den Spieltischen wurde höher und leidenschaftlicher gespielt als sonst; im entlegensten Saal wurde sogar manchmal ein kleiner Landsknecht aufgelegt, und die Damen beteiligten sich beim Ecarté mit einem Goldstück als Extrapoint für den König.

Das machte, weil das Auge des Herrn fehlte und

Hoffähigkeit zu sichern. Die nicht glückliche Ehe wurde im Jahre 1877 wieder getrennt, und man erzählte sich damals, die Marquise habe das Recht, den Titel ihres Gemahls weiter zu führen, mit einer Million Franken erkauft.

auch das der Herrin, denn die Majestäten erschienen nur für kurze Zeit und auch nur im Marschallssaal, und nahmen nicht mehr an der großen Hoftafel in der Dianengalerie teil.

In Paris gärte es unaufhörlich seit dem Prozeß Baudin und später wegen der bösen Laterne; was war überhaupt von einer Bevölkerung zu erwarten, die nur socialdemokratische und unversöhnliche Vertreter in die Kammer geschickt hatte? Wie konnte unter solchen Auspicien der Kaiser sich noch den Tafelfreuden hingeben, ganz abgesehen von seinem leidenden Zustande, der ihm die strengste Diät auferlegte.

Er hatte am Tage nach jenem bedeutsamen Novemberabend in Compiègne, wo er Ollivier zum Ministerpräsidenten wählte, sein Testament gemacht, denn er verhehlte sich seinen gefährlichen Zustand nicht mehr. Er wollte damit seinem Sohne, unter der Regentschaft der Kaiserin, die Krone sichern. Auch der Gedanke, den zwölfjährigen kaiserlichen Prinzen zum Mitregenten zu ernennen, kam damals im Geheimenrate zur Sprache, und zwar durch Rouher, der so lebhaft dafür eintrat und alle Bedenken so energisch bekämpfte, daß man sofort die tiefer liegende Absicht herausfühlte, die keine andere war, als dadurch den Vorsitz im Ministerium wieder zu gewinnen. Die Kaiserin soll dafür gewesen sein, aber der Kaiser selbst legte sofort ein Veto ein, schon wegen des allzu jugendlichen Alters. Was bedeutete auch das „Mitregieren" eines Kindes! Erst in seinem fünfzehnten Jahre wollte er den Prinzen für volljährig erklären und dann an den Regierungsgeschäften teilnehmen lassen. Bis dahin würde das neue konstitutionelle Regiment sich dauernd befestigt und der Sohn sich in dasselbe eingelebt haben. So plante der Kaiser. Überdies nahm ihn die ernste Gegenwart dergestalt in Anspruch, daß er ihr seine ganze Sorge und die ihm noch gebliebene Thatkraft zuwenden mußte.

* * *

Inmitten der bewegten und auch zugleich so ernsten Herbsttage 1869, erst in Compiègne und später in den Tuilerien, wo sich die große Umwandlung der kaiserlichen Politik vollzog, die mit dem neuen Jahre, dem letzten der napoleonischen Herrschaft, ins Leben trat, und nur leider von so kurzer Dauer war, daß man sie auf ihren Wert oder Unwert gar nicht prüfen konnte, — inmitten dieser Zeit fand ein bedeutsames Ereignis statt, das noch einmal den kaiserlichen Namen durch die Welt trug und Frankreich mit einem frischen Nimbus umgab, der an seine glorreichsten Zeiten erinnerte.

Freilich auf einem ganz anderen Gebiete und auch örtlich nicht einmal in Frankreich selbst, aber es war doch eine Reihe von glänzenden pracht- und prunkvollen Tagen, noch dazu von welthistorischer Bedeutung, die wie ein märchenhaftes Zauberbild vorüberzogen, und wo die französische Trikolore den Flaggen und Fahnen aller anderen Nationen stolz voranwehte: **die Einweihung des Suezkanals.**

Der Vicekönig von Ägypten, Ismaïl-Pascha, der bereits im Weltausstellungsjahr 1867 Paris besucht hatte, war im Sommer 1869 noch einmal nach Europa gekommen, um in Person Kaiser und Könige, Fürsten und hohe Herren zu den großen Festlichkeiten einzuladen, mit welchen die Völker und Meere verbindende Wasserstraße eingeweiht werden sollte.

Der Kanal, der zwei Jahrzehnte lang die gesamte Schiffahrts- und Handelswelt in erwartungsvoller Spannung gehalten hatte, war endlich glücklich vollendet, trotz aller Mühen und Sorgen, finanzieller sowohl, wie politischer, und der kühne und intelligente Unternehmer, den kein Hindernis zurückschreckte, und der alle siegreich zu überwinden wußte, Ferdinand von Lesseps, hatte dadurch seinen Namen unsterblich gemacht.

An mehreren europäischen Höfen fand der Vicekönig freundliche Aufnahme und Zusage, speciell in Wien, Berlin und Turin, aber vor allem richtete er sein Augenmerk auf Paris, um sich gleichfalls die Gegenwart der Majestäten zu erbitten.

Der Kaiser mußte schon aus Gesundheitsrücksichten ablehnen, aber die Kaiserin nahm die Einladung gern an, denn es bot sich ihr dadurch die beste Gelegenheit, den Orient zu sehen, was seit Jahren ihr sehnlichster Wunsch war.

Ein gewisser romantischer Zug lag überdies von jeher in ihrem Wesen; strengere Beurteiler nannten dies wohl gar einen Hang zum Abenteuerlichen, jedenfalls hatte sie eine Vorliebe für alles Außergewöhnliche, originelle und neue — glich doch ihr ganzes Leben einem Roman mit seinen Licht- und Schattenseiten, die ersteren bis dahin glänzend hervortretend, die letzteren nur zu bald die Oberhand gewinnend.

Diese Monarchin, die „erste Dame von Europa", als Königin der Suezfestlichkeiten vorzuführen, entsprach so völlig und ganz der Eitelkeit des ägyptischen Machthabers, daß er, sobald er eine sichere Zusage erhalten, alle Vorbereitungen verdoppeln und verdreifachen ließ, um den hohen Gast mit niegesehenem Prunk zu empfangen und mit orientalischer Märchenpracht zu umgeben.

Er war auch ganz der Mann, ein Programm, das selbst die kühnsten Erwartungen übertreffen sollte, und auch in Wahrheit übertraf, zu verwirklichen, denn ihm stand alles zu Gebote, was dazu nötig war: der Zauberstab des Fortunatus und die Wünschelrute des „Sesam, öffne dich", die Wunderlampe Aladins, und das „Tischchen deck' dich" und vor allem der unerschöpfliche Heckthaler man schätzte später die Gesamtkosten des Einweihungsfestes, mit allem, was demselben voraufging und nachfolgte, auf rund zwanzig Millionen Thaler; nach anderen sogar auf achtundzwanzig Millionen, und diese Summe dürfte die richtigere sein. Damit ließ sich schon etwas herstellen, das selbst in den Annalen des asiatischen Luxus Epoche machte und unerreicht dastand.

Gegen sechstausend Einladungen waren so ziemlich durch ganz Europa ergangen: an Künstler, Schriftsteller und Gelehrte, an namhafte Journalisten, die noch besondere Honorare für ihre Berichte erhielten (man kann sich denken, was für Berichte!) an hohe Staatsbeamten, Financiers und angesehene Industrielle und Grundbesitzer — kurzum an alle nur denkbaren einflußreichen und hervorragenden Persönlichkeiten, die geeignet erschienen, dem großen Ereignis, das jedenfalls zu dem bedeutendsten des Jahrhunderts gehörte, einen internationalen Charakter zu verleihen.

Über viertausend Geladene hatten zugesagt, und diese begaben sich nun von ihren verschiedenen Heimatsorten nach einem der bezeichneten Häfen des Mittelmeeres, Genua, Marseille, Triest und Neapel, wo die viceköniglichen Dampfschiffe sie erwarteten, um sie in

das Gelobte Land zu bringen. Daß der splendide Wirt
ihnen nicht auch noch die Fahrkarten auf den Eisen=
bahnen gelöst hatte, war alles; im übrigen hatten die
Herrschaften nicht die geringsten Kosten, alles war
gratis und orientalisch gratis, nämlich alles in Hülle
und Fülle, und vielfach in geradezu maßloser Ver=
schwendung.

Zunächst ging es nach Alexandria und Kairo, wo
in beiden Städten sämtliche Gasthöfe und eine Menge
Privatwohnungen auf vicekönigliche Kosten zur Auf=
nahme und Verpflegung der Gäste, und zwar für die
Dauer eines Monates gemietet waren, und wo für
jeden Gast täglich 1 Lstl. bezahlt wurde. Hier ist die
Gesamtsumme leicht nachzurechnen.

Auf dem Nil lagen Dampfschiffe und Dahabien*)
bereit für diejenigen, die eine Nilreise stromaufwärts

---

*) Dahabien (die Goldenen) sind große, mit allem Komfort
ausgestattete Segelschiffe, auf welchen die Touristen, gewöhn=
lich ganze Familien, eine Nilreise machen. Ein Unternehmer,
der auch den Kapitän (den Reis) mit der nötigen Mannschaft
stellt, sorgt für die vollständige Verpflegung, und ein Dra=
goman ist gleichfalls an Bord, der an allen sehenswerten
Plätzen anhalten läßt und die Reisenden umherführt. Eine
solche Nilfahrt dauert in der Regel mehrere Monate und
kostet, je nach der Anzahl der Personen und ihrer Ansprüche,
gegen 800 bis 1200 Franken monatlich. In neuerer Zeit
hat auch eine englische Dampfschiffahrtsgesellschaft in ähnlicher
Weise diese Fahrten unternommen.

bis zu den Katarakten zu machen wünschten, und es läßt sich leicht denken, daß niemand zurückblieb.

In Lukfor war wegen des nahen Thebens und Karnaks die erste Hauptstation, denn dort sollte auch die Kaiserin Eugenie eintreffen, um den großen Obelisken, dessen Bruder auf dem Concordeplatz in Paris steht, in Augenschein zu nehmen. Zwanzig und mehr Dampfschiffe und Dahabien lagen dort vor Anker und erwarteten die moderne Kleopatra, deren Name unter den vielen Tausend Menschen am Ufer von Mund zu Mund ging. Sie verdiente schon deshalb diesen Titel, denn seit Kleopatras Zeit hatte der Nil ein solches Schauspiel nicht gesehen. Die von einem Dampfer gezogene Dahabie der Kaiserin war diesmal wirklich eine goldene, mit himmelblauen seidenen Segeln und mit den Flaggen aller Nationen geschmückt; aber auf der höchsten Mastspitze wehte die französische Trifolore mit dem kaiserlichen Adler

Am Ufer war aus prächtigen Stoffen ein gegen hundert Fuß langes Frühstückszelt aufgeschlagen mit ungefähr 200 Gedecken, und dort wurden auch der Kaiserin die bedeutendsten Gäste vorgestellt, unter den Deutschen die berühmten Ägyptologen Lepsius und Dümichen, der Bildhauer Drake u. a. Die Kaiserin bezauberte alle durch ihre Leutseligkeit und ließ sich auf einem Rundgange die Tempeltrümmer mit ihren

Hieroglyphen und die Denkmäler und Gräber erklären. Dann ging die grandiose Fahrt, der sich jetzt sämtliche Dampfer und Nilschiffe anschlossen, weiter hinauf bis Assuan, dem Syene der Alten, das die Römer zugleich Finis Imperii nannten, denn dort im äußersten Süden dachten sie sich das Ende der Welt. Ein seltsamer Zufall, daß die französische Kaiserin gerade bis dahin ihre phantastische Reise ausdehnte und dann umkehrte.

In Assuan erreichte diese märchenhafte Wunderwelt ihren Höhepunkt.

„Kaum hatte sich", schreibt ein Augenzeuge, „nach dem lauten Tumult des Landens eine echte Tropennacht auf die Erde niedergesenkt, als sich längs des ganzen Ufers von Assuan ein großartiges und entzückendes Schauspiel entfaltete. Zuerst wurden die Dampfschiffe der Kaiserin mit Tausenden von buntfarbigen Lampen illuminiert, dann übersäete sich auch das Ufer mit einem unabsehbaren Lichtmeer von Lampions und hoch auflodernden Fackeln. Gleich darauf stiegen in der Nähe der kaiserlichen Yacht dichte Feuergarben in ununterbrochener Folge gen Himmel, die sich hoch oben in der Nacht zu prächtigen Leuchtkugeln in den Farben der französischen Trikolore auflösten. War eine Feuersäule unter dem herabsinkenden Sternenregen verschwunden, so fuhr schon eine andere wieder empor, oder schoß in schräger Richtung über das Ufer hin, während im Grase weiße, blaue und rote bengalische Flammen die im Nachthauch träumenden Palmen und Akazien mit zauberischen Tinten übergossen.

Dazu die seltsam zusammengesetzte Menschenwelt, der orientalische Süden, mit schwarzen nubischen Elementen vermischt, die einzelnen europäischen Erscheinungen neben der vor Freude strahlenden Kaiserin — ja, es war ein unbeschreiblich zauberisches Bild, ein duftendes, glänzendes Feenmärchen, dies neu aufgelebte Kleopatratreiben, nur in anderer Form, in anderer Weise, nach] anderer Sitte. Die Kaiserin hatte uns alle zum Thee einladen lassen; aber ich ging nicht mit hin, denn auf einmal kam mir wieder mit unheimlichem Grausen der Gedanke an das schreckliche Belsazarfest und an die furchtbare Schrift jener alttestamentlichen Hand."*)

So wurde die französische Kaiserin am oberen Nil gefeiert, und in Kairo selbst und später in Ismaïlia erwarteten sie ähnliche und noch größere Huldigungen.

Sie hatte auf ihrer Überfahrt nach Ägypten vorher dem Sultan in Konstantinopel einen Besuch gemacht, sowohl in Erwiderung des seinigen in Paris zur Weltausstellung, als auch, und hauptsächlich, um dem eigentlichen Oberherrn des Osmanischen Reiches, und mithin auch der Provinz Ägypten, den schuldigen Respekt zu bezeigen. Dies letztere hatte ihr Gemahl, der Kaiser, zur Bedingung der Orientreise gemacht, denn er wußte sehr gut, daß der Sultan das allzu großartige und selbständige Gebaren Ismaïl-Paschas, eines „Unterthanen der Pforte", mit scheelen Augen betrachtete.

---

*) Fata Morgana, von Avé-Lallemant.

Aber auch der Vicekönig selbst wußte dies sehr gut und hatte deshalb seinen „Herrn und Gebieter" als Hauptperson zu den Suezfeierlichkeiten zuerst eingeladen, obwohl er im voraus wußte, daß er nicht kommen würde, und ihm zugleich „zur Bestreitung der Reisekosten" hunderttausend Lstr. gesandt und dem Großvezier zehntausend. Solchen „klingenden Gründen" war man aber von jeher in Stambul sehr zugänglich, und das gute Einvernehmen wurde durch dieselben wieder hergestellt.

Das am Nil zwischen Kairo und den Pyramiden liegende prächtige vicekönigliche Schloß Gezireh war für den Aufenthalt der Kaiserin bestimmt, und hier ward ihr eine ganz eigentümliche und höchst originelle Überraschung zu teil.

Kaum hatte sie, in Begleitung des Vicekönigs, ihre Gemächer betreten, als sie versucht war, sich wieder nach Saint-Cloud zurückversetzt zu glauben. Wohin sie die verwunderten Blicke sandte, war alles wie dort in ihrem Schlosse an der Seine. Dieselbe Bekleidung der Wände mit himmelblauem, kapitonniertem Atlas, dieselben goldbefransten Samtportièren und dieselben gestickten Möbel mit Watteauschen Schäferbildern, wie daheim in ihrem Empfangssalon. Auch das Boudoir in gelbem Atlas, mit dem zierlichen Schreibtisch und den Blumenétagèren voll duftender Veilchen und Orchibeen, war ebenso genau kopiert, und ein gleiches galt von dem Schlaf= und Badezimmer. Sie konnte sich anfangs von ihrem Erstaunen gar nicht erholen, und das Gefolge nicht minder. Und das alles für den Aufenthalt von nur einigen Tagen!

„Wie ist mir denn, oder ist es ein Traum? Ich bin ja zu Hause", sagte sie zu Sr. Hoheit.

„Majestät", entgegnete der galante Fürst, „Sie wissen, Ägypten ist das Land der Fata Morgana; ich wollte Sie nur die Heimat nicht allzu schmerzlich vermissen lassen."*)

Dann führte er sie auf den Balkon hinaus und zeigte ihr die Pyramiden, die in dem blendenden Sonnenlicht wie Silber glänzten; auch die Sphinx war deutlich erkennbar, „das Riesenweib, das schon so viele Jahrtausende ewig nach Osten schaut, und keiner

---

*) Es war dies übrigens keine kleine Aufgabe für den Vicekönig gewesen, und die er nur lösen konnte, indem er sich durch vertraute Personen schon zu Anfang des Jahres 1869 genaue Kopien der betreffenden kaiserlichen Gemächer in Saint=Cloud zu verschaffen gewußt. Einmal im Besitz der Kopien, war es ihm, bei dem der Kostenpunkt niemals in Betracht kam, ein leichtes, in seinem Schlosse die ganz gleichen Räume herstellen zu lassen, zumal er sich zu diesem Zwecke auch Tapezierer mit ihren Gehülfen aus Paris verschrieben hatte. Aber die dadurch der Kaiserin bewiesene Aufmerksamkeit war doch eine große und wahrhaft fürstliche, und jedenfalls einzig in ihrer Art.

weiß, was sie denkt und was sie sinnt." Sie hätte vielleicht für die Kaiserin die Rätsel der kommenden Tage lösen können, aber sie war wie immer, so auch heute stumm wie das Grab.

Auf dem unten vorbeifließenden Nil zogen die Barken mit dem uralten lateinischen Segel zwischen den grünen Ufern friedlich hin und her, im Schloßgarten blühten die Aloen und Agaven unter leuchtenden Tropenblumen, und in den gefiederten Kronen der Dattelpalmen spielte der laue Morgenwind. Das war ein freundlicheres Bild, das der heiteren, sorgenfreien Gegenwart besser entsprach.

Der 18. November war der große Einweihungstag der neuen Wasserstraße. Schon einige Tage vorher hatten sich die Schiffe der verschiedenen Nationen mit den Hohen, Höchsten und Allerhöchsten Gästen — so verlangt es der offizielle Stil — am Eingang des Kanals auf der Reede von Port-Said versammelt, und als in der Frühe des genannten Tages die Kanonen der Molen das Signal gegeben, setzte sich der imposante Zug in Bewegung. Der prächtige französische Kriegsdampfer „l'Aigle" vorauf, mit der Kaiserin und ihrem Gefolge, und an ihrer Seite den Helden des Tages: Ferdinand von Lesseps „Die Trikolore zeigte den anderen Schiffen den Weg", meldete stolz der Moniteur, wobei er nicht bedachte, daß diese Auszeichnung eigentlich nur auf Rechnung der Etikette kam, die überall den Frauen den Vorrang läßt; aber gleichviel, Frankreich segelte doch vorauf.

Auf den französischen Dampfer folgte der nicht minder stattliche österreichische mit dem Kaiser Franz Joseph, und nach diesem die elegante Korvette mit dem Kronprinzen von Preußen, unter der Flagge des Norddeutschen Bundes, ferner ein italienischer Dampfer mit dem Kronprinzen von Italien; das waren gewissermaßen die Hauptrepräsentanten der Kanalflotte, denen sich die übrigen zahlreichen Schiffe der anderen Nationen anschlossen.

Die Fahrt nach Ismaïlia, dem Centralpunkte der Festlichkeiten und genau auf der halben Route des ganzen 160 Kilometer langen Kanals gelegen, nahm mehrere Stunden in Anspruch, so daß es fast Abend wurde, bevor alle Gäste ausgeschifft und untergebracht waren.

Vor fünfzehn Jahren war dort noch öde, steinichte Wüste, bis der vom Nil hergeleitete Süßwasserkanal*)

---

*) Dieser Süßwasserkanal, von Kairo nach Ismaïlia, mit einer Abzweigung nach Suez, ist in seiner Art ein Seitenstück zum eigentlichen Suezkanal, denn er erleichterte die Kosten des ganzen Unternehmens um viele Millionen. Bis zu seiner Vollendung mußten nämlich 1600 Kameele täglich den nötigen Wasserbedarf für die 25 000 Kanalarbeiter vom Nil durch die Wüste herbeischaffen, was wöchentlich einen Kostenaufwand von 56 000 Franken erforderte.

das Leben brachte, und nach weiteren zehn Jahren eine freundliche Stadt mit Palmen, Akazien und Sykomoren schuf, und Gärten mit Blumenbeeten und schönen Anlagen. Das Nilwasser bewirkte dies Wunder, nach einem alten arabischen Volkswort: „wo das Wasser hinkommt, giebt es keine Wüste mehr."

Natürlich konnten die Häuser der Stadt die Menge der Gäste nicht fassen, man hatte deshalb ringsum eine zweite Stadt aus mehr als hundert Zelten geschaffen, alles kraft der unerschöpflichen Wünschelrute des Vicekönigs. In seinem geräumigen und mit orientalischer Pracht ausgestatteten Palaste, denn auch einen solchen hatte man dort erbaut, wurden die Majestäten und Hohen Fürstlichkeiten einquartiert, und an jenem Abend strahlte das ganze große Gebäude von außen wie von innen in einem Lichtmeer von vielen Tausend Kerzen und spiegelhellen Laternen. Ein Ballfest mit einem grandiosen, gleichfalls aus Frankreich verschriebenen Feuerwerk eröffnete die Einweihungsfeierlichkeiten, und hier war es, wo die Kaiserin die Huldigungen dreier Weltteile empfing. Jedenfalls eine der bedeutungsvollsten und denkwürdigsten Stunden ihres ohnehin schon so ereignisreichen Lebens.

Am nächsten Morgen wurde in Gegenwart einer zahllosen Menschenmenge die religiöse Feier der Einweihung vollzogen, und zwar durch Geistliche der verschiedenen Konfessionen, denen sich auch der Mufti aus Kairo mit vielen Imamen und Muebbins, und koptische Priester und Rabbiner anschlossen, „damit", wie es in der vizeköniglichen Proklamation hieß, „die Bekenner aller Religionen den Segen des Himmels auf das vollendete Werk herabflehten."

Auf diese Feierlichkeit folgte eine Parade der ägyptischen Truppen und ein Scheingefecht zwischen den verschiedenen Beduinenstämmen, die mit ihren Scheichs gleichfalls geladen waren und in besonderen Zeltlagern kampierten; für die Europäer ein besonders interessantes Schauspiel. Außerdem war in schnell errichteten Festsälen und luftigen Hallen mehrere Tage lang offene Tafel für vornehm und gering, und die sprichwörtliche orientalische Gastfreundschaft bewährte sich in geradezu verschwenderischer Weise.

Die Kaiserin Eugenie, die ja für uns die Hauptperson des ganzen großartigen Ereignisses ist, reiste am Morgen des dritten Tages mit ihrem Gefolge auf der Bahn nach Alexandria zurück, wo der Aigle bereits vor Anker lag, der sie in rascher, glücklicher Fahrt wieder nach Marseille brachte.

Das wunderbare Märchen des Orients, in welchem sie die glänzende Rolle einer Fee gespielt hatte, war zu Ende; in Paris erwartete sie die ernste und, zumal im Vergleich mit ihren Erlebnissen im Pharaonenlande, die nüchterne Wirklichkeit, deren Einfluß auch sie sich längst nicht mehr entziehen konnte.

Sie fand den Kaiser von seinen letzten Anfällen noch sehr leidend, obwohl in der Besserung. Die täglich nach Ägypten aus Paris gesandten Depeschen und Briefe hatten ihr den gefährlichen Zustand des Kranken fast ganz verheimlicht, so namentlich nichts von einer Operation gemeldet, die man anfangs für nötig erachtet, aber später wieder aufgegeben hatte. Jetzt schien die Gefahr, wenigstens für die nächste Zeit, beseitigt. Trotzdem konnte die Kaiserin ihre trübe Stimmung nur schwer bemeistern und mehr als einmal soll sie damals ihren Vertrauten gegenüber, wie vorahnend, geäußert haben: „ich weiß nicht, aber ich meine immer, ich sollte in diesem Leben niemals wieder ganz froh werden."

Vierzehntes Kapitel.

Rückblick auf die Orientreise der Kaiserin, und die vizeköniglichen Geschenke. — Das liberale Ministerium und die liberale Zeit. — Die neue Zeitung Rocheforts: „Die Marseillaise." — Der Prinz Pierre Bonaparte fordert Rochefort zum Zweikampf und erschießt dessen Kartellträger, Victor Noir. — Ungeheure Aufregung in Paris. — Das Leichenbegängnis Victor Noirs in Neuilly. — Drohende Anzeichen einer Revolution. — Militärische Vorkehrungen des Marschalls Canrobert. — Rochefort verurteilt und der Prinz Pierre freigesprochen. — Das Plebiscit. — Die spanische Königswahl. — Der französisch-preußische Konflikt. — Kriegserklärung Frankreichs an Preußen. — Bankett in Saint-Cloud. — Letzter Ritt des Kaisers durch die Hauptstadt. — Napoleon III. übernimmt das Oberkommando und verläßt Paris. —

Die Orientreise der Kaiserin bildete in den Hofkreisen noch lange einen beliebten Unterhaltungsstoff und die Donnerstagabende wurden dadurch wieder belebter und interessanter. In einem großen Saale befanden sich die Geschenke, mit welchen der Vicekönig sowohl die Monarchin, wie ihr Gefolge in seiner bekannten Freigebigkeit förmlich überschüttet hatte. Ein besonderes Dampfschiff hatte die vielen Hundert großen und kleinen Kisten und Ballen nach Marseille gebracht, und von da mit der Bahn nach Paris, alles auf Kosten des splendiden Gebers, der sich dadurch in einem um so besseren Andenken zu erhalten wünschte.

Als die unzähligen Gegenstände aufgestellt und geordnet waren, bildeten sie ein vollständiges Museum, dessen genaue Besichtigung mehrere Stunden in Anspruch nahm. Prächtige Stoffe aus Persien und Syrien in leuchtendem, buntfarbigem Seidenglanz lagen auf den Sesseln, flammende Teppiche von jenem eigentümlichen Bronzeschimmer, den die europäischen Webereien noch immer nicht nachahmen können, bedeckten, halb entrollt, den Parkettboden, und dazwischen blitzten goldgestickte Decken, manche von ihnen sogar mit Edelsteinen und echten Perlen verziert — kurzum das Kostbarste und Schönste, was die Kaiserin auf ihrer Reise so oft in den Palästen des Vicekönigs bewundert hatte und das jetzt ihr Eigentum geworden war.

Auf den Tischen standen feincifelierte Schalen, Kannen und Becher aus Edelmetall und hohe Vasen aus Onyxmarmor, der einzig und allein in Oberägypten gebrochen wird und ein Monopol der Regierung ist. Truhen und Kasten aus Sandelholz mit eingelegten Arabesken in Perlmutter, allerdings schon in Paris bekannt, wo ja alles zu haben ist, aber jedenfalls nicht in so reichen und kostbaren Exemplaren. Ferner eine große Auswahl nubischer und sudanesischer Waffen, die auf Pardelfellen schon zu ganzen Panoplien zusammengestellt waren, als Wandverzierungen für die Gemächer des Kaisers, und hunderterlei zierlich geschnitzte Geräte, deren Gebrauch man oft nicht einmal kannte — man hätte wirklich einen Katalog von all den Herrlichkeiten anfertigen können. Sogar ein buntbemalter Mumiensarg mit seinem tausendjährigen Inhalt wurde von den Lakaien hereingetragen, aber die Hofdamen entsetzten sich so sehr, als man den Deckel öffnen wollte, daß die Kaiserin befahl, ihn sofort nach dem Louvre in das dortige ägyptische Museum zu schaffen.

Sie wollte übrigens dem Geschenkgeber an Generosität nicht nachstehen und verteilte noch an demselben Abend eine Menge von ihren Schätzen an die Herren und Damen ihrer Umgebung, so daß niemand leer ausging.

Das waren harmlose und heitere Zerstreuungen, bei denen man momentan die böse Gegenwart vergaß.

aber inzwischen hielt der Kaiser täglich stundenlange Konferenzen mit den neuen Ministern, die sich dann später noch nach dem Ministerium des Auswärtigen am Vendômeplatze begaben, das Ollivier als Kabinettschef bereits bezogen hatte.

Schon früher haben wir auf die jedenfalls redlichen Absichten Olliviers hingewiesen, die er nur in dem steten Kampf mit der unversöhnlichen Opposition nicht verwirklichen konnte; aber auch äußere und ganz zufällige Ereignisse griffen verhängnisvoll dazwischen, die ihm seine Stellung außerordentlich erschwerten und den Gegnern und mehr noch der Anarchie, die sich immer drohender kundgab, eine willkommene Gelegenheit boten, kühner und rücksichtsloser aufzutreten.

Wir nennen von diesen Ereignissen nur eines, gleich zu Anfang des Jahres 1870, wodurch ganz Paris in eine derartige Aufregung versetzt wurde, daß es vierundzwanzig Stunden lang fast vor dem Ausbruch einer Revolution stand.

Rochefort hatte nach seiner Rückkehr sofort eine neue republikanische Zeitung, „La Marseillaise", gegründet, eigentlich eine Fortsetzung seiner Laterne, nur unter einem anderen Titel, als täglich erscheinendes Blatt, und von vielen gleichgesinnten Journalisten unterstützt. Ton und Haltung waren dieselben, und die gehässigen Angriffe auf die kaiserliche Familie dauerten fort. Von irgend einem ernsten politischen Artikel, wie ihn die anderen Zeitungen der Opposition täglich brachten, und wozu die neue, sogenannte liberale Ära gewiß die beste Gelegenheit bot, war in der Marseillaise nicht die Rede; nur Spott und schlechte Witze, Verhöhnung des Klerus durch Aufwärmen alter, längst abgethaner Skandalgeschichten, Verhetzung der unteren Klassen gegen die Reichen und Ähnliches, das natürlich in den niederen Volksschichten großen Anklang fand.

Ein schlagender Beweis, zu welchen Mißbräuchen und Ausschreitungen das neue liberale Preßgesetz schon nach wenigen Monaten geführt hatte. Da war es kein Wunder, daß die Regierungsblätter und mit ihnen die gesamte bonapartistische Partei zur schleunigen Umkehr mahnten und auch ihrerseits wieder zu weit gingen, wenn sie dem absoluten Regiment allzueifrig das Wort redeten.

So sah sich der Kaiser mit seinen Ministern beständig zwischen zwei Feuern, lehnte aber beharrlich alle Reaktionsversuche ab und blieb bei seiner Idee von den unvermeidlichen Übelständen einer jeden Übergangsperiode. Ein plötzlich hereinbrechendes schlimmes Ereignis sollte ihn eines Besseren belehren und ihm die Augen öffnen.

In Paris lebte seit dem Zweiten Kaiserreich der Prinz Pierre Bonaparte, der jüngste Sohn Lucians, eines Bruders Napoleons I., der sich aber wegen seiner nicht standesgemäßen Ehe stets vom kaiserlichen Hofe fern hielt und sogar mehr als einmal eine ihm angebotene Krone ausschlug. Er starb 1840 zu Viterbo bei Rom.

Der Prinz Pierre hatte ein abenteuerliches Leben in verschiedenen Weltteilen geführt, als er sich nach der Wahl seines Vetters zum Präsidenten der Republik, wie die anderen Verwandten, in Paris einfand, um irgendwie Karriere zu machen. In Korsika wählte man ihn, schon seines Namens wegen, zum Vertreter in der Nationalversammlung und nach dem Staatsstreich auch in den Gesetzgebenden Körper. Er erregte aber gar bald durch seine demokratischen Gesinnungen und durch sein republikanisches Auftreten bei den Bonapartisten großen Anstoß, denn ihm fehlte, bei einem gänzlichen Mangel an politischer Einsicht, das einfache Verständnis für die Zwecke und Ziele des Präsidenten, die doch so deutlich auf ein Zweites Kaiserreich hinwiesen. Dabei war er jähzornig und brutal und ohne alle feinere Bildung, so daß ihm, trotz seiner Geburt und seines Titels, denn unter dem Kaiserreich erhielt er als Agnat den Titel Hoheit, alle höheren Gesellschaftskreise verschlossen blieben. Am Hofe erschien er vollends niemals und verlangte auch gar nicht danach, sondern begnügte sich mit der beträchtlichen Jahresrente, die ihm die Civilliste auszahlte.

Er gehörte als passionierter Jäger in die korsischen Berge, wohin er sich auch oft begab, aber doch immer wieder nach Paris zurückkehrte. Er war im Grunde kein schlechter Mensch, und man erzählte von ihm manchen Akt der Selbstaufopferung und Herzensgüte. Freilich auch viele schlimme Geschichten, so u. a. einen Kampf mit den Sbirren im Kirchenstaat, wo er einen Offizier erstochen haben sollte, und Ähnliches.

Trotzdem hielt er sehr auf seinen Namen und seinen Rang, und nichts konnte ihn in größeren Zorn bringen, als eine Verunglimpfung der kaiserlichen Familie.

Daß ein solcher Mann einem Menschen wie Rochefort töblichen Haß geschworen hatte, war natürlich, und mehr als einmal soll er beim Lesen der Laterne, die, wie wir bereits oben sagten, selbst die Kaiserin und den kaiserlichen Prinzen mit ihren Schmähungen nicht verschonte, wütend ausgerufen haben: „Wenn ich nur dürfte, ich schösse den Kerl über den Haufen wie einen tollen Hund!"

Die Gelegenheit zu einem Zusammenstoß kam nur zu bald. Die Marseillaise brachte verschiedene Artikel aus Ajaccio über die dortigen Wahlumtriebe und die Fälschung der Listen, bei welcher der Prinz Pierre die Hand im Spiele gehabt haben sollte. Der Prinz schrieb darauf einen Brief an Rochefort, in welchem er für die ihm durch einen „Handlanger seines Blattes" zugefügte Beleidigung Genugthuung forderte. Rochefort, der weit mutiger mit der Feder am Schreibtisch, als mit dem Degen auf dem Terrain war, wies den Kartellträger (natürlich Cassagnac) an den Verfasser des Artikels, Paschal Grousset, den später so berüchtigt gewordenen Kommunarden. Nun schickte dieser dem Prinzen seine Sekundanten, zwei junge Leute und gleichfalls Mitarbeiter des Blattes: Victor Noir und Fonvielle.

Der Prinz empfing die Herren in seinem Billardzimmer, und was sich dort in den wenigen Minuten zutrug, ist ein stetes Geheimnis geblieben. Man hörte mehrere Schüsse, und gleich darauf schwankte Victor Noir zum Hause heraus und fiel tot in die Arme Groussets, der draußen den Erfolg der Sendung abgewartet hatte. Fonvielle folgte, aber unverletzt. Der Prinz meldete in einem kurzen Billet dem Justizminister Ollivier den Vorfall und fuhr dann nach der Conciergerie, wo er sich zur Haft stellte.

Ollivier eilte in die Tuilerien, um den Kaiser zu benachrichtigen, der von nichts wußte. Hätte dieser eine Ahnung von dem beabsichtigten Duell des Prinzen gehabt, so würde er sofort eingeschritten sein, denn das kaiserliche Hausgesetz, das noch von Napoleon I. stammte, verbot allen Mitgliedern der kaiserlichen Familie und sogar den bloß mit derselben ver=

schwägerten, den Zweikampf, gleichviel aus welchen Motiven.

Inzwischen war das Ereignis mit Blitzesschnelle in Paris bekannt geworden, man kann sich leicht denken, mit welchen übertriebenen und entstellten Einzelheiten. Besonders gärte es stark in den Arbeitervierteln, und die Oppositionsblätter, in erster Reihe die Marseillaise, thaten ihr möglichstes, das Feuer anzufachen. Sie brachten haarsträubende Dinge über die Ermordung eines jungen harmlosen Mannes durch den Prinzen Pierre und verlangten strenge Sühne, ohne Ansehen der Person.

Fonvielle, als einziger Zeuge, mußte es mit der Wahrheit seiner Erzählung nicht so genau genommen haben, denn die späteren gerichtlichen Verhandlungen lieferten ein ganz anderes Bild.

Man hatte die Leiche nach Neuilly zu den Eltern, den Eheleuten Salmon, gebracht (der Name Victor Noir war pseudonym) und sie dort ausgestellt. Unzählige Menschenmassen strömten hin, um „das Opfer bonapartistischer Brutalität" zu sehen, aber die beabsichtigte Beerdigung auf dem Père Lachaise wurde polizeilich verboten und der Friedhof von Neuilly angewiesen. Der Leichenzug wäre ja sonst durch ganz Paris gezogen und hätte Gott weiß was für Excesse hervorgerufen. Dieselben sollten ohnehin nicht ausbleiben.

Am Tage der Beerdigung sah man bereits vom frühen Morgen an ein entsetzliches Gedränge in den westlichen Straßen der Hauptstadt, denn Hunderttausende zogen nach Neuilly hinaus, Männer, Frauen und Kinder, unter lärmendem Geschrei und wild erregt. Das sonst so friedliche Villenstädtchen war von tobenden Menschenmassen angefüllt, und der Friedhof bot schon nach wenig Stunden ein Bild grauenhafter Verwüstung. Kreuze und Denkmäler waren umgerissen und sonstiger Gräberschmuck war unter die Füße getreten, und der betrunkene Pöbel brüllte die Marseillaise und ça ira. An eine würdige Bestattung war unter diesen Umständen nicht zu denken; der mit Kränzen und roten Bändern verzierte Sarg wurde über die Köpfe der Menge hinweggehoben und in die Gruft gesenkt, dann fingen drei, vier Freunde des Verstorbenen zugleich an zu reden und überschrieen sich gegenseitig; man hätte übrigens in dem allgemeinen Tumult doch kein Wort verstanden, nur die Rufe am Schluß: à bas l'Empire! Vive la République! Vive l'Anarchie! drangen durch und wurden tausendfach weiter geschrieen. Dann ließ man Rochefort leben, der mit den Seinigen an der Spitze der Leidtragenden stand und überhaupt tags zuvor durch die aufreizenden Artikel seiner Marseillaise der eigentliche Anstifter der Demonstration war. „Das Volk muß endlich zeigen,

daß es der Tyrannei satt ist und daß es seine hin=
gemordeten Kinder zu rächen weiß."

Von Polizei war wenig zu sehen. In der Haupt=
allee ritten einige Hundert Gendarmen auf und ab
und ließen sich die Schimpf= und Scheltworte ruhig
gefallen; sie hatten ihre „consigne." Das machte
die Menge nur um so dreister. Sie wälzte sich unter
lautem Geschrei und im wilden Tumult nach Paris
zurück bis zum Triumphbogen, wo sie plötzlich wie
auf einen Zauberschlag anhielt. Die breite Fahrstraße
der Elysäischen Felder war durch ein Husaren= und
ein Dragonerregiment gesperrt, und die Alleen zu beiden
Seiten waren mit Garderegimentern besetzt. Auf dem
Concordeplatz hielten außerdem zwei Batterien Artillerie.
Dies war am Nachmittag ganz in der Stille geschehen,
nachdem der Marschall Canrobert eine Stunde früher
zum Kaiser gesagt hatte: „Beruhigen Sie sich, Sire,
es wird nichts passieren, ich bürge für alles."

Und so kam es auch. Kaum hatte die tobende
Volksmasse Halt gemacht, so dröhnte der erste Trom=
melwirbel, jenes ominöse „roulement de tambours",
das jeder Pariser nur zu gut kennt, aus der Ferne
herüber nach dem dritten Wirbel krachen die
Salven. Rochefort drängte sich vor und wollte par=
lamentieren, konnte aber in der Angst kein Wort her=
vorbringen. „Machen Sie, daß Sie fortkommen", rief

ihm Canrobert vom Pferde herab, „Sie sehen, wir spaßen nicht." Gleich darauf der zweite Wirbel, und nun stob auch schon die Menge in toller Flucht auseinander und rettete sich in die Seitenstraßen hinein, wo die überall verteilten Patrouillen sie ungehindert heimkehren ließen. Die Nacht verlief vollkommen ruh'g, obwohl die Truppen in allen Kasernen konsigniert blieben. Noch einmal hatte man das rote Gespenst glücklich beschworen.

Rochefort, der in der ganzen Affaire eine klägliche Rolle gespielt hatte, wurde bald darauf verhaftet und nach einem kurzen Prozeß zu einer achtmonatlichen Gefängnisstrafe verurteilt. Seine Immunität als Deputierter schützte ihn nicht, denn er hatte die Bevölkerung offen zur Revolte und zum Umsturz der Verfassung aufgerufen. Erst der Sturz des Kaiserreiches gab ihm am 4. September die Freiheit wieder.*)

---

*) Weit wichtiger und geradezu sensationell war der Prozeß gegen den Prinzen Pierre Bonaparte, schon wegen der hohen Persönlichkeit, die hier in Frage kam. Als Mitglied des Kaiserhauses gehörte er nicht vor die gewöhnlichen Gerichte, obwohl der Prinz sie verlangt hatte. Ein außerordentlicher kaiserlicher Gerichtshof wurde deshalb berufen und trat, um neue Aufregung zu vermeiden, nicht in Paris, sondern in Tours zusammen. Die Verhandlungen waren kurz und einfach. Der Anwalt des Prinzen plaidierte auf Notwehr, aber der Angreifer, Victor Noir, war tot, und Fonvielle, der gleichfalls auf den Prinzen

Er war also doch wieder zum Vorschein gekommen, der gefährliche Pariser Pöbel, den man, dank der wachsamen Polizei und der umfassenden Sicherheits=
maßregeln, so gut wie ganz aus der Hauptstadt ver=
schwunden glaubte — jene schon bei den alten Römern so gefürchtete turba vulgaris — und so massenhaft und bedrohlich zum Vorschein gekommen, daß die

geschossen hatte, konnte nicht als Zeuge fungieren. Der Stockdegen Victor Noirs und das Revolveretui Fonvielles hatte man im Billardzimmer des Prinzen gefunden, und derselbe hatte außerdem noch auf der linken Wange eine blutunterlaufene Schramme, die von einem Stockschlage Victor Noirs herrührte, oder doch herrühren sollte. Fonvielle be=
hauptete, erst nach den Schüssen des Prinzen geschossen zu haben, und so standen sich die Aussagen beständig gegenüber, denn alle weiteren Zeugen fehlten. Da blieb dem Gerichtshof nichts übrig, als den Prinzen freizusprechen, aber zu einer Verfolgung Fonvielles lag auch kein genügender Grund vor. Der Prinz wurde indes zu einer Zahlung von 25 000 Franken an die unbemittelte Familie Salmon verurteilt, die durch den Tod ihres Sohnes den Ernährer verloren hatte. Die Kaiserin hatte sich übrigens sofort der Familie an=
genommen, wie sie auch den Kindern Rocheforts und deren Mutter, mit welcher er in wilder Ehe lebte, eine ausreichende Unterstützung zukommen ließ. In Paris, wo die erste Auf=
regung längst vorüber war, wurde der Urteilsspruch ziemlich gleichgültig aufgenommen; die Excesse in Neuilly hatten doch vielen die Augen geöffnet, und besonders die Bourgeoisie, die immer noch die absoluteste Gewaltherrschaft der völligen Anarchie vorzog, neigte sich mehr und mehr der Regierung zu. Die gesamte besitzende Klasse, groß und klein, lebte ohnehin in beständiger Furcht vor einer hereinbrechenden anarchischen Katastrophe.

Regierung sich zu strengen Repressalien gezwungen sah. Und dies mußte um so mehr geschehen, als die antibonapartistische Presse sich bemühte, die Demonstration in Neuilly als den wahren und richtigen Gesinnungsausdruck der Gesamtbevölkerung von Paris hinzustellen. Die Nation, hieß es in jenen Artikeln, wolle eben nichts mehr vom Kaiserreich wissen und verlange, kraft ihres Selbstbestimmungsrechtes (das bekannte kaiserliche Schlagwort), nach einer konstitutionellen Republik zurück.

Diese kecke Behauptung bedurfte einer eklatanten Widerlegung, und Ollivier brachte deshalb ein neues Plebiscit in Vorschlag, das sowohl beim Kaiser selbst, wie auch in allen kaiserlich gesinnten Kreisen sofort großen Anklang fand.

Die Vorbereitungen waren leicht getroffen; man brauchte ja nur die vorangegangenen Plebiscite zum Muster zu nehmen. Die Aufrufe und Zirkulare wurden sofort an alle Präfekten versandt, und in kaum vierzehn Tagen lud der letzte Dorfschulze seine Gemeinde zur Abstimmung ein, und zwar über die Frage: „Soll der Kaiser Napoleon noch für die Zukunft unser Kaiser bleiben, oder nicht? Ja oder nein?"

In dieser Fassung aufgestellt, war das Resultat leicht vorauszusehen, denn die Landbevölkerung, die von den letzten Ereignissen in Paris nur das erfahren hatte, was ihnen der petit Moniteur erzählte, der gratis in allen Gemeinden Frankreichs verteilt wurde, erschrak bei dem bloßen Gedanken an einen Rücktritt des Kaisers, der ihrer Ansicht nach eine Revolution bedeutete was soll aus uns werden, sagten sie, wenn Herr Rochefort mit seinen Genossen Diktator wird? und beeilten sich, ihr Ja hastig in die Urne zu werfen. Es kam auch fast in keinem Departement zu irgend welcher Ausschreitung; nur in den großen Städten waren militärische Vorkehrungen getroffen, die sich aber, mit alleiniger Ausnahme von Lyon, als überflüssig erwiesen.

Am Sonntag, den 8. Mai, war die Abstimmung in ganz Frankreich, und das Skrutinium ergab über sieben Millionen Ja, gegen ungefähr anderthalb Millionen Nein; von den letzteren kamen allein auf Paris über hunderttausend. Das undankbare Paris, für das der Kaiser von jeher so viel gethan und das er immer als sein Schoßkind behandelt hatte! Aber nach dem Ergebnis der Pariser Deputiertenwahl war dies leicht vorauszusehen.

Gleichviel — das Vertrauensvotum der Nation für ihren Erwählten war doch immerhin ein großes, und das Zweite Kaiserreich erschien nun wieder dauernd gesichert.

Am 24. Mai versammelten sich die großen Körperschaften im Thronsaal des Louvre, um dem Kaiser in einer feierlichen Audienz das Resultat des Plebiscits kundzugeben. Selten war eine Versammlung glänzender, zahlreicher und begeisterter als diese. Der Präsident Schneider verlas das Protokoll und legte es in die Hände des Kaisers, der es seinerseits dem Minister Ollivier übergab. „Die französische Nation hat Vertrauen zu mir", sagte Napoleon nach einigen einleitenden Worten, „und ich habe Vertrauen zu der französischen Nation; Gott wird uns seinen Segen geben, er schützt Frankreich." Dieu protège la France: der alte Wahlspruch der französischen Könige und noch heute die Randschrift auf allen französischen Münzen

* * *

Nach dem Plebiscit vom 8. Mai 1870 war, wenigstens im Vergleich zu den vorhergegangenen bewegten Monaten, sowohl in Paris wie in ganz Frankreich, eine gewisse Beruhigung der Gemüter eingetreten. Das neue Ministerium Ollivier konnte endlich die langverheißene liberale Umgestaltung der Verfassung in Angriff nehmen, und man darf sowohl dem Ministerpräsidenten selbst, als auch seinen Kollegen das Zeugnis nicht versagen, daß sie redlich bemüht waren, die schwierige Aufgabe gewissenhaft zu lösen. Ob ihnen die Lösung gelungen wäre, ist eine offene Frage geblieben, denn schon nach einigen Wochen, und gewissermaßen mitten im Frieden, trat ein Ereignis ein, das anfangs nicht einmal von weitgehender politischer Tragweite zu sein schien, das aber in seiner rapiden Entwicklung einen gefährlichen Zündstoff in sich barg, der, zu hellen Flammen angefacht, den großen deutsch-französischen Krieg von 1870 und 1871 herbeiführte: die spanische Thronfolge.

Eine, wenn auch nur kurze Schilderung der kriegerischen Ereignisse würde über das uns in diesem Werk gesteckte Ziel hinausgehen; wir beschränken uns hier am Schluß nur darauf, einige von denjenigen Momenten vor der eigentlichen Kriegserklärung kurz zu berühren, von denen wir selbst, bevor wir aus Frankreich ausgewiesen wurden, noch Augenzeuge gewesen.

Die in Spanien nach der Vertreibung der Königin Isabella von den Liberalen proklamierte Republik fand im Volke keinen Boden, die provisorische Regentschaft schaute sich deshalb nach einem neuen König um, und die Wahl fiel auf den Prinzen Leopold von Hohenzollern. Sie war der Ausgangspunkt eines zunächst nur diplomatischen Konfliktes zwischen Frankreich und Preußen, der aber von der französischen Regierung als Vorwand zu der lang gehegten revanche pour Sadowa dienen mußte, und den Kaiser Napoleon, der nicht mehr Herr der politischen Situation in seinem

eigenen Lande war, zwang, an Preußen den Krieg zu
erklären. Er selbst — ein Umstand, der jetzt längst
völlig klargestellt ist — schreckte vor einem solchen
Kriege zurück; schwer krank, vor der Zeit gealtert und
von der Last seiner militärischen und politischen Miß=
erfolge in den letzten Jahren gebeugt, sehnte er sich
nach Ruhe und hatte nur den einen Gedanken, seinem
Sohne auf friedlichem Wege das Erbe zu sichern.

Wohl mag dabei in helleren Momenten, wenn die
körperlichen Schmerzen nachließen und er in der zu=
versichtlichen Siegeshoffnung seiner Umgebung einen
flüchtigen Trost fand, so etwas von dem alten napo=
leonischen Geist in ihm aufgeblitzt sein und mit ihm
der Gedanke an das Schlachtenglück seiner früheren
Jahre, und mehr noch an das seines großen Oheims,
aber doch nur vorübergehend und ohne inneren moralischen Halt.

Mit der Kriegserklärung war aber Paris wie auf
einen Schlag vollständig verwandelt, und der Kaiser
wurde dadurch, wenn auch nur für einige Tage und
Wochen, sogar wieder populär. Der Parteihaß schwieg,
oder trat doch gegen den einen großen Gedanken in
den Hintergrund, daß endlich die Stunde der blutigen
Abrechnung mit Deutschland geschlagen hatte.

Der Hof residirte in jenem Sommer wie gewöhn=
lich in Saint=Cloud, und am Abend des 20. Juli,

nachdem die Proklamation des Kaisers bereits an allen Straßenecken zu lesen war, gaben die Majestäten den Offizieren der Garnison ein großes Bankett, und auch die Unteroffiziere und Soldaten wurden im Schloßhofe splendid bewirtet. Der Kaiser und die Kaiserin, die den elfjährigen kaiserlichen Prinzen an der Hand hielt, mischten sich unter die Gäste, und plötzlich inmitten des allgemeinen Jubels man meinte, seinen Ohren nicht zu trauen, ertönten die rauschenden Klänge der Marseillaise vom Hauptbalkon des Schlosses herab. Das bis dahin so schwer verpönte Lied, für das so mancher, wenn er es auch nur leise auf der Straße vor sich hinsummte, von einem zufällig in der Nähe stehenden Polizisten sofort arretiert und auf die Wache gebracht wurde! Jetzt war es auf einmal wieder zu Ehren gekommen und noch dazu auf direkten Befehl des Kaisers! *)

---

*) Kaum war die Nachricht von dem aufgehobenen Verbot bekannt geworden, so hörte man in ganz Paris an hundert Orten zugleich das Revolutionslied spielen und singen, oft bis in die späte Nacht hinein und in den Gartenkonzerten der Elysäischen Felder sogar mit Trommelwirbel und Kanonenschlägen untermischt. Als Refrain kam dann gewöhnlich der Zusatz: à Berlin! à Berlin! der in ein infernalisches Gebrüll ausartete. Kein Wunder, denn der Kaiser selbst sollte einige Tage später an der Hoftafel, zu welcher alle in Paris anwesenden Marschälle und Generäle geladen waren, zuversichtlich gesagt haben: "Eh bien, Messieurs, nous signerons

Bald darauf wimmelte Paris von Soldaten aller Waffengattungen, die sich zur Abreise nach dem Kriegsschauplatze anschickten, und die Zuaven und die Turkos waren die Könige der Trottoirs. Unter den letzteren gab es viel braune und schwarze Gesichter; sie waren von Algerien herübergekommen, und man versprach sich Wunderdinge von ihnen. Sie sahen auch in ihren roten Pumphosen mit Burnus und Fez martialisch genug aus, und flankierten mit ihrem Yatagan wild durch die Luft, um jedem prussien den Bauch aufzuschlitzen, wie sie in ihrem schlechten, mit arabischen Brocken untermischten Französisch kühn versicherten.

Auch mit den Mitrailleusen wurde in allen Kaffeehäusern überlaut geprahlt, jenen furchtbaren Kugelspritzen, die der Kaiser selbst erfunden, und die fünfzig und mehr Menschen auf einen Schuß niederstrecken konnten.

Ganz Paris und mit ihm ganz Frankreich befand sich bereits in einem Siegestaumel, der nach zehn gewonnenen Schlachten und nach völliger Vernichtung des Feindes nicht größer und begeisterter hätte sein können.

---

la paix à Königsberg." Und nicht einer hatte den Mut (Niel war am 13. August 1869 gestorben) anderer Meinung zu sein, sondern alle stießen mit ihrem Kriegsherrn auf die glänzende Prophezeiung an.

Armes, verblendetes Volk, das mit dem Feuer spielte wie kleine Kinder, die sich der verheerenden Gewalt des furchtbaren Elementes gar nicht bewußt sind! —

Noch einmal, und zwar zum letztenmal zeigte sich der Kaiser Napoleon öffentlich in Paris, um Abschied zu nehmen, denn er wollte sich selbst an die Spitze seiner Armee stellen. Daß es für ihn ein Abschied auf immer sein sollte, ahnte er nicht und auch wohl keiner von den Hunderttausenden, die ihn sahen, obgleich sein Anblick kein erfreulicher und noch weniger ein begeisternder sein konnte.

Er war am Morgen des 28. Juli von Saint-Cloud nach den Tuilerien gekommen und stieg im Schloßhof, wo sich ein glänzender Generalstab bereits versammelt hatte, zu Pferde, obwohl ihm das Reiten längst große Beschwerden verursachte. Er ritt mit diesem zahlreichen Gefolge von Marschällen, Generälen und hohen Stabsoffizieren über den Concordeplatz und von da über alle inneren Boulevards bis zur Bastille und zurück über die Quais, also durch das Herz von Paris, und die halbe Bevölkerung der Weltstadt mochte dort wohl auf dem stundenlangen Wege zusammengeströmt sein.

Er wurde überall mit einem brausenden Vive l'Empereur empfangen, wie seit vielen Jahren nicht mehr, doch der laute Zuruf galt im Grunde weniger seiner Person, als dem Kriege selbst, der ja bestimmt war, wie der Bramarbas, Herr Cassagnac, im Pays großsprecherisch versicherte, „Preußen, das verhaßte Preußen, von der Landkarte wegzuwischen."

Aber wie erschraken wir, als wir den Kaiser zu Gesicht bekamen. Gealtert und gebeugt, sah man ihm deutlich an, wie schwer es ihm wurde, sich fest und stramm im Sattel zu halten, er, der vormals ein so vorzüglicher Reiter gewesen; das von jeher bleiche Gesicht war jetzt aschgrau, mit eingefallenen, pergamentartigen Wangen, und der matte, ausdruckslose Blick war noch verschleierter als sonst. Er grüßte unaufhörlich nach allen Seiten hin und lächelte, soweit es die krankhaften Züge gestatteten.

Ist das derselbe Mann, fragten wir uns bestürzt, ja erschüttert, den wir vor noch nicht zwanzig Jahren wie einen Triumphator über diese selben Boulevards reiten sahen (am 18. Oktober 1852), blumenüberschüttet und von der jubelnden Volksmenge zum erstenmal als Kaiser gefeiert. Und dieser körperlich und geistig gebrochene Mann, wie er sich uns jetzt zeigte, wollte sich an die Spitze der französischen Heere stellen und den furchtbaren Waffengang mit einem fast in jeder Beziehung überlegenen Gegner wagen? Mitleid, aufrichtiges Mitleid ergriff uns Mitleid und sonst kein anderes Gefühl für diesen Monarchen, der in einem solchen kläglichen Zustande sein Volk in den Krieg und, wie er es ihm versprochen, zum Siege führen wollte — welch ein Gedanke und welch ein Bild!

Bald darauf verließ der Kaiser Paris, um, wie gesagt, das Oberkommando zu übernehmen, nachdem er die Kaiserin zur Regentin ernannt hatte, die als solche gleichfalls schweren Prüfungen entgegenging. Er war von seinem Söhnchen begleitet, um den Knaben frühzeitig in das blutige Kriegshandwerk, das verhängnisvolle Erbteil der Napoleoniden, einzuweihen. Er begab sich zuerst nach Chalons und von da nach Metz, wo er bereits genötigt war, eine Truppenschau in der Kalesche abzuhalten.

Sein Stern, der einst im hohen Zenith so hell geleuchtet, stand matt und glanzlos am Rande des Horizontes, um bald gänzlich zu versinken.

Paris, seine Haupt- und Residenzstadt, von wo aus er, wenigstens im ersten Jahrzehnt seiner Regierung, einen so außerordentlichen und vielfach so unheilvollen Einfluß auf die Weltgeschichte ausgeübt hatte — Paris sah er nicht wieder.

Der Würfel war gefallen; das düstere Verhängnis erfüllte sich: auch Er ging seinem Waterloo entgegen.

Ende des dritten und letzten Bandes.

Inhaltsverzeichnis.

Erster Band.

Einleitung.

I. Der Herzog von Reichsstadt . . . . S. 1— 13
II. Die Napoleoniden . . . . „ 14— 30
III. Louis Napoleon:
   1. Kindheit und erste Jugend. — Schüler des Sankt-Annen-Gymnasiums in Augsburg. — Der Aufstand in der Romagna . . . . „ 30— 54
   2. Litterarische Beschäftigungen. — Der Handstreich von Straßburg. — Aufenthalt in Nordamerika und Rückkehr nach Europa. — Tod der Königin Hortense . . . . „ 55— 63
   3. Aufenthalt und Leben in London. — Neue litterarische Arbeiten — Der Handstreich von Boulogne . . . . „ 63— 70
   4. Ham. — Die Flucht und erneuter Aufenthalt in England bis zur Februarrevolution 1848 . . . . „ 70— 86
   5. Das Elysée. — Die Präsidentschaft. — Der Staatsstreich. — Das Kaiserreich (1848—1852) . . . . „ 86—127

Erstes Kapitel.

Napoleon III. als Kaiser in den Tuilerien. — Anerkennung der Großmächte. — Protest des Grafen von Chambord. — Heiratsprojekte des Kaisers. — Vergebliche Werbung an deutschen Fürstenhöfen. — Note des Moniteur und Manifest des Kaisers. — Drouhn de Lhuys und die Prinzessin Mathilde. — Civilvermählung Napoleons III. mit Fräulein Montijo in den Tuilerien und Trauung des kaiserlichen Paares in Notredam . S. 129-161

Zweites Kapitel.

Die Kaiserin Eugenie.

Compiègne und seine Geschichte. — Der Aufenthalt des Prinz-Präsidenten daselbst und seine Gäste. — Die Gräfin Montijo und ihre Tochter. — Standpunkt des Verfassers zur Beurteilung der späteren Kaiserin. — Fräulein von Montijo als Bohnenkönigin bei der Königin Marie Amélie. — Prophezeiung in Bagnères. — Die Treibjagden in Compiègne. — Erste Annäherung des Prinz-Präsidenten. — Rückkehr nach Paris. — Die Soireen des Kaisers in den Tuilerien und seine Werbung. — Die Veilchentoilette als Entscheidung. — Fräulein von Montijo Kaiserin von Frankreich. — Ihr Hofstaat und die Legitimisten. — La Guéronnière und Cassagnac. — Die Tagespresse. — Wohlthätigkeitssinn der jungen Monarchin. — Der Schreiner der Kaiserin. — Die Kaiserin und die Mode. — Rückblick auf die Moden unter den früheren Königinnen. — Die neuen kaiserlichen Moden: Schleppkleider und Hofkostüme, Krinoline, Chignon und Puder. — Der Hoffriseur Lespès und sein berühmter Bruder Timothée Trimm. — Der Maurermeister des Kaisers . S. 165—220

Drittes Kapitel.

Die Mission des Baron von Heeckeren. — Die Friedenspolitik des Kaisers. — Das Wiener Kabinett und der alte Metternich. — Die Gipsfigurenhändler. — Außerordentlicher

Aufschwung in ganz Frankreich. — Der neue Stadtplan von
Paris im Kabinett des Kaisers — Visconti und die Louvre-
bauten. — Haußmann und die neuen Straßen und Boulevards. — Hittorf und das bois de Boulogne. — Die avenue
de l'Impératrice und die Terrainspekulanten. — Monsieur
Legrand und der kluge Speisewirt. — Die republikanischen
Inschriften. — Der letzte Freiheitsbaum und sein Grab-
lied . S. 221—262

Viertes Kapitel.

Die ersten Anzeichen des Orientkrieges. — Ballfest des
Gesetzgebenden Körpers zu Ehren des Kaiserpaares. — Mon-
talembert und Dupin. — Der Paletot Menschikoff. — Allianz
Frankreichs und Englands. — Lord Raglan. — Biographische
Skizze Saint Arnauds — Banknotendiebstahl im Kabinett
des Kaisers. — General Cornemuse †. — Schlacht an der
Alma und Tod Saint Arnauds. — Kriegsanleihe. — Der
Napoleonstag. — Einnahme von Bomarsund. — Prinz
Napoleon. — Pikantes Abenteuer des Polizeipräfekten
Piétri. — Prinzessin Chlotilde . S. 263—304

Fünftes Kapitel.

Falsche Siegesnachrichten. — Die Cholera im französischen
Heere. - Untergang der Semillante. — Tod des Zaren
Nikolaus. — Charakteristik des Zaren. — Alexander II. von
Rußland. — Die ersten Friedensvorschläge. — General
Pelissier Oberbefehlshaber. — Einnahme des Malakoffturms
und Sebastopols. — Rückkehr und festlicher Empfang der
französischen Armee. — Kriegsschauspiel im Hippodrom.
S. 305—326

Sechstes Kapitel.

Besuch des Kaisers und der Kaiserin in London. —
Gegenbesuch der Königin Viktoria in Saint-Cloud. — Die
Pariser Weltausstellung von 1855. — Die Fremden in Paris.
S. 327—356

Dritter Band.

Erstes Kapitel.

Weihnachts= und Neujahrsmarkt. — Neues Budenreglement. — Les étrennes. — Die französisch=englische Expedition
nach China. — Schlacht bei Palikao. — Plünderung und
Zerstörung des kaiserlichen Sommerpalastes. — Die Überschwemmung Frankreichs mit Chinoiserieen. — General von
Montauban, Graf von Palikao. — Endlicher Friedensschluß
am 5. Oktober 1860. — Die Opposition in der Deputiertenkammer. S. 1—23

Zweites Kapitel.

Die Kammersession von 1862 und die polnische Frage. —
Diskussion über den „cumul." — Die Gehälter der hohen
Staatsbeamten. — Die kaiserliche Civilliste. — Der Erz-
bischof von Paris, Kardinal Morlot. — Die allgemeine Jagd
nach dem Mammon. — Die „Ersparnisse" des Kaisers und
der Kaiserin. — Das Budget der Republik von 1848. — Der
Finanzminister Fould. — Der Börsenkönig Mirès; sein
Glanz und sein Sturz . S. 24—53

Drittes Kapitel.

Eine schlimme Broschüre. S. 54—75

Viertes Kapitel.

Tod der Herzogin von Alba. — Gesundheitszustand der
Kaiserin. — Monsieur Filon, der Erzieher des kaiserlichen
Prinzen. — Der kleine Korporal, seine Spiele und Jugend-
streiche. — Im Exil S. 76—95

Fünftes Kapitel.

Ernstliche Krankheit der Kaiserin. — Ein trüber Napoleonstag. — Dr. Andral. — Abreise der Kaiserin inkognito
nach Deutschland am 5. September 1864. — Ankunft in
Schwalbach. — Der Herzog von Nassau. — Glücklicher Erfolg der Kur. — Besuch der Königin von Holland und des
Königs Wilhelm von Preußen. — Fräulein Bouvet, die

Freundin der Kaiserin. — Der Generalfeldmarschall Wrangel.
— Besuch der Kaiserin auf der „Platte." — Der Kaiser von
Rußland in Schwalbach. — Glänzender Empfang der Kaiserin
in Baden-Baden. — Die Königin Augusta und die Groß=
herzogin von Baden. — Rückkehr der Kaiserin nach Saint=
Cloud am 5. Oktober   S. 96—121

Sechstes Kapitel.
Der mexikanische Feldzug.

I.
Die Politik des Kaisers in Bezug auf Mexiko. — Ein=
fluß der Kaiserin Eugenie. — Konvention zwischen Frank=
reich, England und Spanien. — Die erste Proklamation der
drei Mächte. — Die vereinigten Geschwader vor Veracruz.
— Ultimatum Frankreichs. — England und Spanien ziehen
sich zurück   S. 122—131

II.
Die Generale Forey und Bazaine. — Benito Juarez
und der Bankier Jecker. — Einnahme von Puebla und
Mexiko durch die Franzosen. Der General Almonte. — Die
mexikanische Junta proklamiert das Kaiserreich unter dem
Erzherzog Ferdinand Maximilian von Österreich. — Der Erz=
herzog nimmt die Krone an   S. 132—140

III.
Der Erzherzog Maximilian und seine Gemahlin, die Erz=
herzogin Charlotte. — Besuch in Paris. — Abreise von
Miramar. — Ankunft in Saint Juan d'Ulloa und glänzen=
der Empfang des Kaiserpaares in Mexiko S. 141—152

IV.
Schwierige Lage des Kaisers Maximilian. — Protest der
Vereinigten Staaten gegen das neue Kaiserreich. — Zweite
Note des Kongresses. — Frankreich zieht seine Truppen zu=
rück. — Reise der Kaiserin Charlotte nach Paris. — Ihr
vergeblicher Besuch in Saint-Cloud. — Ihre Krankheit und
Geistesstörung. — Gemütsstimmung des Kaisers Napoleon.
           S. 153—160

V.

Bedrängte Lage des Kaisers. — Intriguen des Marschalls Bazaine, seine Abreise und Ungnade. — Maximilian zieht sich nach Queretaro zurück. — Übergabe der Stadt und Gefangennahme des Kaisers. — Sein Prozeß. — Vergebliche Verwendung der europäischen Kabinette. — Der Kaiser mit den Generalen Miramon und Mejia erschossen S. 161—177

Siebentes Kapitel.

Schwindendes Prestige des Kaiserreiches. — Die mexikanische Anleihe. — Der Konflikt zwischen Preußen und Österreich. — Allianz Preußens mit Italien. — Ausbruch des Krieges. — Die Politik Bismarcks. — Nachod, Königgrätz-Sadowa. — Der Feldzug in Italien. — Die Schlacht bei Custozza. — Napoleon als Friedensvermittler. — Großer Festtag in Paris und Frankreich. — Beratungen in den Tuilerien wegen der Kompensationen. — Die Luxemburger Frage und ihre Lösung durch die Londoner Konferenz. — Der Zustand der französischen Armeen. — Trübe Zukunftsbilder.

S. 178—201

Achtes Kapitel.

Die Weltausstellung von 1867.

Einleitendes. — Blick auf das neue Paris unter Napoleon III. — Das Marsfeld, ein Friedensfeld — Der Ausstellungspalast. — Der Trocadero. — Die Eröffnung. — Die gekrönten Gäste: Der König der Belgier, der Kaiser von Rußland, der König von Preußen mit Bismarck und Moltke. — Große Truppenschau in Longchamps. — Attentat Berezowskis auf den Zaren. — Der Vicekönig von Ägypten. — Der Sultan. — Die feierliche Preisverteilung. — Besuch des Kaisers von Österreich. — Der Prozeß Berezowski

S. 202—253

Neuntes Kapitel.

Der Herzog von Morny. — Seine erste Jugend und sein Vorleben bis zum Staatsstreich. — Präsident des Gesetzgebenden Körpers. — Botschafter in Petersburg bei der

Krönung Alexanders II. Sein unerhörter Luxus und seine Vermählung. — Rückkehr nach Paris. — La niche à fidèle. — Sein plötzlicher Tod. — Graf Walewski, Präsident der Legislative. — Stürmische Sitzungen im März 1867. — Rouher im Kampf mit der Opposition. — Walewskis Rücktritt und Tod . S. 254—274

Zehntes Kapitel.

Schluß der Weltausstellung. — Die Kehrseite der Medaille. Das Deficit. — Das Marsfeld ein Bild der Zerstörung. — Die stets trüber werdende innere Lage. Wachsende Unzufriedenheit und wachsende Opposition. — Das Leben Cäsars von Napoleon III. — Die Kritik. — Lamartine. Kurze Charakteristik seines Lebens. — Ehrengabe von einer halben Million als Nationalbelohnung. — Sein Tod. — Polemik gegen das Buch des Kaisers.
S. 275—285

Elftes Kapitel.

Allerseelentag 1868. — Stürmische Scenen am Grabe Baudins. — Aufruf der Oppositionsblätter zu einem Denkmal für Baudin. — Berryer. — Die Redakteure vor dem Polizeigericht. — Die Verteidigungsreden der Advokaten Crémieux, Arago und Gambetta. — Charakteristik des Letzteren. — Große Aufregung in Paris. — Revolution in Spanien. — Die flüchtige Königin Isabella mit ihrer Familie am kaiserlichen Hofe. — Marfori. — Jahrestag des Staatsstreiches. — Militärische Vorkehrungen der Regierung. — Vollständige Ruhe in Paris. — Unfähige Minister. — Initiative des Kaisers. — Der Mann der rettenden That.
S. 286—313

Zwölftes Kapitel.

Wachsende Dekadenz. — Emil Ollivier. — Sein erstes liberales Auftreten im Gesetzgebenden Körper im Jahre 1857. — Seine Umkehr im Jahre 1867 und sein Programm vom Jahre 1869: ein konstitutionelles Kaisertum. — Sein Verhältnis zur Kaiserin. — Rouher und Haußmann entlassen.

— Geheime Zusammenkunft Olliviers mit dem Kaiser in Compiègne am 29. Oktober 1869. — Endliche Entscheidung des Kaisers. — Das neue Ministerium vom 2. Januar 1870. — Ollivier Ministerpräsident. — Rochefort und die Laterne. Ihr ungeheuerer Erfolg. — Der Laternenmann vor Gericht. Seine Verurteilung und Flucht. — Seine Rückkehr als Deputierter von Paris und sein Fiasko in der Kammer. —

S. 314—332

Dreizehntes Kapitel.

Stimmungsbilder am kaiserlichen Hofe. — Adelina Patti, Marquise de Caux. — Testament des Kaisers. — Orientreise der Kaiserin. — Besuch in Konstantinopel und Aufenthalt in Ägypten. — Viertausend Gäste. — Nilfahrt. — Kairo und Ismaïlia. — Einweihung des Suezkanals. — Ferdinand von Lesseps. — Großartige Festlichkeiten. — Prunk und Verschwendung des Vicekönigs. — Rückkehr der Kaiserin nach Frankreich

S. 333—351

Vierzehntes Kapitel.

Rückblick auf die Orientreise der Kaiserin, und die vicekönigIichen Geschenke. — Das liberale Ministerium und die liberale Zeit. — Die neue Zeitung Rocheforts: „Die Marseillaise." — Der Prinz Pierre Bonaparte fordert Rochefort zum Zweikampf und erschießt dessen Kartellträger Victor Noir. — Ungeheure Aufregung in Paris. — Das Leichenbegängnis Victor Noirs in Neuilly. — Drohende Anzeichen einer Revolution. — Militärische Vorkehrungen des Marschalls Canrobert. — Rochefort verurteilt und der Prinz Pierre freigesprochen. — Das Plebiscit. — Die spanische Königswahl. — Der französisch-preußische Konflikt. — Kriegserklärung Frankreichs an Preußen. — Bankett in Saint-Cloud. — Letzter Ritt des Kaisers durch die Hauptstadt. — Napoleon übernimmt das Oberkommando und verläßt Paris.

S. 352—374

www.ingramcontent.com/pod-product-compliance
Lightning Source LLC
Chambersburg PA
CBHW051250300426
44114CB00011B/968